H ETONGFAZONGLUN

A NLI JIAOCHENG

合同法总论
案例教程

黄娅琴　黄茉莉　史志磊　编著

中国政法大学出版社

2025·北京

图书在版编目（ＣＩＰ）数据

合同法总论案例教程 / 黄娅琴，黄茉莉，史志磊编著. -- 北京 ： 中国政法大学出版社，2025. 6. -- ISBN 978-7-5764-2187-3

Ⅰ. D923.65

中国国家版本馆CIP数据核字第 20259WE043 号

出 版 者	中国政法大学出版社
地　　址	北京市海淀区西土城路 25 号
邮寄地址	北京 100088 信箱 8034 分箱　邮编 100088
网　　址	http://www.cuplpress.com (网络实名：中国政法大学出版社)
电　　话	010-58908586(编辑部) 58908334(邮购部)
编辑邮箱	zhengfadch@126.com
承　　印	固安华明印业有限公司
开　　本	720mm×960mm　1/16
印　　张	18
字　　数	300 千字
版　　次	2025 年 6 月第 1 版
印　　次	2025 年 6 月第 1 次印刷
定　　价	79.00 元

目　录

第一章

合同与合同法概述

李某某诉王某某离婚财产纠纷案 [1]

一、知识点介绍

合同是民事法律行为之一种，是平等主体之间达成的意思表示的一致，以设立、变更或终止民事权利义务关系为目的和宗旨。在性质上，合同首先是一种典型的民事法律行为，以意思表示为要素，也就是说合同的成立以当事人的意思表示为基础和核心，没有当事人的意思表示也就不可能有合同，这也是与事实行为的区别所在。其次，合同是旨在设立、变更、终止民事法律关系的法律行为。意思自治是民法的核心原则，意思自治的核心在于民事主体能够按照自己的意思引起私法上的权利义务变动。合同是意思自治的重要体现，合同当事人有权选择行为的对象、内容、方式等，而合同法也是尽可能地保障合同效力与促进合同履行。最后，合同是当事人之间意思表示一致的产物。合同本质上是当事人之间的合意，合同的成立必须具备三个要素：第一，存在两个或两个以上当事人的意思表示；第二，意思表示是从相反方向相互作出的；第三，当事人之间互为意思表示并达成了合意。

概念上，合同有广义和狭义之分。广义的合同指的是产生私法上效果的合同，而狭义的合同仅指以发生债权债务为内容的合同。从《民法典》[2]的

---

〔1〕 案例来源：北京市第二中级人民法院民事判决书［2013］二中民终字 09734 号。

〔2〕《民法典》，即《中华人民共和国民法典》。为表述方便，本书中涉及我国法律文件，直接使用简称，省去"中华人民共和国"字样，全书统一，后不赘述。

— 001 —

第 464 条第 1 款对合同的界定来看，其并未将合同限定为债权债务关系，也就是说其采用的是广义上的合同概念，这种理解符合既往司法实践一贯采取的广义理解做法，有利于法秩序和法律认知的延续和稳定。但是，应该看到，在《民法典》第 464 条第 2 款也明确了合同不限于债权债务关系并不等于可以适用于任何民事主体之间设立、变更、终止民事法律关系的协议，该款直接排除了身份协议的适用，指出只有在相关法律没有规定的情况下才能依据性质参照适用《民法典》合同编的规定。

身份关系是民法调整的两大关系之一，具有非财产性、专属性和固有性的特点。由于身份关系的协议不仅涉及民事主体之间的个人利益，更涉及公共伦理和道德，因此，不宜由调整交易关系的合同法所调整，这也是我国以往合同立法的态度。但是，实践中身份关系协议往往并不仅限于纯粹的身份关系变动协议，其多为复合型的身份协议，即协议中既有对身份关系变动的约定，又有对财产关系变化的协商。而调整身份关系的法律几乎没有对身份关系协议中有关财产部分的规定，这就可能导致复合型身份关系协议中的财产约定部分面临没有可适用法律的困境。因而《民法典》第 464 条第 2 款确立了参照适用条款的方式，将合同法的规则适用引入了身份关系协议无法律适用的部分，以解决上述实务困境。

二、基本案情

原告李某某与被告王某某于 2001 年 11 月 11 日登记结婚，婚后于 2003 年 9 月生育一子王某。因感情不和，双方于 2009 年 9 月 2 日在法院调解离婚。双方离婚时对于共同共有的位于北京市崇文区某户 59 号房屋（以下简称"59 号房屋"）并未予以分割，而是通过协议约定该房屋所有权在王某某付清贷款后归双方之子王某所有。2013 年 1 月，李某某起诉至北京市东城区人民法院称：59 号房屋贷款尚未还清，房屋产权亦未变更至王某名下，即还未实际赠与王某，目前还处于李某某、王某某共有财产状态，故不计划再将该房屋属于自己的部分赠与王某，主张撤销之前的赠与行为，由法院依法分割 59 号房屋。

被告王某某则认为：离婚时双方已经将房屋协议赠与王某，正是因为李某某同意将房屋赠与王某，其才同意离婚协议中其他加重被告义务的条款，例如在离婚后单独偿还夫妻共同债务 4.5 万元。被告认为离婚已经对孩子造成巨大伤害，出于对未成年人的考虑，不应该支持原告李某某的诉讼请求。

三、争议问题与判决

(一) 争议问题

离婚协议中的赠与约定在没有履行之前赠与人是否可以撤销？

(二) 法院判决

法院驳回了原告的诉讼请求，裁定房产赠与约定不能撤销，理由如下：首先，在离婚协议中双方将共同财产赠与未成年子女的约定与解除婚姻关系、子女抚养、共同财产分割、共同债务清偿、离婚损害赔偿等内容构成了一个整体。通常情况下，当事人是在综合考虑上述因素的基础上，对于人身问题和财产问题制定的一个概括的、"一揽子"的解决方案。在处理财产时，往往经过不断地博弈和协商，通过某一个处分行为来解决多项财产分割问题。所以双方约定将共同财产赠与未成年子女是一个概括的合意，该合意中任何一项财产的处分都与其他财产的处分互为前提和结果。如果允许一方反悔，那么男女双方离婚协议的"整体性"将被破坏。同时，离婚协议各项条款的订立都是为了解除婚姻关系这一目的，具有目的上的统一性。在婚姻关系已经解除且不可逆的情况下，如果允许当事人对于财产部分反悔将助长"先离婚再恶意占有财产"这类有违诚实信用的行为，诱发道德风险。

其次，原、被告双方处分夫妻共同财产的行为可以适用物权法的规定。根据《物权法》第97条："处分共有的不动产或者动产以及对共有的不动产或者动产作重大修缮的，应当经占份额三分之二以上的按份共有人或者全体共同共有人同意，但共有人之间另有约定的除外。"在本案中，诉争房屋是原、被告双方婚姻关系存续期间购买，系二人的夫妻共同财产，由二人共同共有，原、被告二人均不单独享有对诉争房屋处分的权利，处分该房屋需双方意思表示一致。原、被告双方在离婚时已经对共同财产的处分形成了合意，共同表示将房屋赠与未成年子女，该意思表示真实有效，理应对双方产生拘束力。因赠与行为系原、被告双方共同作出，故在离婚后一方欲根据《合同法》第186条第1款之规定单方撤销赠与时亦应取得双方合意，在未征得作为共同共有人的另一方同意的情况下，无权单方撤销赠与。

四、关联法条

《民法典》第 301 条

处分共有的不动产或者动产以及对共有的不动产或者动产作重大修缮、变更性质或者用途的，应当经占份额三分之二以上的按份共有人或者全体共同共有人同意，但是共有人之间另有约定的除外。

《民法典》第 464 条

合同是民事主体之间设立、变更、终止民事法律关系的协议。

婚姻、收养、监护等有关身份关系的协议，适用有关该身份关系的法律规定；没有规定的，可以根据其性质参照适用本编规定。

《民法典》第 658 条

赠与人在赠与财产的权利转移之前可以撤销赠与。

经过公证的赠与合同或者依法不得撤销的具有救灾、扶贫、助残等公益、道德义务性质的赠与合同，不适用前款规定。

五、学理分析

在司法实践中，可以参照适用《民法典》合同编规定的身份关系协议有：离婚协议的效力认定、离婚财产分割协议的效力认定、离婚协议中有关子女抚养法定内容调整约定的效力认定、财产约定协议的效力认定、子女之间关于赡养父母协议的效力认定、子女间赡养义务分割协议的效力认定、成年意定监护协议的效力认定。当然，在适用《民法典》第 464 条第 2 款时要根据有关身份关系协议的性质来判断其是否适用合同编的规定，如果该身份关系协议对合同编规定的适用会导致相关调整身份关系法律的规范意旨有漏洞，那么就应当认定该身份关系协议属于依照其性质不适用合同编规定的身份关系协议。

离婚财产赠与纠纷在审判实践中也频频出现，特别是离婚之后财产赠与是否能撤销的问题，理论和实务界都存在争议，主要有两种观点。第一种观点认为：离婚协议中夫妻将其共同财产赠与未成年子女的行为，系夫妻双方对共同财产的处分，应适用合同法中赠与合同的规定。根据《合同法》第 186 条第 1 款 "赠与人在赠与财产的权利转移之前可以撤销赠与" 之规定，夫妻双方在财产权利转移之前均可以主张任意撤销权。第二种观点认为：离婚协议是夫妻双方对于婚姻关系的解除、子女的抚养、共同财产的分割以及离婚损害赔偿等问题达成的具有人身和财产双重性质的合意，不能简单适用原《合同法》第 186 条第 1 款的规定行使任意撤销权。这两种观点争议本质上是当代婚姻家庭关系中"个体主义"与"共同体主义"理念的不同。"共同体主义"以维护婚姻家庭共同体作为根本的价值遵循，将情感的联结与契合视为家庭生活的本质。"个体主义"则倾向于保障家庭中个体的权利与福祉，重视婚姻家庭生活的物质基础对个人发展的促进作用。[1]本案的法官显然采取的是"共同体主义"理念，把离婚协议作为关系解除、子女抚养、财产分割的整体来看待，夫妻双方对任何一项约定的违反都是对整体的破坏。同时，对夫妻共同财产的处理也不能单从一方的权利角度去考量，而是应该保障夫妻共同权利。在市场经济已经构成私法的轴心，民法大体上等同于财产法的观念之下，个体主义的价值观念即法律行为概念渗透至婚姻家庭法领域。[2]婚姻法学者亦认为，我国婚姻立法存在从"家族主义"到"个体主义"的转型，个体成为价值的最终源泉和终极的权利主体。[3]然而，婚姻家庭是社会的基本细胞，家庭和睦、尊老爱幼的道德标准是中华优秀传统文化的重要组成部分。我国《民法典》婚姻家庭编应当在保障个人独立自主人格的基础上坚持共同体主义价值，以保障个人利益和维护婚姻家庭稳定为制度设计的双重目标，促进婚姻家庭社会功能的实现。[4]

六、思考问题

实务中有一类身份协议的适用存在较大分歧——夫妻签订的忠诚协议。所谓忠诚协议是指夫妻将忠实义务予以契约化的身份财产协议。协议中违反婚姻忠诚义务的一方往往要承担支付巨额赔偿金、放弃部分或全部财产等责任。对于忠诚协议的效力，判例的结果并不统一。在江苏省淮安市清江浦区发布的八起妇女权益保护典型案例之一即"李某与马某离婚纠纷案"中，李某与马某签订婚内协议，约定双方互相忠诚，如因一方过错（婚外情等）造

---

〔1〕　参见刘征峰：《家庭法与民法知识谱系的分立》，载《法学研究》2017 年第 4 期。

〔2〕　参见易军：《私人自治与私法品性》，载《法学研究》2012 年第 3 期。

〔3〕　参见金眉：《婚姻家庭立法的同一性原理——以婚姻家庭理念、形态与财产法律结构为中心》，载《法学研究》2017 年第 4 期。

〔4〕　参见夏吟兰：《民法分则婚姻家庭编立法研究》，载《中国法学》2017 年第 3 期。

成离婚，女儿由无过错方抚养，过错方放弃夫妻名下所有财产，并补偿无过错方人民币 20 万元。协议签订后，李某与罗某交往并产下一子。马某主张按婚内协议约定处理子女抚养权归属和夫妻共同财产分割。法院认为，夫妻依法可以约定婚姻关系存续期间所得的财产以及婚前财产归各自所有、共同共有或部分各自所有、部分共同共有。夫妻财产特别约定制度给予了夫妻双方处分财产的自由和空间，但此类约定一旦与"保证忠诚"挂钩，即成为忠诚协议。夫妻间的忠诚义务更多的是一种情感道德义务，夫妻虽自愿以民事协议的形式将夫妻忠诚的道德义务转化为法律义务，但也是变相以金钱衡量忠诚，存在道德风险。因此，夫妻间订立的忠诚协议应由当事人自觉履行，法律并不赋予其强制执行力，不能以此作为分割夫妻共同财产或确定子女抚养权归属的依据，但在离婚分割夫妻共同财产时，应综合考虑婚姻关系中各自的付出，过错方的过错程度和对婚姻破裂的消极影响，对无过错方酌情予以照顾，平衡双方利益，以裁判树立正确的价值导向。而在四川成都的刘某与杨某离婚财产纠纷案中，[1] 夫妻双方在签订的《婚内忠诚协议》中约定一方有不忠诚现象或对另一方有违反夫妻忠诚协议行为的，过错方的全部婚前财产及夫妻共同财产将自愿赠与无过错方，归无过错方所有。法院认为，夫妻双方均为具备完全民事行为能力的成年人，签订《婚内忠诚协议》系双方当事人真实意思表示，不违反法律、行政法规的禁止性规定，亦无证据证明存在受胁迫、受欺诈、显失公平等情形，合法有效。一方出现不忠诚现象、夫妻双方离婚的，财产应当依照已签订的婚内忠诚协议分配。综上，两个案例的结论大相径庭，前者是从道德层面否定了忠诚协议的效力，而后者则依据合同效力的判断规则肯定了忠诚协议的效力。

请根据夫妻忠诚协议的特点结合《民法典》中有关婚姻家庭与合同的规定思考实务中忠诚协议应该适用何种法律？

---

[1] 四川省成都市中级人民法院民事判决书［2019］川 01 民终 1078 号。

彭某诉重庆某房地产开发公司房屋买卖合同纠纷案[1]

一、知识点介绍

合同解释通常指受理合同纠纷的法院或仲裁机构对合同及其相关资料所做的具有法律拘束力的分析和说明。

合同解释的立场有主观主义和客观主义之分，前者侧重保护当事人内心的真实意思，后者侧重保护当事人表示出来的意思。[2]从我国《民法典》第142条的规定来看，我国采取的是主客观相统一的解释立场。在合同有相对人意思表示的领域，解释时应突出词句的作用，而非直接探寻当事人的内心真意。合同解释方法主要有文义解释、体系解释、目的解释、习惯解释和诚信解释几种。

文义解释，是指通过对合同所使用的文字词句的含义进行解释，以探求合同当事人所表达的真实意思。合同条款是由语言文字构成，解释合同条款时应当首先从合同所使用的词句的含义开始。确定合同词句的含义，固然需要明确该词句的通常含义，但在当事人赋予词句特别含义时，对合同条款的解释就并非始于词句的本身含义，而是始于当事人签订合同时采用的含义。所谓按照词句的通常含义进行解释，即以相对客观的标准，以文义解释为基础，结合特定交易背景，根据一般理性人的理解能力作出的理解。需要注意的是，如果词句是一般的用语，就应当按照一般的通常含义来理解；如果词

---

[1]　案例来源：重庆市巴南区人民法院民事判决书［2021］渝0113民初17867号。

[2]　参见韩世远：《合同法总论》，法律出版社2018年版，第870页。

句是专业用语，就应当按照专业上的特殊含义来理解。

体系解释，又称为整体解释，是指对合同的各个条款作相互解释，以确定各个条款在整个合同中所具有的真正意思。具体表现在如下几个方面：首先，体系解释要求意思表示解释不能局限于意思表示的字面含义，也不能仅仅考虑某个意思表示的资料，更不能将意思表示的只言片语作为当事人的真实意图、断章取义，而应当综合考虑各种与意思表示相关的资料。其次，体系解释要求从意思表示的全部内容出发理解、分析和说明当事人争议的意思表示的内容和含义。最后，如果当事人使用了多种语言进行同一意思表示的表达，即使当事人没有特别约定各意思表示文本之间的关系，也可以推定各个文本所使用的词句具有相同的含义。

目的解释，是指如果合同条款出现分歧而可作两种或两种以上的解释时，应选择最契合合同目的的解释。在对合同具体条款进行解释时，如果出现了两种或两种以上的解释，则应在探明当事人所欲实现的合同目的基础上，选择最有利于当事人目的实现的解释来对合同的具体条款进行理解。在合同词句表达的意思与合同目的相反时，应当通过解释更正合同词句；当合同内容不明确或相互矛盾时，应当在确认合同的每一组成部分的词句和条款都有效的前提下，尽可能通过解释的方式予以统一和协调，使之符合合同的目的；当合同词句有不同意思时，应当按照符合合同目的的含义进行解释，摒弃有违合同目的的含义。

习惯解释，是指在意思表示发生争议以后或者对合同条款的理解发生歧义时，应当根据当事人所熟悉的生活和交易习惯对意思表示或者合同条款进行解释。具体而言，在合同词句或条款的含义发生歧义时，按照交易习惯或者惯例的含义予以明确；在合同存在漏洞，致使当事人的权利和义务无法确定时，参照交易习惯或者惯例加以补充。

诚信解释，是指在意思表示的解释发生争议以后，应当根据诚信原则来填补有关意思表示的漏洞，对有争议的意思表示进行解释。在其他解释方法难以探明当事人真意之时，有权解释主体可以依据诚信原则，从平衡当事人利益的角度出发，依据交易活动所需遵循的诚信标准来对合同的内容予以解释。当依据其他解释方法所得出的结论有违一般公平正义之理念时，应依据诚信原则对其进行矫正，以保证合同解释结论的合理性和公正性。

二、基本案情

2018 年 9 月 11 日，原告彭某与被告房产公司签订《商品房买卖合同》及补充协议，约定由原告购买被告开发的涉案房屋，该房屋为精装房，套内面积为 107.03 平方米，总价 1 923 858 元。被告应在 2020 年 12 月 30 日前交房，交房时应符合以下条件：一是房屋已通过竣工验收备案登记，二是装修质量应符合合同关于装修方面的约定（合同附件四）。合同附件四为《房屋装修标准说明》，该说明按照空间位置对房间各个区域的配置进行了详细说明。其中，位置为"全屋"的"外门窗"配置标准为断桥铝合金门窗配 LOW-E（双层中空）玻璃，厨卫普通铝合金门窗配+LOW-E（双层中空）玻璃；位置为"全屋"的"设备"配置标准为：①中央空调，海尔、美的或同档次品牌，②地暖，阿里斯顿、史密斯或同档次品牌；位置为"卫生间"的"淋浴区"配置标准为玻璃隔断、五金件，"设备"配置标准为风暖或灯暖。该合同的补充协议约定，如果原告未按照被告通知时间办理接房手续的，视为被告已经完成房屋交付义务；如果原告对交付时的房屋设备质量、装饰装修标准有异议的，应当在交付之日起 15 个自然日内一次性向被告提出书面异议，同时出示由检测机构提供的《检测报告》，如未在期限内书面提出或出具检测报告的，视为房屋装修装饰完全达到约定标准等内容。

合同签订后，原告按约付清了全部房款，被告于 2020 年 12 月 11 日取得案涉房屋所在项目的竣工验收备案登记，并通知原告在 2020 年 12 月 30 日接房，该通知已经送达原告。根据被告提交的"报事记录"显示，在 2021 年 1 月 9 日至 2021 年 6 月 17 日期间，原告多次提出房屋存在问题，包括入户门缝隙大、瓷砖空鼓、墙面污染、地暖不制热等几十项内容，但该记录并未记载原告反映过厨房、卫生间、阳台未安装地暖空调以及阳台门窗不符合标准的问题。因为被告将案涉房屋项目的精装工程发包给了成都某装饰工程有限公司，在原告反映房屋存在问题后，被告要求成都某装饰工程有限公司与原告就整改问题进行协商处理。2021 年 4 月 9 日，原告与成都某装饰工程有限公司代表宋某、颜某某签订协议书，主要内容为："业主彭某室内精装总包的所有问题整改（客厅地砖除外，客厅地砖进行修补处理），非精装总包问题进行正常质保维修（塑钢门窗、木地板、木饰面及户内门、厨浴柜、入户门、空调地暖及壁挂炉等），精装总包补偿业主 15 000 元，由业主自行整改精装总包，补偿费用于 4 月 15 日前以微信转账方式支付给业主，业主彭某承诺前述确认书后，不再以户内精装整改为由索赔补偿费用"等内容。协议签订后，宋某已支付了原告 12 000 元。但是，原告认为被告交付的房屋还存在厨房、卫生间和阳台未安装地暖和中央空调、主卫未安装隔断、阳台外立面门窗未使用断桥铝合金门窗+LOW-E（双层中空）玻璃等问题，遂向法院起诉要求被告进行整改并赔偿损失。

三、争议问题与判决

（一）争议问题

1. 如何理解双方在《房屋装修标准说明》中约定的"全屋"？

2. 主卫隔断安装与阳台外立面门窗安装玻璃的标准应如何判断？

（二）法院判决

1. 原告基于在《房屋装修标准说明》中约定的"全屋中央空调与地暖"提出在厨、卫、阳台也应安装中央空调与地暖。法院认为，对"全屋"一词的理解不能仅仅从字面上作文义解释，而是应当结合该词使用的语境、习惯以及日常生活经验并参照相关行业准则综合判断。普通家庭安装地暖和空调是为了改变空间温度让人体感更加舒适，虽然目前已经有了厨房、卫生间地暖的安装技术，但在重庆等非集中供暖地区，冬季并非严寒难耐。根据法院走访调查得知，大多家庭并不会在厨房、卫生间、楼梯间等区域安装地暖，因为在客厅、卧室等家庭人员长时间活动的区域内安装，足以达到效果。而且重庆市《居住建筑节能 65%（绿色建筑）设计标准》将厨房、卫生间列举为"非供暖、空调房间"，参考该标准，也能够说明在重庆地区厨房、卫生间一般不供暖、制冷的现状。至于阳台，根据《住宅设计规范》，阳台并不属于室内空间，更无需安装空调和地暖。综上分析，法院认为对"全屋"的理解不应当包含厨房、卫生间和阳台，被告未安装地暖和中央空调并不构成违约。

2. 原告提出的主卫隔断和外门窗的安装玻璃的标准问题，法院认为：双方约定的是卫生间淋浴区应当安装隔断，但主卫卫生间安装的是浴缸，浴缸并非淋浴区，所以被告无需再安装隔断。即使原告有在浴缸外加装隔断的需求，根据原告与成都某装饰工程有限公司达成的补偿协议，隔断属于精装总包部分，原告已就该部分得到了补偿，对原告该项请求法院不予主张。对于阳台窗户安装断桥铝合金门窗+LOW-E（双层中空）玻璃的问题，合同约定全屋"外门窗"应当安装断桥铝合金门窗+LOW-E（双层中空）玻璃，阳台外立面门窗是否属于"外门窗"，是否有更换成断桥铝合金门窗的必要性，这是问题的症结所在。断桥铝合金门窗+LOW-E（双层中空）玻璃是近年来家居装修中常用的门窗材料配置，其最大的优势是利用冷热桥打断技术和低辐射技术达到比传统门窗更好的隔热效果。根据《住宅设计规范》的解释，阳台是室内与室外之间的过渡空间，并不属于室内范畴，在使用功能上并无保暖、隔热的必要，所以在阳台上安装断桥铝合金门窗+LOW-E（双层中空）玻璃并不能发挥其优势功能。虽然被告在阳台上安装的是普通门窗，但已经能够达到稳固的安全防护效果，更换断桥铝合金门窗+LOW-E（双层中空）玻璃既不能发挥其功能，更会造成资源浪费，不符合绿色、经济民事活动原则。因为阳台不属于室内，通常情况下并不会安装窗户，案涉房屋之所以会在阳台外立面安装，是因为地处长江沿岸的特殊景观需求，最终法院采纳了被告辩称阳台外立面门窗是装饰构件的意见，驳回了原告诉请安装断桥铝合金门窗+LOW-E（双层中空）玻璃的请求。

四、关联法条

《民法典》第 142 条

有相对人的意思表示的解释，应当按照所使用的词句，结合相关条款、行为的性质和目的、习惯以及诚信原则，确定意思表示的含义。

无相对人的意思表示的解释，不能完全拘泥于所使用的词句，而应当结合相关条款、行为的性质和目的、习惯以及诚信原则，确定行为人的真实意思。

《民法典》第 146 条

行为人与相对人以虚假的意思表示实施的民事法律行为无效。

以虚假的意思表示隐藏的民事法律行为的效力，依照有关法律规定处理。

《民法典》第 466 条

当事人对合同条款的理解有争议的，应当依据本法第一百四十二条第一款的规定，确定争议条款的含义。

合同文本采用两种以上文字订立并约定具有同等效力的，对各文本使用的词句推定具有相同含义。各文本使用的词句不一致的，应当根据合同的相关条款、性质、目的以及诚信原则等予以解释。

《最高人民法院关于适用〈中华人民共和国民法典〉合同编通则若干问题的解释》第 1 条

人民法院依据民法典第一百四十二条第一款、第四百六十六条第一款的规定解释合同条款时，应当以词句的通常含义为基础，结合相关条款、合同的性质和目的、习惯以及诚信原则，参考缔约背景、磋商过程、履行行为等因素确定争议条款的含义。

有证据证明当事人之间对合同条款有不同于词句的通常含义的其他共同理解，一方主张按照词句的通常含义理解合同条款的，人民法院不予支持。

对合同条款有两种以上解释，可能影响该条款效力的，人民法院应当选择有利于该条款有效的解释；属于无偿合同的，应当选择对债务人负担较轻的解释。

五、学理分析

依据相关法律与司法解释规定，合同解释具体适用规则：

1. 以文义解释为前提。合同解释要以合同所使用的文本和词句为基础和出发点，例外的是如有证据证明当事人之间对合同条款有不同于文本和词句通常含义的共同理解的，以共同理解为准。

2. 综合运用合同解释的四大方法。第一，体系解释方法。不能孤立地理解合同，要从合同整个背景以及合同的各个条款之间的相互关联角度进行整体解释。第二，目的解释方法。当出现分歧或者可能出现不同解释时，应当从最符合合同目的的角度确定合同当事人的意思。第三，交易习惯解释方法。当合同解释出现分歧或者可能出现不同解释时，尤其是在出现双方当事人约定不明或者存在合同漏洞时，应当根据当事人所熟悉的生活和交易习惯对合同条款进行解释。第四，诚信解释方法。在其他解释方法难以探明当事人真实意思之时，可以根据诚信原则，从平衡当事人利益的角度出发，依据交易活动时所遵循的诚信标准对合同予以解释。

3. 适度考量三大因素。对合同条款存在争议时，可以参考合同缔约背景、磋商过程、履行行为，有利于探寻当事人对争议条款的认识。

4. 注意两大原则。一是有效解释原则，即对合同条款有两种以上解释，可能影响该条款效力的，基于鼓励交易的理念，法院应选择有利于该条款的有效解释。二是有利于债务人的解释规则。对于无偿合同，多数是基于情谊发生，当事人之间并不发生给付交换，一方当事人只为给付而没有获得对价，因此若对合同条款发生争议，应当选择对债务人负担较轻的解释规则。

上述案例中，法官对"全屋"的理解就不是从词句本身来解释的，而是综合了目的解释与习惯解释。从目的解释上看，全屋中央空调与地暖的目的是改变温度舒适环境，而重庆冬季温度并非极寒，在厨房、卫生间和楼梯间这种小范围活动区域安装空调和地暖设施对舒适度调节并无太大影响。而结合重庆的相关设计标准也可以了解到，当地的装修习惯通常也是不在厨房、卫生间、楼梯间安装中央空调和地暖。对于主卫隔断问题，法官采用的是文义解释加诚信解释。《房屋装修标准说明》中约定的是主卫卫生间"淋浴区"安装隔断，而原告主卫安装的是浴缸而非淋浴区，因此没有隔断不违反约定。同时后续双方已达成的补偿协议，原告主张的这部分诉求已得到精装修公司的补偿。对于阳台外立面门窗玻璃标准问题，法官也主要采用的是目的解释。安装断桥铝合金门窗+LOW-E（双层中空）玻璃的目的是达到更好的隔热效果。阳台是室内与室外之间的过渡空间，其外立面在使用功能上并无保暖、隔热的必要，安装的是普通门窗已然能够达到稳固的安全防护效果，所以更换断桥铝合金门窗+LOW-E（双层中空）玻璃既不能发挥其功能，更会造成资源浪费。

六、思考问题

在对无偿合同进行解释时，有利于债务人规则是应作为基本解释规则还是应在穷尽其他解释规则后对债务人负担仍存争议时才可适用的规则？

第二章

合同的订立

上海某房地产发展有限公司与尹某淇等

商品房预售合同纠纷案[1]

一、知识点介绍

一般的合同订立要经过要约和承诺两个阶段。要约是指一方当事人以缔结合同为目的向对方当事人发出的意思表示，又称发价、发盘、报价等。一项有效的要约一般要具备以下要件：

第一，要约必须是特定人所为的意思表示。一项要约可以由任何一个希望签订合同的人作出，但是，只有要约人是特定的人，受要约人收到要约以后才能对其作出承诺，进而产生合意。因此，要约人必须是特定的人。

第二，要约必须是向受要约人发出。受要约人是要约人希望与之订立合同的人。一般而言，受要约人也必须是特定的，只有在诸如悬赏广告等特殊情形下，受要约人才可以是不特定的人。

第三，要约必须有缔结合同的意图。要约人发出要约的目的在于订立合同，而这一意图必须在要约人发出的要约中充分地表达出来，这样才能在受要约人承诺的情况下产生合同。

第四，要约的内容必须具体确定。要约的内容决定了合同的内容，这就

---

[1] 案例来源：上海市第一中级人民法院民事判决书［2021］沪 01 民终 14871 号。

要求要约应具备成立合同的最低限度内容。《民法典》对于要约的"具体""确定"要求应结合具体合同类型、交易内容及交易习惯等加以判断。

二、基本案情

2013 年 12 月 13 日，尹某瑜、尹某淇（乙方、买方）与上海某房地产发展有限公司（甲方、卖方，以下简称某公司）签订《上海市商品房预售合同》，约定尹某瑜、尹某淇向某公司购买系争房屋（绿地海富城市花园二期 C 块即浦东新区××镇××路××弄××号××室房屋），总价 3 811 753 元，甲方定于 2015 年 3 月 31 日前交房等。合同第 9 条约定："甲方不得擅自变更已经与乙方约定的小区平面布局（见附件六），确需变更的应当征得乙方书面同意。甲方未征得乙方同意变更小区的平面布局，乙方有权要求甲方恢复，如不能恢复的，甲方应当向乙方支付总房价款的 0.10% 违约金。"合同补充条款一约定："甲方所作的售楼广告、售楼书、宣传资料、样板房、模型的画片、数据、照片、文字或其他与该房屋或该房屋所在楼盘有关的资料仅为宣传目的而设立或提供，不列为本合同的附件或组成部分，乙方不得援引其中任何内容或信息以解释任何事项，或据以提出任何主张或要求。"双方当事人还签订了《〈绿地东上海〉客户签约资料确认书》。该确认书底端有"本人对以上所填信息确认无误，并对商品房预售合同条款无任何异议"。部分业主的预售合同后附小区平面图显示有几处小方格。某公司认为该小方格就是地面车位，尹某瑜、尹某淇不予认可。系争房屋所涉《上海市新建住宅使用说明书》中关于小区公共部位设施约定："……3. 车库机动车：地下停车位 421 个……地面机动车停车位/个……"合同签订后，尹某瑜、尹某淇支付了全部购房款。

2012 年 8 月 7 日、2014 年 2 月 28 日、2014 年 5 月 30 日，上海搜房网等对系争房屋所在楼盘的视频宣传介绍为"人车分流""有室外泳池"。

2017 年 7 月起，部分业主因车位减少问题开始向政府有关部门信访。

2017 年 12 月，某公司向尹某瑜、尹某淇等业主出具《地面停车位解决方案告知书》，内容为"……在业主入住前，我公司将 88 个地面临时停车位改为绿化草地，使小区实现了人车的彻底分流……"

2018 年 8 月，某公司因擅自改建地面停车位，被责令在 2018 年 10 月 8 日 9 时前恢复原状、罚款 10 万元。某公司陈述其于 2018 年 9 月底前将草坪恢复成地面停车位。

2021 年 4 月 22 日，北京某某有限公司上海分公司出具《情况说明》，认为 2012 年 8 月网络报道的是已交付使用的该楼盘一期、二期（二期 A）的商铺住宅建筑的实景和内容，与三期无关；2014 年 2 月 28 日、2014 年 5 月 30 日的视频仅反映当时的采访情况，不能涵盖所涉楼盘全部信息，不构成投资建议，不存在开发商委托。

三、争议问题与判决

（一）争议问题

被告某公司在广告中所宣传的人车分流、游泳池等是否属于要约内容？

（二）法院判决

一审法院认为，尹某瑜、尹某淇与某公司签订的《上海市商品房预售合同》系双方当事人真实意思表示，合法有效。某公司认为：①搜房网宣传不能作为证据，且搜房网已出具说明予以更正；②部分业主通过公证摇号购房，沙盘模型、广告宣传单才是业主参考购房的信息来源，而沙盘模型、广告宣传单从未存在"人车分流""游泳池"之说；③部分业主的预售合同后附小区平面图清楚地标有地面车位。尹某瑜、尹某淇对上述某公司意见均不予认可。对此，一审法院认为，系争房屋所在小区自 2012 年起即被宣传为"人车分流"且有"室外泳池"。北京某某有限公司上海分公司于 2021 年 4 月出具的《情况说明》并不能否定前几年发生的事实。某公司作为开发商，数年间对自身在建、在售楼盘的宣传内容漠不关心，亦不予以澄清，此等情形与常理不符。某公司以告知书形式自认其"在业主入住前将 88 个地面停车位改为绿化草地，使小区实现人车彻底分流"之行为，以及其向业主出具的《上海市新建住宅使用说明书》中"地面机动车停车位/个"之记载，均足以证明某公司实际按"人车分流"的标准交付房屋。在现有证据条件下，应当认为，上述含有"人车分流"及"室外泳池"内容之宣传，均属某公司授意或放任为之。此等宣传内容明确，且对公众的购房决策确会产生实质影响，构成要约。部分业主合同所附小区平面图上显示的小方格，由于某公司并未向尹某瑜、尹某淇提示或者说明该小方格即是地面车位，故对某公司的意见不予采信。现小区内的绿化被恢复成地面车位，对尹某瑜、尹某淇的居住环境、生活品质造成了一定的影响，对此某公司构成违约，应当承担违约责任。

二审法院认为，第一，根据已查明事实，系争房屋所在小区自 2012 年起即被宣传为"人车分流"且有"室外泳池"。这与某公司所称"2013年摇号购房时尚未形成不实宣传"明显不符。第二，某公司虽在一审中提供了北京某某有限公司上海分公司出具的《情况说明》，但某公司仍未能合理解释该公司如未作过此等宣传或允诺，为何在已设置地面停车位且通过验收的情况下，于交房时又将88个地面停车位改为绿化草地。第三，某公司坚称其向购房者如实告知了小区规划情况，但无论是预售合同附件图纸上的"小方格"，还是售楼处的沙盘模型，显然均不能被视为明确具体、规范有效的告知方式。目前，亦无任何证据能够证明某公司将已备案的小区平面布局图向购房者进行过有效送达。第四，预售合同《补充条款一》第5条、第13条限制了购房者的权利，与购房者明显具有重大利害关系。仅凭《客户签约资料确认书》中"本人对以上所填信息确认无误，并对商品房预售合同条款无任何异议"的内容，不能认定某公司就上述条款内容向购房者履行了充分的提示或说明义务。因此，上述条款不能成为预售合同的内容，某公司理应承担相应的违约责任。第五，至于某公司对违约金标准提出的上诉理由，因缺乏依据，法院不予采信。最终，驳回上诉，维持原判。

四、关联法条

《民法典》第471条

当事人订立合同，可以采取要约、承诺方式或者其他方式。

《民法典》第472条

要约是希望与他人订立合同的意思表示，该意思表示应当符合下列条件：

（一）内容具体确定；

（二）表明经受要约人承诺，要约人即受该意思表示约束。

《民法典》第473条

要约邀请是希望他人向自己发出要约的表示。拍卖公告、招标公告、招股说明书、债券募集办法、基金招募说明书、商业广告和宣传、寄送的价目表等为要约邀请。

商业广告和宣传的内容符合要约条件的，构成要约。

《最高人民法院关于审理商品房买卖合同纠纷案件适用法律若干问题的解释》第3条

商品房的销售广告和宣传资料为要约邀请，但是出卖人就商品房开发规划范围内的房屋及相关设施所作的说明和允诺具体确定，并对商品房买卖合同的订立以及房屋价格的确定有重大影响的，构成要约。该说明和允诺即使未载入商品房买卖合同，亦应当为合同内容，当事人违反的，应当承担违约责任。

五、学理分析

实务中，除了要考虑要约构成要件的满足与否，还要注意区分要约与要约邀请。要约邀请又称要约引诱，是邀请他人向自己发出要约的意思表示。如在大街上店家所发的传单，它是向不特定多数人发出的，只是传达一种信息，不具有法律拘束力，属于要约邀请。但是如果某商家在商业广告中对欲出售的某种商品的规格、价格、质量等作出了明确规定，除买卖的数量以外，广告包含了足以使合同成立的全部必要条款，且注明"款到即发货"，即把确定买卖数量的权利交给了买受人。根据《民法典》第 473 条第 2 款规定："商业广告和宣传的内容符合要约条件的，构成要约。"此广告就不是要约邀请，而是要约。要约和要约邀请看似差异较大，实则在有些情形中很难判定，例如在上述的商品房买卖合同中，开发商在广告宣传中的种种承诺究竟是要约还是要约邀请难以一概而论，而这又恰恰是判定双方是否违反合同约定的关键。

要约和要约邀请的区别主要表现在：第一，要约是当事人自己主动愿意缔结合同的意思表示；而要约邀请是当事人表达某种意愿的事实行为，其目的不是缔结合同，而是邀请对方当事人向其发出要约的意思表示，是当事人订立合同的预备行为。第二，要约中含有当事人愿意承受要约拘束的意图，要约人将自己置于一旦对方承诺，合同即成立的无可选择的地位；而要约邀请则不含有当事人愿意承受拘束的意图，邀请人希望自己处于一种可以选择是否接受对方要约的地位，其本身不具有法律意义。第三，要约的内容必须具备足以使合同成立的必要条款，而要约邀请不必具备此等必要条款。在商品房买卖合同中，依据要约的一般原理与《最高人民法院关于审理商品房买卖合同纠纷案件适用法律若干问题的解释》第 3 条的规定，一般的商品房销售广告和宣传资料在实践中是作为要约邀请来认定的，但是如果出卖人就商品房开发规划范围内的房屋及相关设施所作的说明和允诺具体确定，并对商品房买卖合同的订立以及房屋价格的确定有重大影响的，也就是说如果这些说明和允诺会直接影响买方是否购房的意愿的，则构成要约。在该案中，法院认为某公司在宣传中所说的"人车分流""游泳池"等承诺对消费者购房以及是否按约定价款购买会产生重大影响，因此该承诺应为要约而不是要约邀请，在某公司没有实现上述承诺时应承担违约责任。

与要约容易混淆的概念还有反要约。反要约是指受要约人对要约人的要约条款感到不满意，再按照自己所能接受的条款在原要约的基础上向原要约人提出新的要求，是受要约人将要约人发出的要约的内容加以放大、缩小或变更后而予以接受的行为，又称新要约。反要约是对原要约的拒绝，从本质上改变了原要约，其所发出的内容不能视作是承诺，不能发生承诺的效力，须经过原要约人承诺，合同才成立，因此，反要约实际上是新的要约。

六、思考问题

2021年7月7日，原告高某通过微信转账向被告王某某预付购买樱桃苗的价款5000元；2021年12月13日，高某微信通知王某某于2021年12月16日去王某某处拉苗；2021年12月15日，高某微信通知王某某"等一年，看看一根棍结果怎么样"；2021年12月16日，高某并未去王某某处拉苗。王某某至今未返还原告预付款5000元，亦未提供等价值的苗木。问：双方买卖合同是否成立？

杨某某诉吴某某合同纠纷案[1]

一、知识点介绍

承诺的法律性质是一种意思表示，意思表示是 18 世纪德国学者沃尔夫在《自然法论》中创设的法律术语。所谓意思表示，是指向外部表明意欲发生一定私法上效果之意思的行为。简单地说，就是将企图发生一定法律效果的意思表示出来。[2]

按照民法传统理论，合同的订立采取要约承诺的方式，是要约人与承诺人意思表示一致的结果。一项有效的承诺，必须具备以下构成要件：

1. 承诺必须由受要约人作出。作出承诺意思表示的主体是特定的，承诺必须由受要约人作出。受要约人为特定人时，承诺由该特定人作出；受要约人为不特定人时，比如悬赏广告、网上拍卖等情形下，受要约人为不特定人，承诺可以由该不特定人中的任何人作出。受要约人以外的第三人即使知晓要约内容并作出同意的意思表示，也不构成承诺。基于交易效率考虑，受要约人之外的第三人进行的承诺就法律意义上而言，可以视为对要约人发出的要约，经要约人承诺之后才能订立合同。承诺必须由受要约人作出，但是也存在由第三人转达的情况。

2. 承诺必须向要约人作出。受要约人作出承诺的目的在于同要约人订立合同，故承诺必须向要约人作出，才能产生相应的法律效果。基于代理的基本原则，也可以向要约人的代理人作出承诺，与向要约人作出承诺具有同样的法律效果。如果受要约人向要约人以外的其他人作出承诺，不是向要约人

---

[1]　案例来源：北京市第三中级人民法院民事判决书［2016］京 03 民终 12482 号。

[2]　参见王利明：《民法总则研究》，中国人民大学出版社 2003 年版，第 533 页。

作出，该意思表示不能视为具有法律意义的承诺，产生不了与要约人订立合同的法律效果，但可以视为向他人发出要约，只有经他人承诺后才能成立合同。

3. 承诺的内容应当与要约的内容一致。承诺是受要约人同意接受要约的全部内容以订立合同的意思表示，承诺是受要约人愿意按照要约的内容与要约人订立合同的意思表示，所以，欲取得成立合同的法律效果，承诺就应当完全符合要约的条件，即在内容上承诺必须与要约的内容一致，这是构成一个有效承诺的核心要件。《民法典》明确规定了承诺的内容应当与要约的内容一致，且对受要约人变更要约的内容的情况，区分了实质性变更与非实质性变更，并规定了不同的法律后果：受要约人对要约内容作出实质性变更的，为新要约；受要约人对要约内容作出非实质性变更的，除要约人及时表示反对或者要约表明承诺不得对要约的内容作出任何变更外，该承诺有效，合同的内容以承诺的内容为准。其中有关合同标的、数量、质量、价款或者报酬、履行期限、履行地点和方式、违约责任和解决争议方法等的变更，是对要约内容的实质性变更。如双方签订的房地产买卖合同中对房屋买受人、房款支付、违约责任等重新作了约定，表明双方达成了新的合意，双方应按新的合同约定履行。

4. 承诺必须在要约的有效期间内作出。对于承诺生效问题，我国采用到达主义而非发信主义，法律规定承诺到达受要约人时生效，所以一般要约中所确定的承诺时间应为承诺到达要约人的时间，但如果要约中已经设定承诺期限的，或者要约人通过其他方式表明承诺期限的，受要约人应当在承诺期限内作出承诺。对于要约没有确定承诺期限的，分为对话和非对话两种情形，适用不同的承诺期限：①对话形式：要约没有规定承诺期限时，如果要约是以对话方式作出的，则应当即时承诺。以对话方式作出要约，即口头要约，包括要约人与受要约人面对面直接交谈发出要约和通过固定电话、移动电话、网络视频等即时通讯工具交谈发出要约两种情形。②非对话形式：要约以非对话方式作出且没有确定承诺期限的，承诺应当在合理期限内到达，包括以订单、合同书、函件、信件等书面形式以及手机短信、电子邮件等数据电文等方式作出的要约。

二、基本案情

吴某某系个体工商户北京华远长忠建材经营部业主。吴某某承揽3-611

号房屋的石材加工及安装工程，3-611 号房屋业主为李某某，石某某与李某某系夫妻关系。在 3-611 号房屋装修过程中，石某某以"高某某"为名与吴某某沟通接洽。杨某某主张其与吴某某之间就 3-611 号房屋的石材加工及安装工程存在承揽合同关系，并提交《石材加工订货安装施工协议》为证，该合同显示甲方签字处为杨某某签名，乙方签字盖章处为吴某某签名及北京华远长忠建材经营部的印章。吴某某主张与其存在承揽合同关系的系石某某、李某某，石某某、李某某系 3-611 号房屋业主，在整个装修过程中均系石某某参与，吴某某将合同签字盖章后交给了石某某，但取合同时发现合同上甲方处签字为杨某某，其认为其要约系向石某某发出，杨某某在合同上签字不构成承诺。为证明其上述主张，吴某某提交 2014 年 11 月 18 日录像、2014 年 11 月 21 日录音、2014 年 11 月 24 日录音、2014 年 12 月 16 日录音、2014 年 12 月 18 日录音为证，2014 年 11 月 18 日录像显示："石某某：今天呢，咱们就从头到尾验一遍，把所有的问题咱们都找完了你们维修……你维修完了你自己先验收，你认为合格了你再通知我。吴某甲（吴某某弟弟）：高总，咱们谈一下合同的问题，有问题我们可以维修。……石某某：货不合适要换你知道吗？你听我说，过去了，咱也别扯，我就一样啊，按照合同执行。吴某甲：合同你还没有签，量也没有核对。石某某：我都签完了，今天下午就给你。……王某某（北京华远长忠建材经营部会计）：那合同谁签？咱们公司对公司还是公司对个人？石某甲：我个人的房，我公司跟你签什么？……" 2014 年 11 月 21 日录音、2014 年 11 月 24 日录音、2014 年 12 月 16 日录音、2014 年 12 月 18 日录音均为吴某甲与石某某沟通付款、验收、维修等问题。杨某某认可录音、录像的真实性，但称石某某与吴某甲交涉是受杨某某的委托，并非作为合同一方当事人的身份。

庭审中，李某某向法院出具证明，称其为 3-611 号房屋业主，3-611 号房屋为毛坯房，借给杨某某使用，使用期限为 2014 年 3 月 1 日至 2017 年 2 月 28 日，使用期间可根据使用人要求进行内外装修布置，一切费用由借用人承担，借用人对该房屋有使用权、出租权、管理权，借用期满后，借用人 5 日内无条件退出该房屋，借用人在此期间进行的装修布置等一切设施不得拆除和损毁，同时出借人不承担任何装修、布置、维护等费用。

吴某某申请证人胡某某出庭作证，胡某某称其在 3-611 号房屋做外装彩绘，同时还有其他几拨人在做该房屋不同部分的装修，吴某某做的是石材加工及安装，装修事宜都是石某某决定，杨某某是石某某公司雇员，很少出现在现场，胡某某所承揽部分签订合同时的甲方签字也不是石某某所签，而是石某某让其手下一个称作"林某某"的人签的字，后来石某某让"林某某"将其合同撕毁，其工程款也没有付清。杨某某表示胡某某证明的事实与杨某某与吴某某签订合同的事实无关，胡某某承揽工程时与谁签订合同不影响杨某某与吴某某之间的合同关系。庭审中，经法院询问，杨某某表示3-611号房屋除石材部分之外的其他装修项目是由石某某负责，有无签订合同并不清楚，系由谁承担相应合同权利义务亦不清楚，杨某某只是负责石材的装修并作为交换条件使用该房屋。

另查，北京某家具有限责任公司法定代表人系李某某，投资人为石某某、李某某，北京某投资有限公司法定代表人为石某某，投资人为北京某家具有限责任公司、李某某，北京某家具有限责任公司、北京某投资有限公司分别以支票形式向吴某某付款共计18万元。吴某某称该18万元实际系李某某、石某某支付。杨某某称系北京某家具有限责任公司、北京某投资有限公司代其支付的工程款18万元，该款项其尚未偿还上述两公司。

三、争议问题与判决

（一）争议问题

杨某某与吴某某之间是否成立承揽合同？

（二）法院判决

一审法院认为：根据法院查明的事实，3-611号房屋所有权人为石某某之妻李某某，吴某某施工系按照石某某要求进行，装修过程中系石某某与吴某某沟通，工程款系由李某某、石某某投资的公司支付，杨某某虽称工程款系由北京某家具有限责任公司、北京某投资有限公司代其支付，但其并未提交证据证明其该主张，杨某某虽在《石材加工订货安装施工协议》甲方处签名，但其提交的书面证明中称3-611号房屋的内外装修布置的一切费用由杨某某承担，后杨某某又表示其仅负担石材的装修，其前后陈述不一，亦未对此作出合理解释，且3-611号房屋其他部分装修亦由石某某负责，综合上述事实，结合吴某某提交的录音、录像及其对于《石材加工订货安装施工协议》签订情形的陈述，法院有足够理由认为吴某某与石某某成立事实上的承揽合同关系，并采信吴某某有关其系向石某某发出《石材加工订货安装施工协议》

要约的主张，杨某某在该合同上签字的行为不构成对于该要约的承诺，因此杨某某与吴某某之间未成立承揽合同关系。

二审法院认为，本案中，除了涉诉施工合同为杨某某与吴某某签订外，合同签订过程、施工过程、工程付款等事实方面均为石某某与吴某某沟通。石某某作为涉诉房屋房主与吴某某沟通系受杨某某委托把关工程质量且石某某的公司支付工程款系其代杨某某支付，这一解释并不符合常理。一审法院结合庭审陈述及吴某某提交的录音、录像、支付凭证等证据，综合考虑合同签订过程、装修过程中系石某某与吴某某沟通、吴某某施工系按照石某某要求进行、工程款支付、房屋权属等情况，认定吴某某与石某某成立事实上的承揽合同关系，杨某某与吴某某之间未成立承揽合同关系，处理并无不当，法院予以维持。

四、关联法条

《民法典》第479条

承诺是受要约人同意要约的意思表示。

《民法典》第480条

承诺应当以通知的方式作出；但是，根据交易习惯或者要约表明可以通过行为作出承诺的除外。

五、学理分析

在实践中，通常在合同上签字的主体为要约与承诺双方。但是当出现签字主体和履行主体不一致时，人民法院对民事合同主体的审查不能仅依据载明的签字人，还要结合合同的内容和履行情况来判断。从合同相对性角度上来说，合同在特定的合同当事人之间发生法律拘束力。要约和承诺主体并不仅只是标记在合同上的签名，而是真正的合同权利义务的享有者与承担者。上述案件中，虽然在吴某某提供的合约上签字的是杨某某，但根据双方提供的证据，装修房屋权属人、对整个装修内容的磋商、监督实施以及支付款项的人都是石某某，杨某某只是合同形式上的签名者，但真正享有和履行整个合同权利义务的主体是石某某，因此杨某某并非真正的承诺人。

在司法实践中时常发生逾期承诺和承诺迟到的问题。①所谓逾期承诺，是指受要约人超过承诺期限发出承诺，或者在承诺期限内发出承诺但按照通常情形不能及时到达要约人。逾期承诺主要包括两种情形：第一种情形为受要约人超过承诺期限发出承诺，第二种情形为受要约人在承诺期限内发出承诺，按照通常情形不能及时到达要约人的。超过承诺期限，要约已经失效，对于失效的要约作出承诺不能当然产生合同订立的法律效力，但如果要约人及时通知受要约人该承诺有效的则发生承诺的效力，合同成立。②所谓承诺迟到，是指受要约人在承诺期限内作出承诺，依通常情形能够及时到达要约人，但因其他原因致使承诺达到要约人时超出承诺期限的情形。产生承诺迟到和逾期承诺第二种情形的前提是在以非对话通知方式作出的承诺生效模式上采用到达主义，两者主要区别在于按照通常情形，承诺能否在要约规定的期限内到达要约人。承诺迟到后，除要约人及时通知受要约人因承诺超过期限不接受该承诺外，该承诺有效。对于迟到的承诺，如果要约人不愿意接受，即负有及时通知承诺人因迟到而不接受该承诺的义务。要约人及时发出迟到通知后，该迟到的承诺不生效力，合同不成立。如果要约人怠于发出迟到通知，则该迟到的承诺视为未迟到，发生承诺的效力，当事人之间合同成立。

六、思考问题

1. 默示形式是否可以作为承诺的方式？

2014 年 1 月 14 日，双方签订销售合同一份，约定由张某某向上海哈某服装科技有限公司（以下简称：哈某公司）定做服饰，合同总价为 605 000 元。2015 年 10 月 8 日，张某某通过电子邮件向哈某公司工作人员发送书面意见及协议书。2015 年 10 月 19 日，张某某向哈某公司支付 136 220 元款项。2015 年 10 月 19 日，张某某通过电子邮件向哈某公司工作人员发送关于和解协议履行的书面通知。原审另查明，张某某于 2015 年 10 月 8 日通过电子邮件向哈某公司工作人员发送的协议书上，既无哈某公司公章，亦无哈某公司工作人员签字。张某某于 2016 年 4 月向原审法院提起诉讼，要求确认双方于 2015 年 10 月 8 日签订的协议书有效。原审法院认为，因张某某主张系争协议书成立，故张某某应当就系争协议书成立的事实提供证据加以证明，但张某某提供的所有证据均不能证明上述事实，故张某某应当承担举证不能的法律后果。系争协议书成立的首要要件是双方就协议书的内容达成一致意见。而系争协议书是张某某通过电子邮件发送给哈某公司，但哈某公司既未在协议书上加盖公章，亦未授权其工作人员签署协议书，也即，哈某公司从未以任何形式对协议书的内容表示认可，双方未就系争协议书的内容达成合意。张某某认为，哈某公司已经通过默示的形式对协议书的内容表示认可。

2. 是反要约还是承诺？

原告甲保险公司向被告乙保险公司发出订立再保险合同的要约，乙保险公司在对该要约进行了实质性修改后，要求甲保险公司于 30 天内进行反确认，但在甲保险公司进行反确认前，乙保险公司又将一份财务核对表发给甲保险公司，请求核对保费并限期付款，而该财务核对表不仅包含案涉再保险项目，且保费系根据甲保险公司的要约进行计算。保险事故发生后，虽然双方就保险单的出具进行了沟通，但直至案件审理时，乙保险公司未向甲保险公司出具保险单。一审法院认为，结合当事人之间的邮件往来以及乙保险公司未出具保单等事实，应认定再保险合同不成立，且乙保险公司向甲保险公司发送财务核对表属于双方之间的日常账款核对，不能视为乙保险公司对于再保险合同的履行。二审法院则认为，乙保险公司在甲保险公司没有进行反确认的情况下，于新要约有效期届满前向甲保险公司发出邮件，请求核对约定的再保险项目并要求甲保险公司限期支付，系实际履行合同的行为，是实质性地接受了甲保险公司的要约，同时亦使乙保险公司的新要约有效期及要求甲保险公司反确认的条件失效，故再保险合同已成立，此外，保险合同经当事人的意思表示一致即可成立，而保险合同成立后，尽管保险人应当及时向投保人签发保险单或保险凭证，但保险单或保险凭证的签发，仅为保险人的法定义务，而非合同的成立要件。据此，二审法院撤销一审判决，改判支持甲保险公司的诉讼请求。

辽源市某集团公司与辽源市某商务服务集团有限公司供用热力合同纠纷案[1]

一、知识点介绍

《民法典》中规定的合同形式采取的是不要式原则，即以形式自由作为一般原则，例外情况下才需要特定的形式。从早期的严格要式主义向近现代的不要式主义的转变体现了合同主体的契约自由，最大限度地调动了合同当事人的主动性、积极性和创造性。我国法律规定的具体合同形式主要包括：①书面形式，即以文字等可以有形地表现所载内容的形式订立的合同。书面形式常见的类型为合同书、信件、电传等。随着科学技术的日新月异，书面形式的实质内容也在不断丰富。像将以电子、光学、磁或者类似手段生成、发送、接收或者储存的数据电文、电子邮件等通过开放性的规定纳入书面形式中，适应了互联网的发展，未来的载体可能有多种现在无法想象的形式，只要满足书面形式的基本特征，即可视为书面形式。书面形式的最大优点是有据可查，明确清晰，发生纠纷时举证容易。因此，对于比较重大、不能即时结清的合同，一般采用书面形式。②口头形式，即以口头语言为意思表示订立的合同。往往用于集市的现货交易或者金额不大的其他场合。即时结清的情况下亦采用口头形式。口头形式最大的优点是简单快捷，交易成本低。③其他形式，是指当事人未采用书面形式或者口头形式，未明确表示订立合同的合意，但根据当事人的行为或者特定情形可以推定合同成立。

---

〔1〕　案例来源：吉林省辽源市龙山区人民法院民事判决书〔2020〕吉 0402 民初 119 号。

二、基本案情

被告辽源市某商务服务集团有限公司办公楼实测建筑面积 12 208.65 平方米，供暖面积 14 874.15 平方米，辽源市某集团公司按非居民供暖 36.50 元每平方米收取辽源市某商务服务集团有限公司 2016 年至 2019 年度的供热费。辽源市某集团公司单位电脑记录的用户信息载明：用户名称为辽源市某商务服务集团有限公司办公楼，合同号 001797201601。载明 2016 年至 2019 年度开网部分拖欠供热费用累计 202 669.49 元、2016 年至 2019 年度停供部分拖欠供热费用 102 228.51 元，上述两部分欠供热费共计 304 898.00 元；2018 年开网部分拖欠热费违约金 7897.62 元。《辽源市城市供热管理办法》第 33 条的规定："采暖期结束后超过 1 个月不缴纳者，每平方米热费加收 0.20 元；采暖期结束超过 2 个月至 4 个月不缴纳者，每平方米加收 0.40 元；采暖期结束至 8 月份不缴纳者每平方米加收 0.60 元。"辽源市发展和改革委员会《关于集中供热管网建设费收费标准的函》辽发改收管字［2005］40 号文件规定："……在省供热管网建设费证实征收标准出台之前，继续执行原市物价局辽价收管字［2004］15 号文件，市区集中供热管网建设费标准，按建筑面积每平方米 50 元收取……"辽源市某商务服务集团有限公司于 2016 年缴纳管网费 220 158.50 元，2017 年缴纳管网费 86 657.50 元。辽源市某集团公司向法院提出诉讼请求，依法判令被告辽源市某商务服务集团有限公司立即给付拖欠的供热费（2016 年至 2019 年）312 795.62 元、管网费 303 616.50 元及违约金 7897.62 元，诉讼费用由被告负担。辽源市某商务服务集团有限公司对开网部分拖欠的供热费无异议，针对辽源市某集团公司收取违约金、对停供面积按照 20% 收取热费及尚欠的管网费有异议。截至庭审时止，案涉辽源市某商务服务集团有限公司办公楼尚有部分未开网房屋为毛坯房，未安装基础供热设施。

三、争议问题与判决

（一）争议问题

对未开网部分是否要缴纳管网供热费用？

（二）法院判决

法院认为，供用热力合同是供热人向用热人供热，用热人支付热费的合同。本案中，辽源市某商务服务集团有限公司与辽源市某集团公司未签订书面供热合同，但辽源市某集团公司履行了供热义务，辽源市某商务服务集团有限公司也缴纳了部分热费，双方已经形成了事实合同关系，辽源市某商务服务集团有限公司应当按照接受的供热服务履行给付热费的义务。鉴于辽源市某商务服务集团有限公司对开网部分拖欠的供热费 202 669.49 元无异议，法院予以认定。《辽源市城市供热管理办法》第 33 条的规定："采暖期结束后超过 1 个月不缴纳者，每平方米热费加收 0.20 元；采暖期结束超过 2 个月至 4 个月不缴纳者，每平方米加收 0.40 元；采暖期结束至 8 月份不缴纳者每平方米加收 0.60 元。"辽源市某商务服务集团有限公司缴纳热费应当具有及时性，其至今尚拖欠 2018 年度开网部分热费 197 701.44 元，应承担相应的责任，参照此办法，辽源市某商务服务集团有限公司应承担上述热费的加收金共计 3249.89元。关于管网建设费，辽源市某集团公司和辽源市某商务服务集团有限公司虽未签订书面供热管网建设工程合同，但辽源市某集团公司已经对辽源市某商务服务集团有限公司涉案办公楼进行了供热管网施工，辽源市某商务服务集团有限公司已经具备了供热的条件，且部分区域已经接受了供热服务，辽源市发展和改革委员会《关于集中供热管网建设费收费标准的函》辽发改收管字［2005］40 号文件规定："……在省供热管网建设费正式征收标准出台之前，继续执行原市物价局辽价收管字［2004］15 号文件，市区集中供热管网建设费标准，按建筑面积每平方米 50 元收取……"辽源市某商务服务集团有限公司应当按照建筑面积每平方米 50 元支付辽源市某集团公司尚欠的供热管网建设费 303 616.50 元。关于辽源市某集团公司对停供部分按照 20%收取热费的主张，除其单位电脑记录外，无其他证据佐证，人民法院不予支持。综上，判决被告辽源市某商务服务集团有限公司向原告辽源市某集团公司缴纳供热费 202 669.49 元、滞纳金 3249.89 元、管网费 303 616.50 元，共计509 535.88 元；驳回原告其他诉讼请求。

四、关联法条

《民法典》第 135 条

民事法律行为可以采用书面形式、口头形式或者其他形式；法律、行政法规规定或者当事人约定采用特定形式的，应当采用特定形式。

《民法典》第 469 条

当事人订立合同，可以采用书面形式、口头形式或者其他形式。

书面形式是合同书、信件、电报、电传、传真等可以有形地表现所载内容的形式。

以电子数据交换、电子邮件等方式能够有形地表现所载内容，并可以随时调取查用的数据电文，视为书面形式。

《民法典》第 490 条

当事人采用合同书形式订立合同的，自当事人均签名、盖章或者按指印时合同成立。在签名、盖章或者按指印之前，当事人一方已经履行主要义务，对方接受时，该合同成立。

法律、行政法规规定或者当事人约定合同应当采用书面形式订立，当事人未采用书面形式但是一方已经履行主要义务，对方接受时，该合同成立。

五、学理分析

合同的形式履行治愈规则指的是一个欠缺法定或约定书面形式条件的合同，通过当事人的实际履行行为而得到治愈。如果一个合同相关法律规定采用书面形式或者合同双方约定采用书面形式而没有采用该形式，那么此合同通常被推定为不成立。但是如果一方当事人已经按照约定履行完主要义务，另一方也已经接受，那么法律上这个合同即成立。合同履行治愈规则更加注重反映当事人真实意思的实际行为，能够对合同的效力状态作出更加合理的判断，因此更能促进当事人的诚信及商业交易秩序的安全稳定。应当看到，该条规定履行治愈的仅是合同成立形式要件的瑕疵，并非合同效力瑕疵。如果某要式规范属于强制性效力规范，即使合同成立，仍然适用《民法典》第 153 条的规定而无效。

上述案件是"履行治愈规则"在司法实务中的典型应用案例。在本案中共存在两个合同：一是供用热合同，二是供热管网建设工程合同。根据法律规定，这两个合同均应采用书面形式签订方能成立，恰恰在本案中这两个合同都没有签订正式的书面合同，却都因一方实际履行主要义务，另一方接受而使合同成立。

合同形式，应当视为证明合同成立的依据，而不能把其当作合同成立或生效的要件，也就是说，对合同的书面形式应采用证据主义，不宜采用生效主义。在实践中，对于应当采用书面形式而采用口头形式或者其他形式而订立的合同，应当着重考察当事人的意思是否取得一致，取得一致的，应认定为成立；反之，应当认定为未成立。

实务中适用履行治愈规则应当注重把握三个问题：①一方履行的应是主要义务，而非次要义务。履行了主要义务为对方所接受，说明双方就合同的主要条款已经达成一致，如果只是次要义务的履行，无法由此推定双方就主要条款已经达成一致，故不能认为合同已经成立。②只要是一方履行了主要义务对方接受即可，而并非要求双方均履行了主要义务，对方接受。③一方履行主要义务为对方接受。如果对方没有接受，那么说明双方尚未就主要条款达成一致，不能认定为合同成立。一般认为，公证、鉴证、审批、登记等属于特殊的书面形式，是在采用书面形式的基础上，再经过某种法定手续予以证明或者认可。一般把这种形式认为是合同的生效要件，而非成立要件。法理上认为合同成立是当事人合意的体现，而公证、鉴证、审批、登记属于当事人之外的因素，体现为国家法律对当事人意思自治的限制和干预，这些不属于合同成立要件的范畴，而属于效力评价的体系。《民法典》第502条第2款的规定："依照法律、行政法规规定，合同应当办理批准等手续的，依照其规定。未办理批准等手续影响合同生效的，不影响合同中履行报批等义务条款以及相关条款的效力。应当办理申请批准等手续的当事人未履行义务的，对方可以请求其承担违反该义务的责任。"

六、思考问题

请结合下列案例进行思考和讨论：

2005年11月18日，李某某与赵某、丁某某口头约定：赵某、丁某某将赵某的拆迁补偿安置房屋出售给李某某，李某某支付购房款3万元，赵某、丁某某出具收条，注明"收到名豪商贸区二幢二层1号房房款3万元"。2010年12月30日，开发商交付赵某136.78平方米房屋并办理产权转移登记。2013年12月5日，赵某、丁某某将房屋出售给秦某岚，买卖价格为7000元/平方米，双方签订房屋出售协议并为秦某岚办理了房屋所有权证书。

原告李某某诉至重庆市梁平县（现梁平区）人民法院，主张被告赵某、丁某某以3万元价格出售位于重庆市梁平区名豪商贸区二幢二楼的1号68.39平方米房屋给自己后，又将该房屋出售给被告秦某岚，请求解除原告与被告赵某、丁某某签订的房屋买卖合同，被告赵某、丁某某返还购房款 3 万元并赔偿因房屋增值导致的损失 1 299 410 元。被告赵某、丁某某辩称，在没有取得房屋的所有权的情况下将拆迁回居安置房中的 28.21 平方米卖给原告，由于出售价格并没有谈妥，双方没有签订书面合同，仅有收据作为凭证，买卖合同尚未成立。

法院认为：房地产转让应当签订书面转让合同，收条属于收取房款的证据，不具有书面合同的形式；双方当事人对于买卖标的物的数量存在争议，李某某一方主张购买的是 68.39 平方米，赵某、丁某某一方仅认可出售 28.21 平方米，而收条所载明的"名豪商贸区二幢二层 1 号房"的实际面积为 136.78 平方米，因此口头合同对于房屋面积未能达成一致，不能确定买卖标的和数量，口头合同尚未成立；因房屋面积存有争议导致房屋价款不能确定，交付 3 万元购房款不足以证明李某某已履行主要义务，因此本案讼争合同并未依法成立。

1. 法定应采取书面形式的没有采取书面形式，一方履行部分义务对方接受的是否能适用履行治愈规则？

2. 法定应采取书面形式的没有采取书面形式，一方履行了合同主要义务但是对合同主要条款存在争议的是否能适用履行治愈规则？

陈某诉三亚某投资发展有限公司预约合同纠纷案[1]

一、知识点介绍

预约合同是指当事人为在将来一定期限内订立本约而预先成立的合同，是双方当事人就未来订立本约合同而达成的合意，其具备合意性、约束性、确定性和期限性四个基本特性。从制度功能上看，预约合同是订立本约合同的一种手段，其目的在于初步选定缔约当事人，并以施加缔约义务的方式，为在公平、诚信原则下继续进行磋商，最终订立正式的、条款完备的本约创造条件，能够增强交易安全，提高交易成功率。随着交易模式日益繁杂，当事人为了达成初步的交易意向，在订立本约合同条件尚未成熟时，一般会选择以订立预约合同的方式使相对人受其约束，用以保护嗣后订立本约的权利，避免在缔约条件具备时丧失交易的机会。

预约合同在 2012 年《最高人民法院关于审理买卖合同纠纷案件适用法律问题的解释》中首次被最高人民法院承认。但在司法实践中，除买卖合同外，房屋租赁、商品房买卖、民间借贷、大型采购、股权转让等领域都广泛出现预约合同的运用。2020 年通过的《民法典》第 495 条在吸收《最高人民法院关于审理买卖合同纠纷案件适用法律问题的解释》第 2 条的基础上，扩大了预约合同条款的适用范围，将本约为"买卖合同"的限定范围删去："当事人约定在将来一定期限内订立合同的认购书、订购书、预订书等，构成预约合同。当事人一方不履行预约合同约定的订立合同义务的，对方可以请求其承担预约合同的违约责任。"

---

[1] 案例来源：海南省三亚市城郊人民法院民事判决书［2018］琼 0271 民初 9904 号；海南省三亚市中级人民法院民事判决书［2019］琼 02 民终 1428 号。

虽然《民法典》对预约合同进行了专门的规定，但规定较为概括。为此，《最高人民法院关于适用〈中华人民共和国民法典〉合同编通则若干问题的解释》第6条至第8条在吸收实践经验的基础上，对预约合同的相关问题进行了细化。根据《最高人民法院关于适用〈中华人民共和国民法典〉合同编通则若干问题的解释》第6条第1款的规定，预约合同在同时具备以下两个条件的情况下才能成立：第一个条件是预约合同应具备一般合同要件。预约合同作为一种合同，其成立当然要满足合同的一般成立要件。司法解释将预约合同必须具备的底线内容规定得较为宽松，只要当事人就将来所要订立合同的主体和标的达成一致，就可以认定当事人之间的意思表示已经明确，预约合同成立，除非当事人另外约定该意思表示不具有法律约束力或者法律对此另有规定。至于标的的数量、价格等完成交易还需具备的其他条款，可等到订立本约时，由当事人进一步协商。第二个条件是预约合同应具有在将来一定期限内另行订立合同的约定。这是预约合同的核心条件。也就是说，预约合同中必须有在将来一定期限内订立合同的约定，如果缺少这样的约定，那么可以直接认定该合同与预约无关。当事人表达意思表示的方式有明示和默示两种。明示的方式一般指当事人订有书面或口头的合同。而默示的方式则是指以行为推定当事人存在相应的意思表示。因此，当事人虽未通过书面或口头形式作出相应的约定，但一方当事人已经向另一方当事人交付了定金，用以担保将来一定期限内订立合同，这种情况下，应当推定当事人之间具有订立预约合同的意思表示。在实践中，当事人在签订正式合同之前订立的意向书、备忘录等能否认定为预约合同，《民法典》以及司法解释采取了较为谨慎的态度，需严格按照预约合同的成立条件作出判断。

那么，预约合同与本约合同又有何区别呢？《最高人民法院关于适用〈中华人民共和国民法典〉合同编通则若干问题的解释》第6条第3款予以了回应。区分预约及本约的关键标准并不完全在于合同内容，而在于合同标的：预约合同的标的指向是将来签订本约，而本约的标的则是具体权利义务的履行。判断当事人之间订立的合同系本约还是预约的根本标准应当是当事人的意思表示，也就是说，当事人是否有意在将来订立一个新的合同，以最终明确在双方之间形成某种法律关系的具体内容。如果当事人在合同中明确约定了在将来一定期限内另行订立合同，则表明当事人具有将某些事项交由本约合同来约定，从而保留交易结果决策权的意思表示，那么，即使预约的内容与本约已经十分接近，即便通过合同解释，从预约中可以推导出本约的全部内容，也应当尊重当事人的意思表示，排除这种客观解释的可能性。在预约合同中对本约内容进行部分约定，仅意味着双方同意以约定的内容签订本约合同。如一方当事人未能履行约定内容，其后果在于使得双方以预约约定的条件订立本约的目的落空，并不产生对本约的违约责任。这里需要注意预约合同与本约合同之间的转化。当事人虽然在预约合同中明确约定将来一定期限内另行订立合同，但当事人一方已按照合同的内容履行，并且对方也已经接受，那么此时当事人已经以履行行为表明其愿意受该合同的全面约束，预约合同转化为本约合同。

二、基本案情

2015 年 4 月 30 日，三亚某投资发展有限公司（以下简称三亚某公司）与陈某签订《认购书》，约定陈某在知晓三亚某公司未取得预售许可证的情况下与三亚某公司签订本《认购书》：陈某自愿购买三亚某公司开发的"三亚孔雀城"项目××栋房屋，该房屋建筑面积约 52.39 平方米，成交单价为 12 600 元/平方米，总价为 660 114 元，陈某于签订《认购书》时应交纳 30 万元，作为认购金，并于签订《商品房买卖合同》时无息充抵房款，三亚某公司在取得《商品房预售许可证》后以通知函等方式通知陈某签订商品房买卖合同，本认购书一经双方签字、盖章后生效。在双方签订正式商品房买卖合同后，本协议自动失效，并由三亚某公司收回等。陈某于 2015 年 5 月向三亚某公司支付 30 万元。三亚某公司向陈某出具了收到"认购金"的收据。2016 年 1 月 26 日，双方确认陈某认购的房屋房号由 1-2-3A03 更换为 1-2-3A02。三亚某公司后来将陈某认购的房屋重新编号为×××号，并确定该房屋的销售总价为 1 580 659 元。2018 年 1 月 15 日，三亚某公司取得了"依山云锦"项目（原名"三亚孔雀城"）的《商品房预售许可证》，于 2018 年 1 月 29 日开盘，三亚某公司未通知陈某签订商品房买卖合同。陈某知道后要求与三亚某公司签订正式的《商品房买卖合同》，三亚某公司认为陈某认购的价格低于备案的价格，不同意与陈某签订商品房买卖合同，陈某遂提起诉讼。三亚某公司提出反诉，要求解除《认购书》。

三、争议问题与判决

（一）争议问题

1. 《认购书》的性质与效力。

2. 应继续履行还是解除《认购书》？

（二）法院判决

一审法院认为：三亚某公司与陈某签订的《认购书》约定，本认购书一经双方签字、盖章后生效。《认购书》已经双方签字、盖章，系有效合同。

第一，关于《认购书》是否继续履行的问题。三亚某公司与陈某签订的是认购协议，陈某系拟购房人。《认购书》未约定：房屋交付使用条件及日期，装饰设备标准承诺，配套基础设施和公共设施的交付承诺及有关权益、责任，公共配套建筑的产权归属，办理产权登记有关事宜等。陈某提供的《室内样板装修图片》，三亚某公司不确认其真实性，该图片不能证明三亚某公司许诺按该装修标准向陈某交付房屋。《认购书》不具有《商品房销售管理办法》第16条规定的商品房买卖合同的主要内容，陈某请求继续履行认购协议，不予支持。

第二，关于《认购书》是否解除的问题。陈某与三亚某公司签订认购协议在2018年3月30日前，并支付了30%以上的认购款，陈某不属于限购对象。但《认购书》不具有《商品房销售管理办法》第16条规定的商品房买卖合同的主要内容，无法履行，三亚某公司已经明确表示不再履行该《认购书》，因此应予解除。

二审法院认为：陈某与三亚某公司签订的《认购书》，是对将来正式签署商品房买卖合同进行预先安排，不具备《商品房销售管理办法》第16条规定的商品房买卖合同的主要内容，根据《最高人民法院关于审理商品房买卖合同纠纷案件适用法律若干问题的解释》第5条规定，该《认购书》不能认定为商品房买卖合同，而属于商品房买卖合同订立之前的预约合同。本案诉讼过程中，三亚某公司提出反诉，不同意继续签订正式的商品房买卖合同并解除双方签订的《认购书》。合同的订立需遵循当事人意思自治的原则，人民法院不能强制双方当事人缔结商品房买卖合同。因此，陈某上诉主张《认购书》继续履行，没有事实和法律依据，不予支持。

四、关联法条

《民法典》第 495 条

当事人约定在将来一定期限内订立合同的认购书、订购书、预订书等，构成预约合同。

当事人一方不履行预约合同约定的订立合同义务的，对方可以请求其承担预约合同的违约责任。

《最高人民法院关于适用〈中华人民共和国民法典〉合同编通则若干问题的解释》第 6 条

当事人以认购书、订购书、预订书等形式约定在将来一定期限内订立合同，或者为担保在将来一定期限内订立合同交付了定金，能够确定将来所要订立合同的主体、标的等内容的，人民法院应当认定预约合同成立。

当事人通过签订意向书或者备忘录等方式，仅表达交易的意向，未约定在将来一定期限内订立合同，或者虽然有约定但是难以确定将来所要订立合同的主体、标的等内容，一方主张预约合同成立的，人民法院不予支持。

当事人订立的认购书、订购书、预订书等已就合同标的、数量、价款或者报酬等主要内容达成合意，符合本解释第三条第一款规定的合同成立条件，未明确约定在将来一定期限内另行订立合同，或者虽然有约定但是当事人一方已实施履行行为且对方接受的，人民法院应当认定本约合同成立。

《最高人民法院关于适用〈中华人民共和国民法典〉合同编通则若干问题的解释》第 7 条

预约合同生效后，当事人一方拒绝订立本约合同或者在磋商订立本约合同时违背诚信原则导致未能订立本约合同的，人民法院应当认定该当事人不履行预约合同约定的义务。

人民法院认定当事人一方在磋商订立本约合同时是否违背诚信原则，应当综合考虑该当事人在磋商时提出的条件是否明显背离预约合同约定的内容以及是否已尽合理努力进行协商等因素。

《最高人民法院关于适用〈中华人民共和国民法典〉合同编通则若干问题的解释》第 8 条

预约合同生效后，当事人一方不履行订立本约合同的义务，对方请求其赔偿因此造成的损失的，人民法院依法予以支持。

前款规定的损失赔偿，当事人有约定的，按照约定；没有约定的，人民法院应当综合考虑预约合同在内容上的完备程度以及订立本约合同的条件的成就程度等因素酌定。

五、学理分析

实践中区分预约与本约有两个方面：一是形式方面，即看合同书的名称。认购书、订购书、预订书等一般为预约。《民法典》删除了意向书、备忘录，是因为此类文件一般不具有效果意思，但也不是绝对，若其内容具有效果意思，则也为预约。需要注意的是，《商品房预售合同》是本约而非预约。二是当事人意思方面，即看当事人是否具有通过订立一个新的合同来确定权利义务关系的意思表示。最高人民法院在《人民法院公报》2015年第1期的裁判摘要中指出，预约的形态多种多样，有的预约条款非常简略，仅表达了当事人之间有将来订立本约的意思，至于本约规定什么内容留待以后磋商决定。有的预约条款则非常详尽，将未来本约应该规定的内容几乎都在预约中作了明确约定。而若仅从内容上看，后者在合同的确定性上几乎与本约无异，即使欠缺某些条款，往往也可以通过合同解释的方式加以补全。因此，仅根据当事人合意内容上是否全面，并不足以区分预约和本约。判断当事人之间订立的合同系本约还是预约的根本标准应当是当事人的意思表示，也就是说，当事人是否有意在将来订立一个新的合同以最终明确在双方之间形成某种法律关系的具体内容。如果当事人存在明确的将来订立本约的意思表示，那么，即使预约的内容与本约已经十分接近，即便通过合同解释，从预约中可以推导出本约的全部内容，也应当尊重当事人的意思表示，排除这种客观解释的可能性。在上述案例中，陈某和三亚某公司在签订的《认购书》中明确约定了将来订立《商品房买卖合同》，且《认购书》中欠缺房屋买卖的重要条款，如房屋交付使用条件及日期，装饰设备标准承诺，配套基础设施和公共设施的交付承诺和有关权益、责任，公共配套建筑的产权归属，办理产权登记有关事宜等，因此该《认购书》性质应为预约合同。该合同为双方当事人真实意思表示的一致，有明确的主体和缔约对象，因此预约合同成立。

当事人在订立预约合同之后并非当然地能达成本约，其可能明确拒绝或者以自己的行为表明拒绝订立本约合同，也可能因为在磋商本约过程中无法就某些条款达成一致而导致本约订立的失败。对于前者，拒绝方应承担违约责任。对于后者，法院应判明当事人在磋商时是否违背诚信原则。如否认预约合同中的已决条款，或者提出令对方无法接受的不合理条件，或者拒绝继续进行磋商等，都可能构成违反诚信原则，这时违约方将承担违约责任。当然，如果在预约合同订立后发生了不可抗力或者情势变更导致本约订立显失公平，则当事人也可依据《民法典》第533条请求变更或解除预约合同。上述案例中，当事人在2015年4月《订购书》中约定的成交单价为12 600元/平方米，总价为660 114元，而三年后由于房价上涨过快，其总价已为1 580 659元，法院在审理中考虑到订立《认购书》的基础条件确实发生了当事人在订立预约合同时无法预见的、不属于商业风险的重大变化，继续履行预约合同对当事人一方明显不公平，且当事人无法通过重新协商就价格达成一致，于是判定了解除合同。

依据《最高人民法院关于适用〈中华人民共和国民法典〉合同编通则若干问题的解释》第8条的规定，违反预约合同的当事人可以主张损害赔偿，那么是否可以请求继续履行救济？理论上对此有三种观点：第一是肯定说，认为如果违反预约合同不能采取继续履行的救济方式，法律关于预约合同的规范功能就无法实现，因为违反预约合同的损失赔偿很难计算，违反预约合同的一方最终可能只是承担信赖利益的赔偿，而即使没有预约合同，不诚信的当事人也须就对方的信赖利益损失承担缔约过失责任，故只有强制当事人履行订立本约合同的义务才能实现预约合同的规范功能；第二是否定说，认为预约合同通常不具备本约合同的全部内容，如果法院根据预约合同即可判决当事人应当订立本约合同或者在当事人不依判决订立本约合同时以法院的判决书代替本约合同，则区分预约合同和本约合同就会变得没有任何意义，故预约合同在效力上仅使当事人负有应当磋商的义务，但不能据此请求强制订立本约合同；第三是折中说，认为应区分预约合同在内容上的具体程度来确定究竟是否可以采取继续履行的救济方式：如果预约合同已经具备本约合同的全部实质性内容，则应赋予当事人请求继续履行预约合同的权利，以防止当事人违背诚信原则通过拒绝订立本约合同逃避债务，如果预约合同仅具备本约合同的部分内容，其他内容仍需当事人协商确定，则不应赋予当事人请求继续履行预约合同的权利，守约方只能请求违约方承担违反预约合同的损失赔偿责任，否则就会架空意思自治原则。[1]司法解释第8条虽然没有明确一方违反预约合同，对方不得请求继续履行，为法院对于请求继续履行的判决预留了空间，但从其表述来看，更倾向于不予支持。

违反预约合同主张的赔偿范围有约定的按约定，没有约定的则根据预约合同所体现的交易成熟度来判断。判断交易成熟度有两个指标：一是预约合同的内容的完备程度。二是订立本约合同的条件的成就程度。所谓预约合同的内容的完备程度，是指预约合同就将来所要订立的本约合同的内容是否进行了约定以及约定是否全面细致。如果预约合同不仅就将来所要订立的本约合同的主体、标的进行了约定（这是预约合同成立的必备要件），而且就本约合同所涉标的的数量、价格等进行了约定，甚至对履行期限、履行方式、履行地点以及争议解决的方式等都作了明确约定，则意味着该预约合同所体现的交易成熟度较高。相反，如果预约合同仅就本约合同的主体和标的进行了约定，未涉及本约合同所涉标的的数量、价格等，则意味着预约合同所体现的交易成熟度较低。简言之，越接近于本约合同，则赔偿越接近本约合同的履行利益。订立本约合同的条件成就程度也是赔偿时需要考虑的因素。如在订立预约合同时开发商未取得《商品房预售许可证》，如果之后开发商也一直未能取得，这时不能参照本约合同的履行利益来界定违反预约合同的赔偿范围，而应当考虑开发商未来取得《商品房预售许可证》的可能性，在订立本约合同的信赖利益与本约合同的履行利益之间进行酌定。

六、思考问题

请结合下列案例思考和讨论未取得《商品房预售许可证》的预约合同是否有效？

2014年5月10日，（买受人）张某与（出卖人）某房地产开发有限公司签订《房屋认购协议书》，约定："第1条 基本情况：（一）买受人所购买的商品房为出卖人所开发的位于洪河大道西段某某项目中的第×幢×单元×层×号房；（二）该商品房的用途为：住宅，房屋建筑面积约119.05平方米……；第2条 价款与付款方式：（一）该商品房按照建筑面积计价，单价为3638.00

---

[1] 参见刘承韪：《预约合同层次论》，载《法学论坛》2013年第6期；韩强：《论预约的效力与形态》，载《华东政法大学学报》2003年第1期。

元/平方米，总房款为 433 104 元；（二）出卖人同意买受人按照工程分期付款，买受人应支付总房款的 50%（含认购金），计 220 000 元人民币；第 3 条商品房买卖合同签订：待出卖人取得《商品房预售许可证》后，自出卖人通知之日起 7 日内，乙方应携带身份证件前往售楼处缴纳余款，签订《商品房买卖合同》，并缴纳相关部门规定的费用；第 4 条 逾期违约责任：买受人未在第 3 条约定的期限内与出卖人签订《商品房买卖合同》的，出卖人有权解除本协议书。出卖人解除本协议书，扣除买受人所认购房屋总房款的 10% 作为违约金，出卖人有权将该房另行出售给第三方……第 6 条 交房时间约定：出卖人应当在买受人签订本协议书之日起 30 个月，将本协议约定的房屋交付买受人使用；但如遇下列特殊原因，除双方协商同意解除本协议或变更协议外，出卖人可以据实予以延期：遭遇不可抗力，且出卖人在发生之日起 30 日内告知买受人的……第 8 条 双方签订《商品房买卖合同》后，本协议自动终止，本协议终止后按双方签订的《商品房买卖合同》继续履行……"协议签订后，张某依约支付房款 220 000 元。双方签订《房屋认购协议书》时，某房地产开发有限公司未取得《商品房预售许可证》，后案涉房屋所在土地经竞拍被他人拍得。

　　驻马店市驿城区人民法院于 2022 年 8 月 18 日作出 ［2022］豫 1702 民初 8071 号民事判决，确认原告某房地产开发有限公司与被告张某于 2014 年 5 月 10 日签订的《房屋认购协议书》无效。宣判后，张某提出上诉。驻马店市中级人民法院于 2023 年 2 月 10 日作出 ［2022］豫 17 民终 4584 号民事判决，判决：①撤销驻马店市驿城区人民法院 ［2022］豫 1702 民初 8071 号民事判决；②驳回某房地产开发有限公司的诉讼请求。

黄某诉广东某养老投资有限公司服务合同纠纷案[1]

一、知识点介绍

格式条款是当事人为了重复使用而预先拟定，并在订立合同时未与对方协商的条款。格式条款的特征包括预先拟定性、定型化、适用对象的不特定性和一方主体的附从性。

1. 预先拟定性

在一般情况下，合同的内容需要双方当事人进行反复协商，确定双方的权利义务关系，经由双方合意对合同条款达成一致。但格式条款具有预先拟定的特征，即合同一方当事人在合同磋商之前已经拟定好格式条款的具体内容，合同相对人只能选择接受或拒绝，无法对格式条款的内容进行磋商。此外，在格式条款预先拟定的过程中，既可以由合同一方当事人来拟定，也可以由第三方主体来拟定，如涉及水电气的合同，通常采用格式条款的形式，并会贯彻强制缔约原则，因该类合同具有专业性和特定性，其中格式条款存在第三方主体拟定的情况。预先拟定的目的是重复使用，但重复使用并非格式条款的主要特征，正如王利明教授认为：重复使用是格式条款的经济功能而非其法律特征，[2]重复使用只是用以对预先拟定进行解释说明的工具，说明合同预先拟定的目的和预期结果，并非格式条款的主要特征。

2. 定型化

格式条款的内容和形式是相对固定的，具有稳定性。在格式条款的使用过程中一般不能轻易更改，合同相对人在和格式条款的拟定者订立合同时通

---

〔1〕 案例来源：广东省广州市中级人民法院民事判决书［2022］粤 01 民终 1691 号。

〔2〕 参见王利明：《对〈合同法〉格式条款规定的评析》，载《政法论坛》1999 年第 6 期。

常只能选择接受或者拒绝，不能就格式条款的内容进行修改，也不能提出反要约，当合同相对人签订合同时，便视为对合同中格式条款的接受。若合同条款预先拟定后经合同当事人协商而进行修改，该合同条款便是普通的合同条款，而不属于格式条款。

3. 适用对象的不特定性

在一般情况下，合同条款内容是在合同相对人确定后草拟的，故其适用对象是特定的，合同内容也是特定的。而格式条款是由合同一方当事人自行草拟的，拟定格式条款的合同一方当事人是确定的，另一方当事人是不特定的，格式条款面向的对象是不特定的多数人，是社会上的消费者，仅当格式条款进入订约程序后合同相对人才能确定下来。

4. 一方主体的附从性

格式条款由合同一方当事人提出，合同相对人仅能选择接受或拒绝，剥夺了合同相对人进行合同磋商的可能，合同自由受到限制，合同相对人享有的权利极其有限。使用格式条款的一方通常是企业经营者，格式条款的提供对象是消费者，虽然双方的法律人格是平等的，但在合同的签订过程中，格式条款提供者和相对人的地位实质上是不平等的，处于优势地位的格式条款的提供者预先将自己的意志以格式条款的形式表现出来，并在订约时将自己的意志强加于经济实力、缔约能力处于弱势地位的合同相对人，使合同相对人在合同签订的过程中处于附从地位，其权利被侵犯的可能性大大增加，这也正是要对格式条款进行法律规制的重要理由。

二、基本案情

2020年8月28日，广东某养老投资有限公司（以下简称某养老投资公司）与案外人某科技公司签订《广东某养老投资公司城市颐养中心及帽峰山项目销售独家代理销售、咨询服务合同》，约定某养老投资公司委托某科技公司代理销售城市颐养中心及帽峰山养老服务系列产品，某养老投资公司按某科技公司销售金额的实际回款额为基数计付代理销售、咨询服务费，鸿泰养护套餐入园费的代理销售、咨询服务费分别为每月总销售额的5%、27%，服务期限为2020年9月1日至2021年8月31日；在双方做好各自服务基础上，客户因各种原因仍需退单则进入退单流程，自签约之日起至12个月内退单，某养老投资公司无需承担退单损失。

2020 年 10 月 23 日，黄某与某养老投资公司签订《养老服务合同书》约定某养老投资公司提供养老服务，鉴于其建设用地、专业基础设施、设备、人员培训、管理等存在大量前期投入，黄某确认购买 120 个月入住服务，缴纳基础设施使用费 167 000 元，该使用费不包括入住期间的床位费、医疗、生活、管理、水电、通信、餐饮、护理等服务费用，黄某按正式入住当期价格缴纳入住服务费，每连续住满一个月可享受购买年限对应的入住补贴 1000 元/月，直至总计入住年限期满为止，合同签订后，基础设施使用费一经缴纳，任何一方不得擅自提前解除或终止合同，除非不可抗力或合同约定，黄某不得要求退费，否则视为违约。《养老服务合同书》第 4.11 条明确规定，无论购买何种年限基础设施使用费套餐，黄某未激活且未入住使用，非合同约定因某养老投资公司原因无法履行，购买之日起一年内不得申请退款，满一年后申请退款亦视为黄某违约，某养老投资公司自收到书面申请退款之日起 30 日内无息退还基础设施使用费 60%。同日，某养老投资公司开具收据载明黄某现金缴纳 120 个月基础设施使用费 167 000 元。黄某提交城市颐养中心的名片显示张某为养老规划师，咨询地址为广州市天河区燕岭路某大厦，另提交《报警回执》载明其于 2020 年 10 月 30 日向广州市公安局番禺区分局大石派出所报案。现黄某起诉至法院，请求确认《养老服务合同书》无效并返还基础设施使用费 167 000 元及计付利息。

三、争议问题与判决

（一）争议问题

1. 《养老服务合同书》是否有效？

2. 能否返还已提交的基础设施使用费？

（二）法院判决

某养老投资公司与黄某签订涉案《养老服务合同书》虽未违反法律法规强制性规定，但合同中有关退款的约定加重了黄某的责任，限制其主要权利且未采用合理方式提请黄某注意，属无效的格式条款，而《养老服务合同书》具有一定人身属性，且服务期限较长，黄某在办理入住前已以其实际行为明确表示不再继续履行该合同，不宜强制继续履行。黄某缴纳基础设施使用费依约系鉴于某养老投资公司前期投入的成本，而黄某未办理入住尚未接受某养老投资公司提供的养老服务，并未实际使用某养老投资公司的基础设施，黄某年事已高，其系独自一人完成合同签订并当日以现金支付 167 000 元，黄某称其认为缴纳该款即可入住等具有一定可信度，某养老投资公司未尽提示说明义务，存在过错或过失，且黄某系在签约后几日即向某养老投资公司提出解除合同。综上分析，对黄某诉请认定《养老服务合同书》无效不予支持，但依法对黄某主张某养老投资公司返还基础设施费 167 000 元予以支持。同时，因该合同系黄某原因致无法继续履行，故对其诉请某养老投资公司支付利息亦不予支持。

四、关联法条

《民法典》第 496 条

格式条款是当事人为了重复使用而预先拟定，并在订立合同时未与对方协商的条款。

采用格式条款订立合同的，提供格式条款的一方应当遵循公平原则确定当事人之间的权利和义务，并采取合理的方式提示对方注意免除或者减轻其责任等与对方有重大利害关系的条款，按照对方的要求，对该条款予以说明。提供格式条款的一方未履行提示或者说明义务，致使对方没有注意或者理解与其有重大利害关系的条款的，对方可以主张该条款不成为合同的内容。

《民法典》第 497 条

有下列情形之一的，该格式条款无效：

（一）具有本法第一编第六章第三节和本法第五百零六条规定的无效情形；

（二）提供格式条款一方不合理地免除或者减轻其责任、加重对方责任、限制对方主要权利；

（三）提供格式条款一方排除对方主要权利。

《最高人民法院关于适用〈中华人民共和国民法典〉合同编通则若干问题的解释》第 10 条

提供格式条款的一方在合同订立时采用通常足以引起对方注意的文字、符号、字体等明显标识，提示对方注意免除或者减轻其责任、排除或者限制对方权利等与对方有重大利害关系的异常条款的，人民法院可以认定其已经履行民法典第四百九十六条第二款规定的提示义务。

提供格式条款的一方按照对方的要求，就与对方有重大利害关系的异常条款的概念、内容及其法律后果以书面或者口头形式向对方作出通常能够理解的解释说明的，人民法院可以认定其已经履行民法典第四百九十六条第二款规定的说明义务。

提供格式条款的一方对其已经尽到提示义务或者说明义务承担举证责任。对于通过互联网等信息网络订立的电子合同，提供格式条款的一方仅以采取了设置勾选、弹窗等方式为由主张其已经履行提示义务或者说明义务的，人民法院不予支持，但是其举证符合前两款规定的除外。

五、学理分析

依照《民法典》规定，提供格式条款一方不合理地免除或者减轻其责任、加重对方责任、限制对方主要权利或排除对方主要权利的，这类格式条款都无效。某养老投资公司在与老人黄某独自一人签订《养老服务合同书》时，对合同中限制老人解除与终止合同的条款以及剥夺老人退费的权利条款没有给予老人充分的提示和说明。根据格式条款老人在不能入住的情况下仍不能退回已经缴纳的基础设施使用费 167 000 元显失公平，因而法院认定相应的格式条款无效。

为了防止格式条款制作一方利用条款减损对方权益、造成社会不公，《民法典》明确了提供"免除或者减轻其责任、排除或者限制对方权利等与对方有重大利害关系的异常条款"一方负有提示和说明义务。提示的方式是通过文字、符号、字体等明显标识，达到足以引起对方注意的程度。实践中一些格式条款提供者把合同文本中的异常条款配以区别于普通条款的字体、字号，但是该字号明显小于普通条款，或者把这些条款放在合同文本不显眼的位置，无法引起对方的注意，这都不符合格式条款的提示要求。

格式条款中往往涉及大量的专业术语，提供格式条款的一方如果使用大量晦涩难懂的语言，在交易对方没有相关专业背景的情况下，提供格式条款的一方要对与对方有重大利害关系的概念、内容及其法律后果进行解释说明。这种说明义务的规定，有利于使双方充分理解此类异常条款的本意和法律后果，也有利于交易各方作出符合其真实意思的交易安排。解释说明既可以是书面形式，也可以是口头形式。当然，提供格式条款的一方以网页、音频、视频等数字化手段为媒介，向交易对方说明相关条款的，可以认为是履行了说明义务。

　　由于履行提示、说明义务的格式条款提供方更接近证明其已经适当履行义务的相关证据，提供格式条款的一方对其已尽提示说明义务负有举证责任。实践中，存在经营者采用设置勾选、弹窗等方式履行提示说明义务的情形，甚至有的经营者采取默示勾选的方式进行捆绑式销售。如查询机票价格时，页面显示的机票价格较低，等消费者根据该优惠价格作出购买机票决定时，结算页面的价格往往已经默认加入了接送机服务、休息室服务、相关保险等，结算价格高于查询页面价格，且此类默认加入的服务经常需要消费者手动逐项去除。很多消费者甚至在实际支付总价款之后才意识到支付的价款远远超出自己的预期。由此，为了保护消费者等特殊主体的交易安全，对于经营者仅以采取设置勾选、弹窗等方式主张自己已经履行提示说明义务的，法院不予支持。

六、思考问题

　　请结合下列案例思考和讨论最低充值条款是否为无效的格式条款？

　　2017 年 5 月 9 日，原告刘某某在被告同方知网公司运营的中国知网（www. cnki. net）上通过支付宝充值 50 元，中国知网充值中心对于用支付宝方式充值的最低金额限制设定为 50 元。后刘某某于充值当日到 2018 年 6 月 2 日期间在中国知网合计消费 9 元，账户余额共 41 元。2018 年 10 月 21 日，刘某某电话联系中国知网的客服，询问是否可以自定义充值及账户余额能否退还，客服答复不可以自定义充值，不同的充值方式对于最低充值金额有不同规定。对于多余的金额可以退还，但退款周期长，还需扣除一定的手续费，如需继续使用中国知网，建议先不退款。2018 年 11 月 6 日，刘某某以中国知网作出的最低充值金额限制及账户余额不能退还的规定侵犯其权益为由将同方知网公司起诉至法院。2018 年 11 月 26 日，同方知网公司将余额 41 元退还至刘某某的支付宝账户。

　　另查明：中国知网充值中心上列明多种充值方式：支付宝、微信支付、银联在线、会员卡、神州行卡、汇付天下、移动短信、银行电汇、邮局汇款等，其中支付宝的充值最低限额为 50 元，其他部分支付方式也设定了不同金额的最低充值额限制。中国知网在其帮助中心网页"答读者问"一栏第 19 条写道："个人用户没使用完的金额是否可以退订？账户余额不支持转出功能，购买的充值金额没有时间限制，用完为止。"原告刘某某提起本案诉讼后，被告同方知网公司将该回答内容删除。

卓某某与佛山市禅城区某置业有限公司
悬赏广告纠纷案[1]

一、知识点介绍

寻人、寻物启事是生活中比较常见的悬赏广告，随着社会的发展，还出现了较多的特殊领域的悬赏广告，如公安机关为侦破案件寻求线索的刑事悬赏，强制执行中对被执行人或者被执行人财产的悬赏，还有案件当事人进行的证据悬赏，以及报刊的创意大赛、企业的商标创意悬赏，等等。悬赏广告大致可以分为三个阶段：一是悬赏人作出悬赏广告；二是应征人完成悬赏广告确定的特定行为；三是应征人请求支付悬赏广告声明的报酬。因此，悬赏广告不是一个单独的行为，而是一个动态的行为连结，由三个相互递进的行为构成。关于悬赏广告之法律性质，历来有两个对立的学说：

1. 单独行为说。该说认为，悬赏广告系由广告人一方之意思表示，负担债务，以一定行为之完成为其生效要件；换言之，一定行为之完成，并非系对广告而为承诺，而是债务发生之条件。

2. 契约说（亦称要约说）。该说认为，悬赏广告不是独立行为，而是对不特定人之要约，因此，必须与完成指定行为人之承诺相结合，其契约始能成立。[2]

两种理论观点各有长短，对"契约说"提出挑战的主要有两点：一是不

---

〔1〕 案例来源：广东省佛山市禅城区人民法院民事判决书〔2021〕粤0604民初12834号。

〔2〕 参见王泽鉴：《民法学说与判例研究》（第2册），中国政法大学出版社1998年版，第57页。

知道有悬赏广告的人完成了悬赏广告确定的行为的，有没有按照悬赏广告取得报酬的权利？二是无民事行为能力人完成悬赏广告确定的行为的，是否享有悬赏广告确定的报酬请求权？按照通常的契约理论，显然不能认定在以上述两种情形发生时，合同已经成立，并产生法律上的债权和债务。因为按照合同成立的原则，双方当事人的要约和承诺之间应当具有合意，而相对人完成行为时根本不知存在要约，则其完成行为不能认定为承诺。同样，合同成立的前提是合同主体必须适格，即具备相应的民事行为能力，无民事行为能力人不能订立合同。单独行为说也存在自身的问题，其不能说明悬赏广告的撤回、撤销以及因撤销所生之损害赔偿问题。按单独行为说，悬赏广告一经发布就使悬赏人受到其在悬赏广告中所作出的意思表示的拘束，不能任意撤销。根据《民法典》相关规定，立法机关没有采纳单方行为说。从体系解释的角度看，《民法典》将悬赏行为规定于合同编，应是采用契约说，但条文规定的重点在于赋予应征人请求权。

二、基本案情

2019 年 9 月 25 日，原告及其妻子黄某某与被告签订《商品房买卖合同（预售）》，购买佛山市禅城区佛罗路 45 号之一十四座 904 房。2020 年 1 月 30 日，被告销售员保利水木芳华杨某某向原告发送微信："……保利水木芳华现在有全民营销活动，推荐成功的有 2 万（税前）/套的奖励……"并向原告发送广告，上载"今年过年多领 20 000 元回家，保利水木芳华全民年终奖，推荐客户成功购房一套可得 20 000 元奖励"，该广告上有二维码。2020 年 6 月 23 日，原告在"全民营销"活动平台中报备了卓某某的到访信息，到访时间为 2020 年 6 月 26 日。2020 年 7 月 31 日，卓某某与被告签订《商品房买卖合同（预售）》（合同编号：20200731003501）购买被告项目房屋。

原告陈述，被告没有将开发商界定规则告知原告，当时被告销售人员告知原告现有活动，老业主推荐新业主，成功签约奖励 20 000 元。原告不知道案外人卓某某在 2020 年 6 月 13 日到过被告销售现场。原告 2019 年购房，2020 年收房。原告购买的涉案房屋是保利水木芳华楼盘，地址是佛罗路 45 号，与被告所述佛罗路 47 号不一致，被告提及原告使用悦家经纪云 APP 就知道该营销规则，但是该规则的公示时间无法显示，可能是原告弟弟卓某某购买房屋后后补的。

被告陈述，保利新汇城就是保利水木芳华项目，同一个地址。全民营销规则在原告注册的悦家经纪云 APP 中都是有公示的，而且在原告注册时这些规则会跳出来，必须确认知悉这些内容才能注册使用。既然原告能在该 APP 上报备，就说明其已经知悉这个规则。被告确认卓某某已成功购买保利水木芳华项目的房屋。

原告起诉要求被告向原告支付佣金 20 000 元及利息，理由是原告按照被告的"全民营销"活动规则成功推荐亲友在 2020 年 6 月购买了该楼盘的商品房，被告当时承诺内部完成审批流程后便向原告支付佣金 20 000 元。但自原告推荐的亲友签约成功至今已 10 个月有余，被告迟迟未向原告支付该款项，原告认为被告迟迟不支付款项的行为严重损害了原告的合法权益。

被告辩称：原告不符合支付佣金的条件，故被告无需向原告支付佣金 20 000 元。2020 年 6 月 23 日，原告推荐其亲弟弟卓某某在保利水木芳华项目购房事宜向被告进行了报备，报备的到访时间是 2020 年 6 月 26 日。但被告工作人员在悦家经纪云 APP 营销管理平台审核时发现在 2020 年 6 月 18 日项目营销中心现场的商汤人脸识别系统中有抓拍了卓某某到访的记录。根据保利水木芳华项目（位于佛山市禅城区，现已更名为佛山保利新汇城）"全民营销"活动规则中的开发商界定规则：①提前 1 小时线上报备；②本项目 180 个工作日内的来访客户均为无效报备；③报备有效期：7 天，过了报备有效期后可重新报备；④到访保护期：30 天。由此可知，如果报备的客户属于项目 180 个工作日内的来访客户，则为无效报备。本案中，原告推荐的人员卓某某在 2020 年 6 月 18 日就首次到访过水木年华项目的营销现场，原告 2020 年 6 月 23 日向被告报备时登记卓某某的到访时间是 2020 年 6 月 26 日，晚于卓某某 2020 年 6 月 18 日首次到访的时间，所以原告对卓某某的报备属于无效报备，不符合获取佣金的条件，被告无需向其支付 20 000 元佣金。综上，原告要求被告支付 20 000 元佣金的请求既没有事实依据也没有法律依据，恳请法院驳回原告全部诉讼请求。

三、争议问题与判决

（一）争议问题

原告是否符合悬赏广告报酬请求的条件？

（二）法院判决

本案被告通过微信向不特定的客户发送广告，对成功推介购房的客户奖励 20 000 元，符合悬赏广告的特征，本案为悬赏广告纠纷。本案中，原告在 2020 年 1 月 30 日得知被告发出的广告情况下，成功推荐其弟弟购置了涉案项目的房屋，故原告依法获得了悬赏报酬的请求权，原告的诉请有事实和法律依据，法院予以支持。关于被告抗辩认为原告违反活动规则，故不予支付相关报酬问题。首先，被告发送的悬赏广告中，并未展现活动规则，从广告上的二维码进入也未告知相关活动规则，也无证据证明被告的工作人员向原告告知过相关规则，故原告在看到广告时对被告的活动规则并不知情；其次，被告认为其悦家经纪云 APP 营销管理平台中已经告知了相关规则，原告在报备时应当获知规则，故应当遵守相关规则。被告发出的悬赏广告并未标注提示要求首先需进入相关平台阅读商业规则，被告也没有有效证据证明原告在进入悦家经纪云 APP 营销管理平台时已有相关规则进行提示，且即使该平台有提示规则，但原告是在 2020 年 6 月 23 日进行报备卓某某的到访信息，故即使有该规则，原告也是在 2020 年 6 月 23 日才获悉的，即使买受人卓某某在此前已看过房，其时原告对该规则并不知情，该规则无法约束原告；最后，被告认为其通过人脸收集平台，收集到卓某某已经在原告报备前到访，违反了商业规则，被告提供人脸采集信息为单方行为，证据存疑，即被告未能提供有效证据证明卓某某在报备前到访过，原告已违反其商业规则，故被告的抗辩意见同样不能成立，法院不予采纳。

四、关联法条

《民法典》第 146 条

行为人与相对人以虚假的意思表示实施的民事法律行为无效。

以虚假的意思表示隐藏的民事法律行为的效力，依照有关法律规定处理。

《民法典》第 153 条

违反法律、行政法规的强制性规定的民事法律行为无效。但是，该强制性规定不导致该民事法律行为无效的除外。

违背公序良俗的民事法律行为无效。

《民法典》第 154 条

行为人与相对人恶意串通，损害他人合法权益的民事法律行为无效。

《民法典》第 499 条

悬赏人以公开方式声明对完成特定行为的人支付报酬的，完成该行为的人可以请求其支付。

五、学理分析

本案中，佛山市禅城区某置业有限公司的员工通过微信向不特定多数客户发送广告，在广告中明确说明成功推介新客户到保利水木芳华楼盘购房奖励 20 000 元，按照契约说，该广告符合要约与悬赏广告的特征。卓某某在得知该悬赏广告的情况下，按照悬赏广告的规定推介自己弟弟到保利水木芳华楼盘购房，并成功签订了《商品房买卖合同（预售）》。虽然某置业有限公司提供的悦家经纪云 APP 营销管理平台可能存在一定的规则，但在悬赏广告中未明确展示规则，且未有证据证明相关人员告知了卓某某有此项规则。因此，卓某某在完成特定行为时对相关规则并不知情，不受该相关规则的约束，卓某某可以请求保利水木芳华按照悬赏广告支付报酬。

在司法实践中，悬赏广告还涉及如下问题：

1. 如何确定应征人。一是应征人一般应为自然人，其他的法人和非法人组织没有限制，一般可以作为应征人。限制民事行为能力人实施的完成悬赏广告指定行为的效力，应根据本法关于限制行为能力人行为效力的有关规定认定。民事主体在民事活动中的法律地位一律平等，在法律没有限制的情况下，悬赏人可以是自然人、法人和非法人组织，机关法人也可以成为悬赏人。二是当有数人完成悬赏广告时的报酬请求权问题，首先应当根据悬赏广告的内容确定，如果悬赏广告对此没有声明的，参照域外立法例确定，规则应为：①最先完成的有报酬请求权；②同时完成的，均等比例享有报酬请求权。

2. 行为人不知悬赏存在而完成特定行为可否请求支付报酬，法律并未对这个问题作出具体规定。但从文义解释的角度分析，相关法律并未将知道悬赏广告的存在作为请求支付报酬的前提，所以悬赏人并不能以此为由拒绝履行支付义务。从比较法解释的角度分析，《德国民法典》第 657 条明确规定，即使行为人未顾及悬赏广告而实施行为亦然

3. 悬赏广告可否撤回与撤销。按照契约说，发出悬赏广告属于要约。因此，悬赏广告的撤回与撤销应当按照要约撤回与撤销的规定进行。《民法典》第 139 条规定，以公告方式作出的意思表示，公告发布时生效。据此，在公

告发布前，可以撤回悬赏广告，而一旦发布，即应适用撤销的规则。对定有完成期限的悬赏广告，不可撤销。对于可撤销的，应在特定行为完成前以与此前同样的方法撤销。

4. 若悬赏广告中未明确报酬的数额，只是以"必有酬谢""必有重谢"表述，如何确定报酬数额。在确定报酬数额时，应考虑以下因素：一是广告的表述，"酬谢"与"重谢"显然不是一个程度的报酬；二是悬赏人的受益情况，例如遗失物的价值、特定劳动成果的市场价值等；三是应征人为完成特定行为所付出的合理成本和费用，这是报酬必须覆盖的。

六、思考问题

请思考和讨论下列案例中甲对面馆老板捡到钱包给予 500 元感谢费的表示是否为悬赏广告？

某日，甲在逛街时不慎将钱包遗失，回忆行程后认为钱包很可能遗失在一家面馆。于是找到面馆老板，希望寻回钱包。沟通期间，甲向面馆老板表示，如果能找到钱包，愿意支付 500 元作为感谢费。甲与面馆老板的交谈被一旁的食客乙听到。乙出门后，在一处绿化带旁边捡到了与甲描述相似的钱包，即刻返回面馆找甲。但是乙向甲表明，只有收到 500 元的感谢费后才会归还。

第三章

合同的效力

李某某诉尚义县某建材有限责任公司
买卖合同纠纷案[1]

一、知识点介绍

民法尊重意思自治，在通常情况下，合同一经依法成立就产生效力。但是法律也规定了部分合同的生效，除了具备合同一般的生效要件外，还需满足特殊要件的要求才能产生效力。《民法典》第 502 条第 2 款规定了法定特别生效要件。根据法律、行政法规的规定应当办理批准等手续的合同以及变更、转让、解除等情形应当办理批准等手续的合同，只有在合同当事人办理批准等手续之后，合同或合同的变更、转让和解除才能发生效力，未经批准的合同因欠缺法律规定的特别生效条件而未生效。根据本条的规定，只有法律、行政法规规定应当办理批准等手续的合同，批准才影响合同效力。部门规章、地方性法规有关批准的规定，不影响合同效力。

关于未经批准的合同的效力，存在以下不同观点：①无效说。《商业银行法》《证券法》《保险法》等法律都有购买商业银行、证券公司、保险公司 5%以上股权须经相关主管部门批准的规定，属于法律的强制性规定，违反的后果是导致合同无效。②有效说。该说内部又有几种不同的论证路径。有观点

---

[1] 案例来源：河北省张家口市尚义县人民法院民事判决书 [2015] 尚商初字第 10 号。

着眼于管理性规定和效力性规定的区分，认为前述规定属于管理性规定而非效力性规定，违反该类规定并不导致合同无效，仅是招致行政法上的不利后果，有观点着眼于审批对象，认为审批的对象是权利的变动而非作为其原因的合同，进而认为审批不影响合同效力，影响的是权利的变动。③未生效说。前述法律有关股权转让行为须经批准的规定，属于法律规定的应当批准生效的情形。在法律规定批准生效的情况下，批准是合同的法定生效条件，未经批准的合同，属于生效条件未成就的合同，属于未生效的合同。《民法典》采取的是未生效说。

二、基本案情

2008 年 2 月 15 日，被告尚义县某建材有限责任公司与王某卫、王某山签订《砖厂购买合同》，合同约定被告尚义县某建材有限责任公司将其狮子沟砖瓦厂转让于王某山、王某卫。并在《砖厂购买合同》第 3 条约定，被告尚义县某建材有限责任公司负责除营业执照外所有现有证件的过户办理及费用支出。证号为×××的《采矿许可证》表明：采矿权人为尚义县某建材有限责任公司，地址为尚义县小蒜沟镇，矿山名称为尚义县某建材有限责任公司狮子沟分厂，采矿矿种为页岩，有效期限为 2012 年 12 月 30 日至 2015 年 3 月 30 日。[2013] 尚商初字第 27 号民事调解书中查明：原告李某某、王某卫、宋某、王某山四人合伙出资 48 万元购买尚义县狮子沟砖瓦厂。2013 年 5 月 7 日经该调解书调解，尚义县狮子沟砖瓦厂折价 90 万元归原告李某某所有。2014 年 6 月 18 日，被告尚义县某建材有限责任公司在《张家口日报》登报声明尚义县某建材有限责任公司狮子沟分厂有效期为 2007 年 7 月至 2012 年 10 月的《采矿许可证》已过期。

另查明，《砖厂购买合同》中的狮子沟砖瓦厂是指尚义县某建材有限责任公司狮子沟分厂，该厂于 2010 年 5 月 17 日注册为尚义县狮子沟砖瓦厂，将经营者改名为李某某。2014 年 3 月 27 日尚义县狮子沟砖瓦厂更名为尚义县峰恒砖瓦制造有限公司。

原告李某某诉称，被告尚义县某建材有限责任公司经股东表决通过，2008 年 2 月 15 日，拍卖给原告、王某山、王某卫、宋某。2013 年 5 月 7 日，经尚义县人民法院调解，王某山、王某卫、宋某退伙并达成一致意见。按照《砖厂购买合同》第 3 条之规定，甲方负责所有证件的过户办理及费用支出，但被告至今没有履行此款规定。2008 年 2 月至今，因被告的不作为，原告一直延续使用尚义县某建材有限责任公司的《采矿许可证》。2014 年 6 月被告尚义县某建材有限责任公司在《张家口日报》刊登声明，不承认《采矿许可证》的延续，被告的行为侵犯了原告的合法权益，要求被告尚义县某建材有限责任公司履行协议，将《采矿许可证》过户给原告，同时支付办理费用及全部的诉讼费用。同时，原告李某某在尚义县人民法院 2015 年 1 月 19 日的调查笔录中称，如果被告尚义县某建材有限责任公司配合其办理采矿权转让的手续，其愿意承担办理采矿权转让手续的相关费用。

被告尚义县某建材有限责任公司辩称，①其与原告李某某没有发生过买卖合同关系。2008 年 2 月 15 日被告尚义县某建材有限责任公司将其所有的尚义县狮子沟砖瓦厂卖给了原厂职工王某山及王某卫。当时被告尚义县某建材有限责任公司有三个《采矿许可证》，分别是小蒜沟镇的保满沟、下马圈乡的韭菜沟及七甲乡的北营子。均不在原告所诉的狮子沟砖瓦厂的范围内。在王某山及王某卫购买尚义县狮子沟砖瓦厂经营期间，购买使用当地盛产的紫色页岩砖做原料。矿和砖瓦厂不是必须连带的依存关系。多年来，合同双方并没有异议。2010 年 1 月 30 日原告以股东身份与王某山及王某卫合股购买经营狮子沟砖瓦厂协议，这是该厂财产的流转，与被告公司持有《采矿许可证》是两件事。合同具有相对性，原告起诉被告没有依据。②原告未经同意伪造被告公司法人代表的签字及停废的"尚义县某建材有限责任公司狮子沟分厂"章办理《采矿权延续登记申请书》等行为属于违法行为。被告已向县市国土资源部门书面提出异议并登报声明。③从 2010 年 1 月 30 日原告成为合伙人到 2013 年 5 月 7 日尚义县人民法院调解将尚义县狮子沟砖瓦厂折价 90 万元给原告，原告一直没有对《采矿许可证》提出异议，原告起诉已过诉讼时效。

三、争议问题与判决

（一）争议问题

《砖厂购买合同》的效力及履行责任。

（二）法院判决

法院认为，按照《砖厂购买合同》第 3 条的约定，采矿权属于转让范围，结合本案的实际情况，可以认定被告尚义县某建材有限责任公司转让尚义县狮子沟砖瓦厂的财产范围包括采矿权。因被告尚义县某建材有限责任公司与王某山、王某卫均未按照法律行政法规的有关规定积极办理报批手续，被告尚义县某建材有限责任公司与王某山、王某卫签订的《砖厂购买合同》属于依法成立，但尚未经批准生效的合同。虽然该合同属于未生效合同，但从诚实信用，实现合同真正目的出发，宜促成双方积极办理相应的采矿权转让审批手续。即被告尚义县某建材有限责任公司应积极配合王某山、王某卫办理尚义县某建材有限责任公司采矿权转让于尚义县狮子沟砖瓦厂的相关手续。在未办理转让手续的情况下，尚义县狮子沟砖瓦厂增加合伙人李某某，该厂实有股东为原告李某某、王某卫、王某山、宋某四人。在此期间该厂仍使用证号为×××的《采矿许可证》进行经营，经营期间四合伙人因合伙纠纷经尚义县人民法院调解，尚义县狮子沟砖瓦厂折价90万元归原告李某某所有，该厂权利义务由原告李某某继受，其有权要求被告尚义县某建材有限责任公司办理采矿权转让手续。被告尚义县某建材有限责任公司称合同具有相对性，原告起诉被告没有合同依据的主张无法律依据，法院不予支持。被告尚义县某建材有限责任公司主张原告李某某对证号为×××的《采矿许可证》非法延期的事实，证据不足，法院不予采信。自2008年2月15日王某山、王某卫购买尚义县狮子沟砖瓦厂时起，该厂一直延续使用证号为×××的《采矿许可证》进行生产经营，原告李某某于2014年6月18日得知被告尚义县某建材有限责任公司声明不承认尚义县某建材有限责任公司狮子沟分厂《采矿许可证》的延续，原告李某某自其知道其权利被侵犯之日至起诉时，并未超过2年的诉讼时效，被告尚义县某建材有限责任公司主张原告起诉已超过诉讼时效，无法律依据，法院不予支持。原告李某某称如果被告尚义县某建材有限责任公司配合其办理采矿权转让手续，其愿意承担办理采矿权转让手续相关费用的主张，符合法律规定，法院予以支持。最终判决被告尚义县某建材有限责任公司于本判决生效之日起5日内协助原告李某某办理采矿权转让的相关手续。

四、关联法条

《民法典》第136条第1款

民事法律行为自成立时生效，但是法律另有规定或者当事人另有约定的除外。

《民法典》第 502 条

依法成立的合同，自成立时生效，但是法律另有规定或者当事人另有约定的除外。

依照法律、行政法规的规定，合同应当办理批准等手续的，依照其规定。未办理批准等手续影响合同生效的，不影响合同中履行报批等义务条款以及相关条款的效力。应当办理申请批准等手续的当事人未履行义务的，对方可以请求其承担违反该义务的责任。

依照法律、行政法规的规定，合同的变更、转让、解除等情形应当办理批准等手续的，适用前款规定。

《最高人民法院关于适用〈中华人民共和国民法典〉合同编通则若干问题的解释》第 12 条

合同依法成立后，负有报批义务的当事人不履行报批义务或者履行报批义务不符合合同的约定或者法律、行政法规的规定，对方请求其继续履行报批义务的，人民法院应予支持；对方主张解除合同并请求其承担违反报批义务的赔偿责任的，人民法院应予支持。

人民法院判决当事人一方履行报批义务后，其仍不履行，对方主张解除合同并参照违反合同的违约责任请求其承担赔偿责任的，人民法院应予支持。

合同获得批准前，当事人一方起诉请求对方履行合同约定的主要义务，经释明后拒绝变更诉讼请求的，人民法院应当判决驳回其诉讼请求，但是不影响其另行提起诉讼。

负有报批义务的当事人已经办理申请批准等手续或者已经履行生效判决确定的报批义务，批准机关决定不予批准，对方请求其承担赔偿责任的，人民法院不予支持。但是，因迟延履行报批义务等可归责于当事人的原因导致合同未获批准，对方请求赔偿因此受到的损失的，人民法院应当依据民法典第一百五十七条的规定处理。

五、学理分析

从司法实践看，法律、行政法规规定应当办理批准手续的，主要出现在以下一些领域：①金融商事领域。如《商业银行法》第 28 条规定："任何单位和个人购买商业银行股份总额百分之五以上的，应当事先经国务院银行业监督管理机构批准。"《保险法》第84条[1]规定，变更出资额占有限责任公司资本总额5%以上的股东，或者变更持有股份有限公司股份5%以上的股东，应当经保险监督管理机构批准。②国有资产转让。如《企业国有资产监督管理暂行条例》第24条规定："所出资企业投资设立的重要子企业的重大事项，需由所出资企业报国有资产监督管理机构批准的，管理办法由国务院国有资产监督管理机构另行制定，报国务院批准。"但该条所谓的"重大事项"是指哪些事项，存在一定的模糊性。③外商投资领域。如《中外合资经营企业法》《中外合作经营企业法》均有外商投资企业的章程、协议、合同应予报批的规定，[2]以及外商投资企业对外转让股权须经报批的规定。[3]④探矿权、采矿权转让。如根据《矿产资源法》（2009年修正）第6条之规定，探矿权、采矿权可在以下两种情形下转让：一是探矿权人在完成规定的最低勘查投入后，经依法批准，可以将探矿权转让他人。二是已取得采矿权的矿山企业，因企业合并、分立、与他人合资、合作经营，或者因企业资产出售以及有其他变更企业资产产权的情形而需要变更采矿权主体的，经依法批准可以将采矿权转让他人采矿。

　　本案中，被告尚义县某建材有限责任公司与王某卫、王某山签订的《砖厂购买合同》，将包含采矿权在内的尚义县某建材有限责任公司狮子沟分厂转让给王某卫、王某山所有。采矿权的转让需要经过相关部门审批，但合同双方均未按照法律、行政法规的有关规定积极办理报批手续，因此该合同成立但未生效，根据诚实信用原则，尚义县某建材有限责任公司有义务配合王某卫、王某山办理报批手续。虽李某某为合同签订后新增的合伙人，但在经营过程中经尚义县人民法院调解，确定该厂归李某某所有，该厂权利义务由李某某所继受，且李某某在知道其权利受到侵犯之日起至起诉时，未超过2年

---

　　[1]《保险法》第84条规定："保险公司有下列情形之一的，应当经保险监督管理机构批准：（一）变更名称；（二）变更注册资本；（三）变更公司或者分支机构的营业场所；（四）撤销分支机构；（五）公司分立或者合并；（六）修改公司章程；（七）变更出资额占有限责任公司资本总额百分之五以上的股东，或者变更持有股份有限公司股份百分之五以上的股东；（八）国务院保险监督管理机构规定的其他情形。"

　　[2]《中外合资经营企业法》第3条、《中外合资经营企业法实施条例》第14条、《中外合作经营企业法》第5条、《中外合作经营企业法实施细则》第11条。

　　[3]《中外合资经营企业法实施条例》第20条、《中外合作经营企业法实施细则》第23条、《外资企业法实施细则》第22条。

诉讼时效，因此某建材有限责任公司有义务积极配合原告李某某进行采矿权报批。

在司法实践中主要有以下几大突出问题：

1. 易把未生效合同认定为无效合同或者虽认定为未生效合同，却按无效合同处理。无效合同从本质上来说是欠缺合同的有效要件，或者具有合同无效的法定事由，自始不发生法律效力。未生效合同已具备合同的有效要件，对双方具有一定的拘束力，任何一方不得擅自撤回、解除、变更，但因欠缺法律、行政法规规定或当事人约定的特别生效条件，在该生效条件成就前，不能产生请求对方履行合同主要权利义务的法律效力。

2. 关于报批义务及相关条款应否独立生效。理论上存在不同观点：一种观点认为，在整个合同未生效的情况下，报批义务及相关条款独立生效既缺乏法律依据，也缺乏法理依据。另一种观点则认为，正因为整个合同未生效，才有必要课予当事人报批义务，并通过促使其履行报批义务，促进未生效合同向有效合同转化。根据《民法典》规定，须经行政机关批准的合同，对报批义务及未履行报批义务的违约责任等相关条款作出专门约定的，该约定独立生效。一方因另一方不履行报批义务，请求解除合同并请求其承担合同约定的相应违约责任的，人民法院依法予以支持。由此可见，《民法典》采取独立生效说。

3. 未生效合同可以解除。一方不履行报批义务时，另一方除了请求履行报批义务外，还可以直接请求解除合同，并要求赔偿损失。据《民法典》第564条的规定，法律没有规定或者当事人没有约定解除权行使期限时，只有经对方催告后在合理期限内不行使的，解除权才归于消灭。在报批义务人拒不履行报批义务的情况下，其一般不会催告非违约方积极行使解除权。反之，如果其在拒不履行报批义务的情况下向非违约方发出催告，非违约方完全可以就其先履行报批义务提出抗辩，从而不存在解除权因超过合理期限而消灭的问题。

4. 约定的报批义务人与实际报批义务人不一致问题与在竞争性缔约场合如何履行报批义务问题。其一是当约定的报批义务人与实际报批义务人不一致时，如以外资股权转让为例，转让人的主给付义务是转让股权，根据合同相对性原理，受让人只能向转让人请求其完成报批手续。但根据《外商投资企业投资者股权变更的若干规定》的相关规定，股权变更的报批人是外商投资企业而非其股东。外商投资企业在接到转让人的请求后，除非认为股权转让不符合公司法规定或章程的规定，否则，负有办理报批手续的义务。为更好地解决报批义务人错位的问题，在涉及审批的合同纠纷中，当事人最好申请将目标公司列为第三人，法院也可以依职权追加目标公司为第三人。其二是需要通过招、拍、挂等竞争性方式缔约时的合同，此时因为不存在个别磋商，所以可以在招、拍、挂的公告中对受让人的条件作出明确要求，并由审批机关事先对当事人的资格进行审核，待确定当事人、签订合同后再履行报批手续。

六、思考问题

请思考和讨论在一方不履行报批义务时，另一方可以请求解除合同是否与未批准合同为已成立但未生效的合同效力相矛盾？

胡某诉某投资公司等民间借贷纠纷案[1]

一、知识点介绍

在通常情况下，法定代表人或负责人代表法人或非法人组织所实施的法律行为，其效力应当归属于法人或非法人组织。然而当法定代表人、负责人所为的代表行为超出代表权限时，其所实施的法律行为的效力是否仍然能够归属于法人或非法人组织？此问题涉及交易秩序与个体利益保护之间的平衡。一方面，如果不加区分，一概承认越权代表所订立的合同对组织体发生效力，那么代表权就极易被法定代表人、负责人所滥用，成为损害组织体和组织成员利益的工具，另一方面，如果一概认定法定代表人、负责人超越权限所订立的合同对组织体不发生效力。那么将会对交易安全和信赖利益的保护带来极大的威胁，不利于交易秩序的维护。如何在微观个体利益保护与宏观经济秩序之间寻找一个平衡点，就成为越权代表行为效力归属规则构建的关键所在。从当今各国的立法来看，世界大多数国家都确立了越权代表行为原则有效的效力归属规则。原则有效的归属规则在实现了对交易安全进行优先性保护的同时，也通过例外规定兼顾了微观主体的利益保护。《民法典》第504条继承了《合同法》第50条规定的实质内容，规定了除非相对人知道或者应当知道其法定代表人、非法人组织负责人超越权限，否则法定代表人、负责人超越权限所订立的合同对法人、非法人组织发生效力。

二、基本案情

2018年3月15日，胡某与某房地产公司、某投资公司、某实业公司签订

---

[1] 案例来源：重庆市第五中级人民法院民事判决书［2021］渝05民初3109号。

《借款协议》。四方约定某房地产公司向胡某借款 1180 万元，借款利息为月利率税后 5%，按月付息，采取预付方式。某投资公司、某实业公司提供无限连带担保。胡某向房地产公司转账支付 1180 万元。

2018 年 11 月 19 日，胡某与某房地产公司、凌某彬签订《借款协议》。三方约定借款金额 1980 万元，某房地产公司已于 2018 年 3 月 19 日收到借款 1180 万元，其余 800 万元胡某承诺于 2018 年 11 月 20 日到位，借款利息另行约定，按月付息，采取预付方式。凌某彬以其拥有房产提供抵押担保，并办理了抵押权登记。胡某向某房地产公司转账支付 800 万元。2018 年 12 月 5 日，胡某通知某房地产公司，将"月利率为税后 5%，按月付息，采取预付方式"变更为"资金利息自始按月利率 3% 计息，按月付息。超过利息的部分作为归还本金，欠付的利息必须在每年 12 月 31 日结清"。同日，某房地产公司向胡某书面回复同意。2019 年 1 月 19 日，胡某与某房地产公司签订《补充协议》，确认已收到借款本金 1980 万元。除原协议约定的担保条件外，某房地产公司以其拥有的房产为全部借款提供抵押担保，并办理了抵押登记。2020 年 7 月 30 日，重庆市第五中级人民法院受理某房地产公司的破产清算申请。庭审中，原、被告书面确认：胡某对房地产公司享有的破产债权本息合计 23 667 954 元，某投资公司、某实业公司承担保证担保责任范围为 1180 万元借款产生的欠付本息合计 14 201 051.25 元；凌某彬承担担保责任范围为 1180 万元本金及 800 万元借款产生的欠付本息，合计 21 266 903 元。另查明：某房地产公司股东兼法定代表人为叶某全。某投资公司股东为叶某强（出资比例 96%）、郑某（出资比例 2%）、聂某（出资比例 2%）。某投资公司章程规定，公司为他人提供担保为股东会职权。某实业公司股东兼法定代表人叶某明（出资比例 10%），股东叶某荣（出资比例 90%）。某实业公司章程规定，公司为他人提供担保为股东会职权。

三、争议问题与判决

（一）争议问题
案涉担保合同的效力及担保人承担责任的范围。

（二）法院判决
一审法院认为，关于某投资公司、某实业公司两公司法定代表人超越代表权限进行对外担保是否有效的问题。某投资公司的法定代表人即股东叶某强持股比例 96%，为该公司持有 2/3 以上对表决事项有表决权的股东，叶某强在本案借款合同中代表公司以担保人身份签章，胡某没有审查担保人的公司股东会同意决议，并不影响该担保合同的效力。某实业公司章程规定公司为他人提供担保属于股东会职权，胡某在审查担保的效力上，没有审查某实业公司章程，也没有要求叶某明提交股东会决议，胡某存在一定过错，应当认定某实业公司对该笔借款提供担保无效。

本案既有某投资公司、某实业公司提供保证担保，又有某房地产公司和凌某彬提供抵押物担保，合同未约定实现担保物权顺序，胡某应当先就某房地产公司自己提供的抵押物实现债权。

某实业公司虽不承担担保责任，但是某实业公司法定代表人叶某明与房地产公司法定代表人为父子关系，两公司存在关联关系，在某实业公司未依照法定程序形成股东会决议的情况下，由叶某明代表公司加盖公章对外提供担保存在过错，应当承担缔约过失责任。某实业公司承担的担保缔约过失赔偿责任为某房地产公司不能清偿部分的1/2。

凌某彬向胡某为案涉借款提供抵押担保合法有效。胡某有权就该抵押物折价或拍卖、变卖后的价款优先受偿。凌某彬在胡某就某房地产公司提供的抵押物行使抵押权后仍不能实现债权的不足部分，在 21 266 903 元范围内承担抵押担保责任。

四、关联法条

《民法典》第 172 条

行为人没有代理权、超越代理权或者代理权终止后，仍然实施代理行为，相对人有理由相信行为人有代理权的，代理行为有效。

《民法典》第 392 条

被担保的债权既有物的担保又有人的担保的，债务人不履行到期债务或者发生当事人约定的实现担保物权的情形，债权人应当按照约定实现债权；没有约定或者约定不明确，债务人自己提供物的担保的，债权人应当先就该物的担保实现债权；第三人提供物的担保的，债权人可以就物的担保实现债权，也可以请求保证人承担保证责任。提供担保的第三人承担担保责任后，有权向债务人追偿。

《民法典》第 504 条

法人的法定代表人或者非法人组织的负责人超越权限订立的合同，除相对人知道或者应当知道其超越权限外，该代表行为有效，订立的合同对法人或者非法人组织发生效力。

《民法典》第 685 条

保证合同可以是单独订立的书面合同，也可以是主债权债务合同中的保证条款。

第三人单方以书面形式向债权人作出保证，债权人接收且未提出异议的，保证合同成立。

《最高人民法院关于适用〈中华人民共和国民法典〉合同编通则若干问题的解释》第 20 条

法律、行政法规为限制法人的法定代表人或者非法人组织的负责人的代表权，规定合同所涉事项应当由法人、非法人组织的权力机构或者决策机构决议，或者应当由法人、非法人组织的执行机构决定，法定代表人、负责人未取得授权而以法人、非法人组织的名义订立合同，未尽到合理审查义务的相对人主张该合同对法人、非法人组织发生效力并由其承担违约责任的，人民法院不予支持，但是法人、非法人组织有过错的，可以参照民法典第一百五十七条的规定判决其承担相应的赔偿责任。相对人已尽到合理审查义务，构成表见代表的，人民法院应当依据民法典第五百零四条的规定处理。

合同所涉事项未超越法律、行政法规规定的法定代表人或者负责人的代表权限，但是超越法人、非法人组织的章程或者权力机构等对代表权的限制，相对人主张该合同对法人、非法人组织发生效力并由其承担违约责任的，人民法院依法予以支持。但是，法人、非法人组织举证证明相对人知道或者应当知道该限制的除外。

法人、非法人组织承担民事责任后，向有过错的法定代表人、负责人追偿因越权代表行为造成的损失的，人民法院依法予以支持。法律、司法解释对法定代表人、负责人的民事责任另有规定的，依照其规定。

《最高人民法院关于适用〈中华人民共和国民法典〉合同编通则若干问题的解释》第 22 条

法定代表人、负责人或者工作人员以法人、非法人组织的名义订立合同且未超越权限，法人、非法人组织仅以合同加盖的印章不是备案印章或者系伪造的印章为由主张该合同对其不发生效力的，人民法院不予支持。

合同系以法人、非法人组织的名义订立，但是仅有法定代表人、负责人或者工作人员签名或者按指印而未加盖法人、非法人组织的印章，相对人能够证明法定代表人、负责人或者工作人员在订立合同时未超越权限的，人民法院应当认定合同对法人、非法人组织发生效力。但是，当事人约定以加盖印章作为合同成立条件的除外。

合同仅加盖法人、非法人组织的印章而无人员签名或者按指印，相对人能够证明合同系法定代表人、负责人或者工作人员在其权限范围内订立的，人民法院应当认定该合同对法人、非法人组织发生效力。

在前三款规定的情形下，法定代表人、负责人或者工作人员在订立合同时虽然超越代表或者代理权限，但是依据民法典第五百零四条的规定构成表见代表，或者依据民法典第一百七十二条的规定构成表见代理的，人民法院应当认定合同对法人、非法人组织发生效力。

《最高人民法院关于适用〈中华人民共和国民法典〉有关担保制度的解释》第7条

公司的法定代表人违反公司法关于公司对外担保决议程序的规定，超越权限代表公司与相对人订立担保合同，人民法院应当依照民法典第六十一条和第五百零四条等规定处理：

（一）相对人善意的，担保合同对公司发生效力；相对人请求公司承担担保责任的，人民法院应予支持。

（二）相对人非善意的，担保合同对公司不发生效力；相对人请求公司承担赔偿责任的，参照适用本解释第十七条的有关规定。

法定代表人超越权限提供担保造成公司损失，公司请求法定代表人承担赔偿责任的，人民法院应予支持。

第一款所称善意，是指相对人在订立担保合同时不知道且不应当知道法定代表人超越权限。相对人有证据证明已对公司决议进行了合理审查，人民法院应当认定其构成善意，但是公司有证据证明相对人知道或者应当知道决议系伪造、变造的除外。

《最高人民法院关于适用〈中华人民共和国民法典〉有关担保制度的解释》第8条

有下列情形之一，公司以其未依照公司法关于公司对外担保的规定作出决议为由主张不承担担保责任的，人民法院不予支持：

（一）金融机构开立保函或者担保公司提供担保；

（二）公司为其全资子公司开展经营活动提供担保；

（三）担保合同系由单独或者共同持有公司三分之二以上对担保事项有表决权的股东签字同意。

上市公司对外提供担保，不适用前款第二项、第三项的规定。

《最高人民法院关于适用〈中华人民共和国民法典〉有关担保制度的解释》第 17 条

主合同有效而第三人提供的担保合同无效，人民法院应当区分不同情形确定担保人的赔偿责任：

（一）债权人与担保人均有过错的，担保人承担的赔偿责任不应超过债务人不能清偿部分的二分之一；

（二）担保人有过错而债权人无过错的，担保人对债务人不能清偿的部分承担赔偿责任；

（三）债权人有过错而担保人无过错的，担保人不承担赔偿责任。

主合同无效导致第三人提供的担保合同无效，担保人无过错的，不承担赔偿责任；担保人有过错的，其承担的赔偿责任不应超过债务人不能清偿部分的三分之一。

五、学理分析

法定代表人、负责人超越权限订立的合同对法人、非法人组织发生效力是以交易的相对人系善意为前提。关于善意相对人的认定需要依据代表权的限制类型进行区分。对法定代表人、负责人的代表权的限制有两种情形：①意定限制，包括公司章程对代表权事先所作的一般性限制，以及股东会、股东大会等公司权力机构对代表权所作的个别限制。②法定限制，即法律对代表权所作的限制。如《公司法》第 15 条第 2 款、第 61 条、第 113 条的规定，涉及公司为其股东或者实际控制人提供担保、公司增减资本、发行债券、分立、合并、解散、清算或变更公司组织形式等事项，应当由股东会决议。根据《民法典》第 61 条第 3 款有关"法人章程或者法人权力机构对法定代表人代表权的限制，不得对抗善意相对人"的规定，意定限制仅具有内部效力，不得对抗善意相对人。在意定限制的情况下，由于对法定代表人、负责人的代表权的限制来源于组织体内部，其效力具有相对性，不能对抗善意第三人。而在法定限制的情况下，代表权限制的事项属于法律的明确规定，相对人负有审查法定代表人是否取得公司机关决议的义务，如相对人无证据证明其履行了该项审查义务后并未发现存在越权情形，则推定相对人非善意。

本案中，某投资公司和某实业公司章程规定的公司为他人提供担保为股东会职权，属于意定限制，有可能构成表见代理。所谓善意相对人是指，在订立担保合同时不知道且不应当知道法定代表人超越权限，债权人胡某在订立合同时，未对法定代表人职权范围进行合理核实，也未有证据证明已对公司决议进行了合理审查，存在一定过错，胡某非为善意相对人，故实业公司对借款提供的担保无效。但某投资公司法定代表人叶某强持股比例为96%，具有《最高人民法院关于适用〈中华人民共和国民法典〉有关担保制度的解释》第8条规定的情形，即担保合同系由单独或者共同持有公司2/3以上对担保事项有表决权的股东签字同意，公司以其未依照公司法关于公司对外担保的规定作出决议为由主张不承担担保责任的，人民法院不予支持。因此即使胡某没有审查担保公司股东会同意决议，不影响担保合同的效力。

司法实践中，主要有以下几个应当注意的问题：

1. 关于善意的认定。所谓善意，是指债权人不知道或者不应当知道法定代表人超越权限订立担保合同。《公司法》第15条对关联担保和非关联担保的决议机关作出了区别规定，相应地，在善意的判断标准上也应当有所区别：第一，公司股东或者实际控制人提供关联担保，《公司法》第15条明确规定必须由股东会决议，未经股东会决议，构成越权代表。在此情况下，债权人主张担保合同有效，应当提供证据证明其在订立合同时对股东会决议进行了审查，决议的表决程序符合《公司法》第15条的规定，即在排除被担保股东表决权的情况下，该项表决由出席会议的其他股东所持表决权的过半数通过，签字人员也符合公司章程的规定。第二，公司为公司股东或者实际控制人以外的人提供非关联担保，根据《公司法》第15条的规定，此时依照公司章程规定是由董事会决议还是股东会决议。无论章程是否对决议机关作出规定，也无论章程规定决议机关为董事会还是股东会，根据《民法典》第61条第3款关于"法人章程或者法人权力机构对法定代表人代表权的限制，不得对抗善意相对人"的规定，只要债权人能够证明其在订立担保合同时对董事会决议或者股东会决议进行了审查，同意决议的人数及签字人员符合公司章程的规定，就应当认定其构成善意，但公司能够证明债权人明知公司章程对决议机关有明确规定的除外。

2. 存在无须公司机关决议的例外情况，即便债权人知道或者应当知道没有公司机关决议，也应当认定担保合同符合公司的真实意思表示，合同有效。主要包括：①公司是以为他人提供担保为主营业务的担保公司，或者是开展保函业务的银行或者非银行金融机构；②公司为其直接或者间接控制的公司开展经营活动向债权人提供担保；③公司与主债务人之间存在相互担保等商业合作关系；④担保合同须由单独或者共同持有公司 2/3 以上有表决权的股东签字同意。

3. 权利救济问题。法定代表人的越权担保行为给公司造成损失，公司请求法定代表人承担赔偿责任的，人民法院依法予以支持。公司没有提起诉讼，股东依据《公司法》第 189 条的规定请求法定代表人承担赔偿责任的，人民法院依法予以支持。

4. 上市公司为他人提供担保问题。债权人根据上市公司公开披露的关于担保事项已经董事会或者股东大会决议通过的信息订立的担保合同，人民法院应当认定有效。

六、思考问题

在越权代表中，有的越权方会提供公司决议以让相对方相信自己已获得权限，事后发现该决议为非适格决议或者为伪造协议，请问这种情况能否构成表见代表？

解某某诉泰安某公司分期付款买卖合同纠纷案[1]

一、知识点介绍

职务代理，是指代理人根据其在法人或者非法人组织中所担任职务，依据其职权对外实施民事法律行为的代理。关于职务代理性质，学界有两种意见：①职务代理属于委托代理的范畴。职务代理有不同于委托代理的某些特征（比如职务代理的代理人是工作人员，受到劳动法律关系约束，甚至法律地位不平等，具有一定从属性；职务代理具有一定的稳定性、持续性）。但是职务代理具有委托代理的本质特点（被代理人单方授权，代理人只能在授权范围内以被代理人名义对外进行民事活动），故职务代理是委托代理的一种。②职务代理难以为一般的意定代理所容纳。实践中法人对业务人员不另授权；法人或其他组织的成员以及主要工作人员就其职权范围内的事项进行的法律行为，无须法人或其他组织的特别授权，其法律效果应当由法人或其他组织承担；如果将职务代理纳入委托代理，则职务代理以及一些商事代理中，也应当按照委托代理的要求，依代理权的授予行为而发生代理权。这种做法恐怕很难与我国市场经济的发展相适应。在我国法律体系下，将意定代理的范围加以适当扩展，既符合逻辑上的圆满性，也有利于结合实践中的需要，合理认识各种代理行为中代理权的来源。此种意思既可以体现于本人的授权行为，也可能体现于本人依据本人与代理人之间的雇佣、委托等合同关系对代理人职位的任命。[2]《民法典》第170条在综合上述意见的基础上，将职务代

---

[1] 案例来源：山东省德州市中级人民法院民事判决书［2021］鲁14民终1216号。

[2] 参见王利明主编：《中国民法典学者建议稿及立法理由》，法律出版社2005年版，第360~361页。

理作为委托代理项下的一项重要内容，单独一条予以规定，既体现了职务代理的性质，又彰显了职务代理本身的重要性。

职务代理行为与代表行为虽然从法律后果上都是由法人或者其他组织来承担，但是二者有根本区别。"法人之董事或其他代表机关，为法人为意思表示或第三人以对于法人之意思表示对于董事或其他代表机关为之，虽类似于代理，然代表人之行为，即为法人之行为，与代理人之行为为他人之行为唯其效力归属于本人者不同，而且代表较代理为广，就事实行为及侵权行为亦得成立。"〔1〕在现代市场经济条件下，法定代表人的价值就在于全面表达公司意志，然而法定代表人并非公司意志的唯一表达人。公司意志不但可以通过代表制度表达，亦可以通过代理制度表达，法人的员工只要被委任工作，除非另有规定，其自然享有相应的代理权，而无须法人再次单独授权。如采购员可以代表公司采购、销售员可以代表公司销售、信贷员可以代表公司贷款等。

二、基本案情

泰安某公司主要经营范围为：汽车、汽车配件、汽车用品、汽车维修等。2018 年 8 月 7 日，解某某通过微信与乐某公司销售经理姜某某联系购买 10 辆飞度汽车，签订《济南乐某公司销售合同》一份，乐某公司收取定金 25 000元，姜某某又通过微信联系泰安某公司经理任某。2018 年 8 月 8 日，乐某公司姜某某通过微信向解某某发送买卖双方当事人解某某和泰安某公司的《销售合约书》。合约书约定：车辆购买人为解某某，车型为飞度，车价、定金736 000 元及备注指导价 85 800 元，优惠 11 000 元，台次 7 台，指导价 81 800元，台次 3 台，优惠 11 000 元，送交强险等内容，经过商讨任某在备注中又加入了"提车后票打鸿某公司账户"。2018 年 8 月 8 日解某某按照指示分四次将 736 000 元购车定金打入鸿某公司账户中，鸿某公司将车辆交付给任某指定的提车人，解某某至今未收到涉案 10 台本田飞度车辆。上述事实在原告与乐某公司监事姜某某及姜某某与任某的聊天记录中均有体现。后因未交付车辆问题解某某进行了多次诉讼主张解除购车合同并返还购车款。

被告泰安某公司辩称，①泰安某公司与解某某之间并未签订车辆买卖合

_____

〔1〕　参见史尚宽：《民法总论》，中国政法大学出版社 2000 年版，第 475 页。

同。结合任某在其涉嫌的伪造公司印章罪诉讼中，承认了伪造泰安某公司原名称印章及对外签订合同的事实，可充分说明，解某某所谓与泰安某公司签订的合同，是任某私刻公司印章后签订，泰安某公司对该合同并不知情。也就是说，该合同并非泰安某公司的真实意思表示，合同不具备法律规定的成立要件，对泰安某公司不具备约束力，本案中解某某主张解除合同，缺乏事实依据。②本案所涉法律关系与泰安某公司无关，泰安某公司不曾收到解某某主张返还的款项，本案中任某的行为并非职务行为。③本案涉及刑事犯罪，应当裁定驳回起诉，并将本案移送公安机关侦查。

三、争议问题与判决

（一）争议问题

案涉车辆购买合同的效力。

（二）法院判决

一审法院认为，首先，关于任某的销售权限系泰安某公司内部规定，并未公示，且案涉合同签订时，任某仍系泰安某公司的销售经理；其次，解某某作为购买方，不具备鉴别公章真伪的能力，不能苛求解某某对公章真伪的鉴别有更高的注意义务。结合任某系泰安某公司销售经理的身份，并且乐某公司与泰安某公司有交易惯例的情况下，解某某有理由相信任某具有代理权限，任某的代理行为有效，故应认定解某某与泰安某公司之间存在买卖合同法律关系。解某某已按合同约定履行了付款义务，泰安某公司未按合同约定履行车辆交付义务已构成违约，解某某要求解除《销售合约书》、退还购车定金 736 000 元并赔偿经济损失，符合法律规定，一审法院予以支持。

二审法院认为，2018 年 8 月，经原审第三人乐某公司介绍，被上诉人解某某与上诉人泰安某公司达成买卖车辆合意，时任泰安某公司销售经理任某代表泰安某公司与解某某通过网络签订了《销售合约书》，并加盖泰安某公司更名前的原有公章。《销售合约书》具备合同的必备条款，实质为销售合同。泰安某公司虽认可任某的职务身份系传祺品牌销售经理，但是根据《民法总则》第 170 条"执行法人或者非法人组织工作任务的人员，就其职权范围内的事项，以法人或者非法人组织的名义实施的民事法律行为，对法人或者非法人组织发生效力。法人或者非法人组织对执行其工作任务的人员职权范围的限制，不得对抗善意相对人"的规定，任某在履行职务授权期间超越职务授权范围的限制，所实施的法律行为不得对抗善意第三人解某某，即任某与解某某以泰安某公司名义签订的涉案销售合同，对泰安某公司具有约束力。虽然任某在其涉嫌伪造公司印章罪诉讼中承认伪造泰安某公司公章对外签订合同的事实，按照《全国法院民商事审判工作会议纪要》第41条第2款"法定代表人或者其授权之人在合同上加盖法人公章的行为，表明其是以法人名义签订合同，除《公司法》第16条等法律对其职权有特别规定的情形外，应当由法人承担相应的法律后果。法人以法定代表人事后已无代表权、加盖的是假章、所盖之章与备案公章不一致等为由否定合同效力的，人民法院不予支持"的裁判规则，属于"真人假章"的情形，并不影响合同的效力。

按照上诉人泰安某公司2018年8月底解除、终止其与任某的劳动合同的自认，2018年8月8日任某代表泰安某公司与解某某签订的《销售合约书》系履行职务代理行为，且《销售合约书》签订后，解某某已经按照合同约定的时间、价款以及支付方式，支付了合同对价，涉案双方合同已实际履行。合同具有相对性，泰安某公司以双方未成立买卖合同关系为由否认合同的效力，没有法律依据，对其上诉主张，法院不予支持。

根据涉案销售合同的约定，泰安某公司应当于2018年8月8日合同签订10日内（即2018年8月18日前）向解某某交付本田飞度汽车。截至泰安某公司提起上诉之时，泰安某公司尚未交付车辆，导致合同目的无法实现，构成根本违约。解某某行使合同法定解除权并要求泰安某公司承担违约责任，符合法律规定。一审判决解除解某某与泰安某公司签订的销售合约书，判令泰安某公司返还购车款，并无不当。

四、关联法条

《民法典》第170条

执行法人或者非法人组织工作任务的人员，就其职权范围内的事项，以法人或者非法人组织的名义实施的民事法律行为，对法人或者非法人组织发生效力。

法人或者非法人组织对执行其工作任务的人员职权范围的限制，不得对抗善意相对人。

《最高人民法院关于适用〈中华人民共和国民法典〉合同编通则若干问题的解释》第 21 条

法人、非法人组织的工作人员就超越其职权范围的事项以法人、非法人组织的名义订立合同，相对人主张该合同对法人、非法人组织发生效力并由其承担违约责任的，人民法院不予支持。但是，法人、非法人组织有过错的，人民法院可以参照民法典第一百五十七条的规定判决其承担相应的赔偿责任。前述情形，构成表见代理的，人民法院应当依据民法典第一百七十二条的规定处理。

合同所涉事项有下列情形之一的，人民法院应当认定法人、非法人组织的工作人员在订立合同时超越其职权范围：

（一）依法应当由法人、非法人组织的权力机构或者决策机构决议的事项；

（二）依法应当由法人、非法人组织的执行机构决定的事项；

（三）依法应当由法定代表人、负责人代表法人、非法人组织实施的事项；

（四）不属于通常情形下依其职权可以处理的事项。

合同所涉事项未超越依据前款确定的职权范围，但是超越法人、非法人组织对工作人员职权范围的限制，相对人主张该合同对法人、非法人组织发生效力并由其承担违约责任的，人民法院应予支持。但是，法人、非法人组织举证证明相对人知道或者应当知道该限制的除外。

法人、非法人组织承担民事责任后，向故意或者有重大过失的工作人员追偿的，人民法院依法予以支持。

《最高人民法院关于适用〈中华人民共和国民法典〉合同编通则若干问题的解释》第 22 条

法定代表人、负责人或者工作人员以法人、非法人组织的名义订立合同且未超越权限，法人、非法人组织仅以合同加盖的印章不是备案印章或者系伪造的印章为由主张该合同对其不发生效力的，人民法院不予支持。

合同系以法人、非法人组织的名义订立，但是仅有法定代表人、负责人或者工作人员签名或者按指印而未加盖法人、非法人组织的印章，相对人能够证明法定代表人、负责人或者工作人员在订立合同时未超越权限的，人民法院应当认定合同对法人、非法人组织发生效力。但是，当事人约定以加盖印章作为合同成立条件的除外。

合同仅加盖法人、非法人组织的印章而无人员签名或者按指印，相对人能够证明合同系法定代表人、负责人或者工作人员在其权限范围内订立的，人民法院应当认定该合同对法人、非法人组织发生效力。

在前三款规定的情形下，法定代表人、负责人或者工作人员在订立合同时虽然超越代表或者代理权限，但是依据民法典第五百零四条的规定构成表见代表，或者依据民法典第一百七十二条的规定构成表见代理的，人民法院应当认定合同对法人、非法人组织发生效力。

五、学理分析

在司法实践中，主要存在以下几个值得注意的问题：

1. 职务代理的认定：依据《民法典》第 170 条第 1 款的规定，职务代理必须满足：第一，代理人是法人或者非法人组织的工作人员，如果代理人不是该法人或者非法人组织的工作人员，其按照被代理人的授权从事代理行为，属于一般的委托代理，比如保险公司正式员工不属于保险代理人，其展业行为系职务行为，视为保险人的行为，而保险代理人所从事的保险代理活动就属于一般的委托代理范畴。第二，代理人实施的必须是其职权范围内的事项，若非其职权范围内的事项，则要区分情形适用《民法典》第 170 条第 2 款的规定等。这一职权范围内的事项，可以理解为该法人或者非法人组织对该工作人员（即代理人）的一揽子授权，无须在每次与第三人交易时都要提交有关书面授权书，其职务、职权本身就是委托授权的证明。这也是职务代理与一般的委托代理在交易便捷方面的很大不同。第三，必须以该法人或者非法人组织的名义实施民事法律行为，这也是代理的一般构成要件。若非以该法人或者非法人组织名义实施民事法律行为，则会构成无权处分或者侵权行为，应该分别适用不同的法律规则。

2. 关于越权职务代理的法律后果。此前实务中对于越权代理行为多是类推适用表见代表制度。随着实践的不断丰富和研究的不断深入，目前学界和实务界对于越权职务代理的法律后果基本上都形成了一致意见，即本着维护交易安全的要求，注重对善意相对人利益的保护。《民法典》第 170 条第 2 款即按照这一思路确立了"法人或者非法人组织对执行其工作任务的人员职权范围的限制，不得对抗善意相对人"的规则。因此，在遇到《民法典》第

170 条第 2 款规定情形时，可以直接适用本款规定，而无需结合《民法典》第 172 条关于表见代理的规定处理，故在解释上可以适用《民法典》第 171 条关于无权代理的规定。

3. 异常人章关系。正常情况下，行为人通过与相对人进行磋商，确定合同条款后，再由法人、非法人组织进行盖章确认，即法人、非法人组织通过盖章方式对行为人与相对人磋商后确定的合同条款予以确认。司法实践中，异常的"人章关系"主要包括以下三种情形：

（1）"真人假章"。《全国法院民商事审判工作会议纪要》第 41 条规定的即属此种情形，即尽管公章是假的，但行为人是有代表权或者代理权的，主要包括：①法定代表人、负责人在合同书上签字；②代理人以代理人身份签字；③代理人尽管并未在合同书上签字，但能够证明其以代理人身份参与了缔约磋商。此时，行为人有代表权或代理权，且签订的合同也体现了法人、非法人组织的意思，法人、非法人组织本应通过盖章行为予以确认。但其为逃避未来可能面临的责任，故意加盖假章，自然不应让其得逞。故即便盖的是假章，也不影响公司承担责任。

（2）"有章无人"。其指的是合同书上仅有盖章并无行为人的签字，如果能够确定合同系法定代表人、负责人或者工作人员在其权限范围内签订，人民法院应当认定该合同对法人、非法人组织发生效力。反之，如果不能确定章系何人所盖或者系与何人进行缔约接触，当最终确定是假章时，当然不能对法人、非法人组织发生效力；即便认定盖的是真章，因为不能确定行为人，自然也谈不上适用代表或者代理制度的问题，故应当认定合同不成立。

（3）"有人无章"。其指的是合同书上固然有签字，但并未加盖公章。此时要综合考虑合同内容、行为人的身份及职权等因素，来确定行为人究竟是以个人名义签订合同，还是以法定代表人、负责人或代理人的身份签订合同，不能简单地以未加盖公章为由就认定属于个人行为。在确定是以法定代表人、负责人或代理人的身份签订合同后，再根据其有无代表权或代理权、是否超越代表权或者代理权以及相对人是否善意等因素确定法人、非法人组织应否承担责任。相对人能够证明法定代表人、负责人或者工作人员在订立合同时未超越权限的，人民法院应当认定合同对法人、非法人组织发生效力。但是当事人明确约定以加盖印章作为合同成立条件的，此时合同未加盖公章表明合同尚未满足成立要件，合同不成立，自然不对法人、非法人组织发生效力。

本案中，泰安某公司销售经理任某与解某某通过网络签订了销售合约书，并加盖泰安某公司更名前的原有公章，双方签订的合约书实质为销售合同。虽泰安某公司销售经理任某伪造公章，超越自身职权授权范围的限制与解某某签订销售合同，但解某某作为购买方，不具备鉴别公章真伪的能力，其有理由相信签订的合同体现公司的意志，属于"真人假章"情形。任某超越职权范围所实施的法律行为不得对抗善意第三人解某某，因此泰安某公司需要按照合同履行交付义务。

六、思考问题

1. 越权职务代理与狭义无权代理以及表见代理之间有何区别？

2.《民法典》第 1191 条和《最高人民法院关于适用〈中华人民共和国民法典〉合同编通则若干问题的解释》第 21 条以及《公司法》第 199 条之间有何关联？

某林业公司与王某伟林业用地承包合同纠纷案[1]

一、知识点介绍

《民法典》中的诚信原则，是指所有民事主体在从事任何民事活动，包括行使民事权利、履行民事义务、承担民事责任时，都应该要秉持诚实、善意，不诈不欺，言行一致，信守诺言。诚信原则作为民法最为重要的基本原则，被称为民法的"帝王条款"。诚实守信是市场活动的基本准则，是保障交易秩序的重要法律原则，它和公平原则一样，既是法律原则，又是一种重要的道德规范。

合同履行中的诚实信用原则具体来说，包括了适当履行原则和协作履行原则。

1. 适当履行原则

适当履行原则，又称正确履行原则或全面履行原则，是指当事人按照合同规定的标的及其质量、数量，由适当的主体在适当的履行期限、履行地点以适当的履行方式，全面完成合同义务的履行原则。

适当履行与实际履行既有区别又有联系。实际履行强调债务人按照合同约定交付标的物或者提供服务，至于交付的标的物或提供的服务是否适当，则无力顾及。适当履行既要求债务人实际履行，交付标的物或提供服务，也

---

[1] 案例来源：广西壮族自治区北海市铁山港区人民法院民事判决书［2021］桂 0512 民初 332 号。

要求这些交付标的物、提供服务符合法律和合同的规定。可见，适当履行必然是实际履行，而实际履行未必是适当履行，适当履行场合不会存在违约责任，实际履行不适当时则产生违约责任。

适当履行原则所要求的履行主体适当、履行标的适当、履行期限适当、履行方式适当等。

2. 协作履行原则

协作履行原则，是指当事人不仅适当履行自己的合同债务，而且应协助对方当事人履行债务的履行原则。

合同的履行，只有债务人的给付行为，没有债权人的受领给付，合同的内容仍难实现。不仅如此，在建设工程合同、技术开发合同、技术转让合同、提供服务合同等场合，债务人实施给付行为也需要债权人的积极配合，否则，合同的内容也难以实现。因此履行合同不仅是债务人的事，也是债权人的事，而协助履行往往是债权人的义务。只有双方当事人在合同履行过程中相互配合、相互协作，合同才会得到适当履行。

协作履行是诚实信用原则在合同履行方面的具体体现，一方面需要双方当事人之间相互协助，另一方面也表明协助不是无限度的。一般认为，协作履行原则含有以下内容：

（1）债务人履行合同债务，债权人应适当受领给付；

（2）债务人履行债务时，常要求债权人创造必要的条件，提供方便；

（3）因故不能履行或不能完全履行时，应积极采取措施避免或减少损失，否则还要就扩大的损失自负其责；

（4）发生合同纠纷时，应各自主动承担责任，不得推诿。

协作履行原则并不漠视当事人的各自独立的合同利益，不降低债务人所负债务的履行力度。那种以协作履行为借口，加重债权人负担，逃避自己义务的行为，是与协作履行原则相悖的。

二、基本案情

1997 年 11 月 29 日，广西壮族自治区合浦县石湾镇桥头村委会亚打寮（庞、徐、罗屋）村民小组同王某伟签署《土地使用权承包合同》，约定王某伟向亚打寮（庞、徐、罗屋）村民小组承包土地面积为 850 亩的林地，位于石湾桥头亚打寮白塘坡岭、塘其冲大岭、叮叮岭等，承包期自 1998 年 1 月 1 日起至 2018 年 12 月 30 日止，租金为每年 8 元/亩，每年租金总额为 6800 元，租金分两次支付，1998 年 3 月 7 日预付 60 000 元，在 2013 年内支付 76 000 元。

2004 年 8 月 27 日，原告广西某林业公司与王某伟签署了《林业用地承包合同书》（以下简称林地合同），约定王某伟将其承包的位于石湾桥头亚打寮白塘坡岭、塘其冲大岭、叮叮岭等共 850 亩林地（后经双方实际测量为 918.5 亩）转租给原告使用，承包期限自 2004 年 1 月 1 日起至 2018 年 12 月 30 日止。该林地于 2004 年 1 月 1 日起已交付原告，原告一直使用、管理至今。根据林地合同中的"林业用地承包有关事项说明"第 7.1.1 条约定，"因山界林权发生纠纷的，王某伟有义务无条件负责解决，所需费用以及林业公司损失的均由王某伟承担"。因王某伟未及时足额向石湾桥头亚打寮（庞、徐、罗屋）村民小组（以下简称原始发包方）支付 76 000 元承包费，造成原告按计划采伐时受到原始发包方阻拦。原告与王某伟签订的林地合同于 2018 年 12 月 30 日到期，原告得以办理采伐证的前提是原始发包方确定收到地租后才肯同意加盖采伐××材料××桥头村委公章。

因王某伟未在 2013 年向原始发包方支付地租 76 000 元，2018 年原告申请办理采伐证时，原始发包方不同意，石湾桥头村委不予盖章，导致原告无法在合同期限内办理采伐证，无法采伐林木。在原告与王某伟多次联系未果的情况下，原告为避免损失扩大，于 2021 年 2 月 3 日与原始发包方签署了代王某伟垫付承包费和违约金的协议并实际支付 200 000 元。原告向法院提出诉讼请求：判令被告王某伟向原告赔偿实际损失本金 200 000 元及利息（利息以 200 000 元为基数，按 2021 年 2 月一年期贷款市场报价利率 3.85% 计息，自 2021 年 2 月 21 日起计算至实际还清之日止。暂计至起诉之日 2021 年 4 月 12 日，利息为 1265.75 元，诉讼标的暂计为：201 265.75 元）。

被告王某伟辩称：①原告要求判令被告王某伟赔偿实际损失 200 000 元及利息，没有任何事实及法律依据，应予以驳回。原告支付了 200 000 元给村民是原告的个人行为，与被告王某伟无关；②被告王某伟于 2019 年 6 月 30 日向原告发出"关于要求清山退地的申请报告"，原告合同到期日为 2018 年 12 月 30 日，合同到期后原告逾期半年多未办理砍伐证，所以本案存在违约情形的是原告；③原告是与被告王某伟签订的承包合同，出现问题原告应与被告协商，但原告却越过被告私自与村民接触，支付 200 000 元给村民小组是原告自愿的行为，与被告无关；④从原告提交的证据来看，原告明明可以联系王某伟，但是相关函件均没有王某伟签字确认，王某伟实际上没有收到这些函件，所以原告根本没有找过王某伟协商。故原告向村民小组支付 200 000 元属于新的补充协议，是原告与村民小组于 2021 年 2 月 3 日签订的新合同，原告支付的合同款项与王某伟无关，支付行为是原告的个人行为，原告要求王某伟承担该笔费用于法无据，请求法院驳回。

法院经审理查明：1997 年 11 月 29 日，第三人合浦县石湾镇桥头村委会亚打寮（庞、徐、罗屋）村民小组与被告王某伟签署《土地使用权承包合同》（以下简称土地合同），约定第三人将自有的 850 亩山地的土地使用权承包给王某伟，山地坐落方位和山地名称及四周的界限标定如下：白塘坡岭、塘其冲大岭、叮叮岭、龙教坟岭、深田尾东边岭、亚公叮大岭至江坎、滑石田口大岭、横姜大岭、腰子岭至狼家弄、丽竹湾大岭、古石索大岭至小岭、火卢大岭、麻雀坑岭、勒竹冲小岭，四周界限：东至屋地岭以西小古路为界，南至白塘坡岭脚为界，西至以江为界，北至石湾林场大田林区为界。承包期限 20 年，自 1998 年 1 月 1 日起至 2018 年 12 月 30 日止，租金为每年 8 元/亩，每年租金总额为 6800 元，租金分两次支付，第一次于 1998 年 3 月 7 日预付（定金）60 000 元，第二次在 2013 年内，结算 20 年内的租金 136 000 元（含定金 60 000 元）。

2004 年，原告广西某林业公司与王某伟签订了林地合同，约定王某伟将其承包的上述 850 亩林地（后经双方实际测量为 918.5 亩）转租给原告使用，承包期限 15 年，自 2004 年 1 月 1 日起至 2018 年 12 月 30 日止，承包费为每年 35 元/亩，第一次付清前三年的承包费，以后每年一付，林地承包费由原告在每年 6 月 1 日前直接支付给王某伟或委托镇政府发放给王某伟。该林地合同附件 1 第 4 条约定："承包期的最后一年，如因承包地内营造之活立木未达经济主伐期或砍伐指标或市场木材过剩等原因不能按期砍伐完毕的，允许延长承包时间，但延长时间最多不能超过五年，延长期间土地承包金按承包期满最后一年土地承包金为基数，按实际延长时间计付。土地承包金以五年为一个周期进行调整，五年内的价格不变，满五年后按国家统计局公布的广西壮族自治区居民消费品价格总指数进行调整。"第 7.1.1 条约定："因山界林权发生纠纷的，王某伟必须无条件负责解决，所需费用以及造成广西某林业公司损失的均由王某伟承担。"

该林地合同签订后，王某伟于 2004 年 1 月 1 日起将林地交付原告管理、使用至今，原告按约向王某伟支付了承包费，其中 2013 年 5 月 28 日支付承包费 39 872.09 元，2014 年 5 月 20 日支付承包费 44 978.95 元，2015 年 6 月 23 日支付承包费 44 978.95 元，2016 年 6 月 2 日支付承包费 44 978.95 元，2017 年 6 月 5 日支付承包费 44 978.95 元，2018 年 6 月 5 日支付承包费 44 855.72 元。

2018 年，原告计划办理该林地的《林木采伐许可证》时，发现王某伟未按照其与第三人签订的土地承包合同的约定，将剩余的 76 000 元承包费支付给第三人，造成第三人不同意配合原告办理《林木采伐许可证》，导致原告不能顺利采伐林木。为此，原告于 2019 年 5 月 17 日向王某伟发函，要求王某伟于 2019 年 5 月 31 日前妥善处理好拖欠第三人的承包费的问题并向原告提供相关凭证。但原告未能举证证明其已将该函件送达王某伟。

2019 年 5 月 31 日，原告向石湾镇人民政府发送《关于请求石湾镇人民政府协调处理林地合同纠纷的函》，称其在林地合同履行过程中，出现中间商未能有效履行其与原始发包方的相关协议合同，造成原始发包方未能得到林地承包金，从而使得发包方村民主张以地上现存林木折抵林地承包金的情况，请镇政府予以处理。2019 年 6 月 30 日，王某伟向原告提交《关于要求清山退地的申请报告》，提出其将林地转包给原告经营，合同期限已到期，现原告逾期尚未采伐林木，村民要求超期不采伐林地上的林木归村民所有，要求原告将林木评估定价处理后退还给王某伟，由王某伟与村民协商调解处理林木、清山、退地等事项。

2019 年 9 月 11 日，原告向王某伟复函并抄送石湾镇人民政府、石湾镇司法所、石湾镇林业站、石湾镇桥头村委，称不同意将该林木评估定价处理退还于王某伟，因王某伟逾期未向第三人支付到期应付地租，造成原告未能按计划采伐，要求王某伟在 9 月 30 日前务必处理好该林地的有关地租问题，否则将追究王某伟的违约责任。但原告未能举证证明其已将该复函送达王某伟。

2021 年 2 月 2 日，原告与第三人签订《0585 合同补充协议书》（以下简称补充协议书），鉴于 0585 合同已到期，原告需采伐该林地上的林木，以便还地，因王某伟未能按照合同约定于 2013 年内向第三人支付承包金 76 000 元，致使原告计划采伐林木时受到第三人阻拦，至今未能办理《林木采伐许可证》，也未能完成该林地上林木的采伐。为解决上述问题，双方达成以下协议："第一条：原告代王某伟向第三人垫付王某伟欠付的承包金及违约金共计

200 000 元，该金额包括了王某伟欠付的 760 000 元承包金。……第三条：本协议签署后，第三人同意并配合原告办理该《林木采伐许可证》，原告获得《林木采伐许可证后》将尽量在 6 个月内完成该林地采伐，如未采伐完的，第三人同意再延长一个月，如再未完成的，则原告以每月 15 元/亩的单价按月向第三人支付林地占用费，不足整月的按整月计。"该补充协议签订后，原告于 2021 年 2 月 10 日向第三人指定的账户付款 200 000 元。

三、争议问题与判决

（一）争议问题

原告诉请被告赔偿实际经济损失 200 000 元及利息是否有事实及法律依据？

（二）法院判决

法院认为被告王某伟应当向原告归还代偿的租金 76 000 万元，并向原告赔付租金损失 24 000 元及违约金 4000 元，合计 104 000 元。关于原告主张被告支付利息的请求，因该款原告已于 2021 年 2 月 20 日代为垫付，故被告的违约行为客观上占用了原告资金，被告须于 2021 年 2 月 21 日起至实际还清之日止，以 104 000 元为基数，按 2021 年 2 月全国银行间同业拆借中心公布的一年期贷款市场报价利率 3.85% 向原告支付利息。原告诉请超出部分的利息，于法无据，法院不予支持。第三人庞屋村民小组、徐屋村民小组、罗屋村民小组经传票传唤后，无正当理由拒不到庭参加诉讼，法院依法缺席判决：被告王某伟向原告广西某林业公司归还代偿的租金 76 000 元，并赔付租金损失 24 000 元、违约金 4000 元，合计 104 000 元及相应的利息（利息以 104 000 元为基数，按年利率 3.85% 从 2021 年 2 月 21 日起计算至实际还清之日止）；驳回原告广西某林业公司的其他诉讼请求。

四、关联法条

《民法典》第 7 条

民事主体从事民事活动，应当遵循诚信原则，秉持诚实，恪守承诺。

《民法典》第 509 条

当事人应当按照约定全面履行自己的义务。

当事人应当遵循诚信原则，根据合同的性质、目的和交易习惯履行通知、协助、保密等义务。

当事人在履行合同过程中，应当避免浪费资源、污染环境和破坏生态。

《民法典》第524条

债务人不履行债务，第三人对履行该债务具有合法利益的，第三人有权向债权人代为履行；但是，根据债务性质、按照当事人约定或者依照法律规定只能由债务人履行的除外。

债权人接受第三人履行后，其对债务人的债权转让给第三人，但是债务人和第三人另有约定的除外。

《最高人民法院关于适用〈中华人民共和国民法典〉时间效力的若干规定》第1条

民法典施行后的法律事实引起的民事纠纷案件，适用民法典的规定。

民法典施行前的法律事实引起的民事纠纷案件，适用当时的法律、司法解释的规定，但是法律、司法解释另有规定的除外。

民法典施行前的法律事实持续至民法典施行后，该法律事实引起的民事纠纷案件，适用民法典的规定，但是法律、司法解释另有规定的除外。

五、学理分析

本案原告广西某林业公司与被告王某伟签订的《土地使用权承包合同》是双方当事人的真实意思表示，且不违反法律、行政法规的强制性规定，合法有效。依照《民法典》合同编相关规定和原《合同法》第60条之规定："当事人应当按照约定全面履行自己的义务。当事人应当遵循诚实信用原则，根据合同的性质、目的和交易习惯履行通知、协助、保密等义务。"因此，在合同履行过程中，当事人除应当按照合同约定履行自己的义务外，根据诚信履行原则，也要履行合同未作约定但依照诚信原则应当履行的义务，即合同履行的附随义务。附随义务，是指合同关系发展过程中及合同关系终止后的一定时期，依诚实信用原则当事人所应负担的给付义务以外的义务。

原告与被告签订林地合同后，原告应依约向被告支付承包费，被告应依约将合同约定的林地交付原告管理和使用。但是，原告要实现其顺利采伐林木的合同目的，依赖于原始发包方第三人配合原告办理《林木采伐许可证》，而第三人配合办证的前提，是被告按照其与第三人的约定按期向第三人支付余下的76 000元租金。因此，在原告与被告正常履行合同关系的过程中，被告需按时向第三人支付余下的 76 000 元租金，即为被告应当履行的附随义务。

至于被告提出原告没有与被告协商，原告越过被告与第三人签订的合同与被告无关的观点，依照《民法典》第 524 条之规定："债务人不履行债务，第三人对履行该债务具有合法利益的，第三人有权向债权人代为履行；但是，根据债务性质、按照当事人约定或者依照法律规定只能由债务人履行的除外。债权人接受第三人履行后，其对债务人的债权转让给第三人，但是债务人和第三人另有约定的除外。"本案中，因被告不履行其对第三人的 76 000 元债务，导致原告不能办理《林木采伐许可证》，原告为了解决纠纷，避免损失扩大，代被告向第三人支付 76 000 元租金，可以说明原告对履行该债务具有合法利益。被告与第三人之间签订的承包合同并未约定案涉租金只能由被告王某伟履行，且第三人已经接受原告的履行，故第三人将被告王某伟享有的债权转让给原告。因此，关于原告要求被告王某伟归还其代偿的 76 000 元租金的诉请，法院应该予以支持。因被告未能履行合同的附随义务，被告的行为已构成违约，被告应承担相应的违约责任。

本案中，原告已于 2018 年知悉被告违约的情况，在被告违约后，原告虽然已经函告被告要求其按约履行合同，但原告均没有证据证实其已经将函件送达被告并积极促成解决此事，原告对待被告的违约行为采取了消极放任的态度。被告的违约行为虽然造成了原告不能按期办理林木采伐许可证，但延期承包期间产生的效益却仍由原告享有。而且，根据原告与被告签订的林地合同附件 1 第 4 条约定："承包期的最后一年，如因承包地内营造之活立木未达经济主伐期或砍伐指标或市场木材过剩等原因不能按期砍伐完毕的，允许延长承包时间，但延长时间最多不能超过五年，延长期间土地承包金按承包期满最后一年土地承包金为基数，按实际延长时间计付。土地承包金以五年为一个周期进行调整，五年内的价格不变，满五年后按国家统计局公布的广西壮族自治区居民消费品价格总指数进行调整。"

可见，适度的延期承包在原告的合同预期范围之内。因此，根据公平原则，法院认为延期承包期间产生的租金应由原告与被告共同分担，酌定由被告向原告承担半年的租金损失，但原告因被告违约向第三人支付的违约金 4000 元，应由被告承担。原告向第三人支付了 2018 年 12 月 31 日至 2021 年 6 月 27 日接近两年半的延期承包租金 120 000 元，平均每年租金为 48 000 元/

年，该租金数额与原告 2018 年 6 月 5 日最后一年支付的承包费 44 855.72 元较为接近，亦符合原告与被告林地合同附件 1 第 4 条关于延期租金的约定，法院予以采信。因此，被告王某伟应向原告赔付的租金损失为 24 000 元。

六、思考问题

1. 合同履行中诚信原则应如何贯彻？
2. 诚信履约包含哪些具体义务？

某实业公司与某仪器公司买卖合同纠纷案[1]

一、知识点介绍

（一）选择之债的概念

选择之债，是指可以从约定的几种给付标的中选择一种给付的债。债的关系成立时有数个标的，享有选择权的当事人有权从数个标的中选择其一而为给付的债。选择之债是简单之债的对称。

选择之债包括：①履行标的的选择。例如在实行包修、包换、包退的商品交易中，对于质量不合格的商品，买方有权在要求免费修理，另换合格产品及退货中，对履行标的进行选择。②履行方式的选择。例如一次或分次履行、陆运或水运等方式可供选择。③履行时间的选择。例如定期或不定期、按月按季按年等可供选择。④履行地点的选择。例如可在甲地或乙地履行等。

（二）选择之债的特定

从选择之债的数宗给付中确定一种给付，称为选择之债的特定。选择之债须经特定后，债务才能得到履行。因而选择之债的特定，对于双方当事人极为重要。选择之债的特定有两种方法：一是因合意而特定，二是因行使选择权而特定。

1. 因合意而特定

因合意而特定，即双方当事人协商一致从数个给付中选择一个给付作为债的标的，这时给付得以明确，选择之债即成为简单之债。

---

〔1〕　案例来源：深圳市龙岗区人民法院民事判决书〔2014〕深龙法商民初字第 518 号；深圳市中级人民法院民事判决书〔2015〕深中法商终字第 1742 号。

2. 因行使选择权而特定

选择之债中，享有选择权的人行使选择权，从而在数个给付中确定一种给付，使选择之债成为简单之债。这也是选择之债特定的比较常见的方法。

（1）选择权的归属。选择权可以归属于债权人、债务人或第三人。一般认为，除非法律另有规定或当事人另有约定，选择权属于债务人。选择之债，依据法律的规定而产生者，一般由法律规定其选择权的归属；由当事人约定而产生者，依当事人的约定确定选择权归属；法律无明文规定，当事人又无约定时，权衡债务人与债权人的利益及保证债的顺利履行，选择权属于债务人。

选择权人行使选择权，以一方意思表示确定一种给付，使债成为简单之债，发生法律关系变动，所以选择权为形成权。选择权属双方当事人时，是非专属权，能继承，也能基于债权让与或债务承担而移转于其他承受人；可是当第三人享有选择权时，原则中应由第三人行使，不得转移他人。选择权及债权有附从关系，也不得与债权分离而让与。

（2）选择权的行使。债权人或债务人行使选择权时以意思表示向对方为之，意思表示到达相对人时发生效力，无须相对人承诺。由第三人行使选择权的，大多数国家法律规定第三人须向债权人和债务人为意思表示，可是也有的国家法律规定第三人向债权人或债务人中的一人为意思表示即可，比如日本。第三人所为同一内容的意思表示，同时到达债权人与债务人的，同时发生选择效力，先后到达债权人与债务人的，以后一意思表示到达时发生选择效力；第三人所作的内容相异两个意思表示，无论同时或先后到达债权人与债务人，均不发生选择的效力。

表达选择意思时适用民法关于意思表示规定。当意思表示有瑕疵的时候，如错误与欺诈、胁迫等，能构成选择无效或可变更和可撤销的原因。选择权人为选择意思表示时，能采用明示的方式，也能采用默示的方式。选择意思表示一经到达对方当事人即发生选择的效力，非经债权人与债务人双方的同意，不得随意撤回或变更。债权人或债务人行使选择权，该撤回或变更应征得相对人的同意；第三人行使选择权，该撤回或变更应同时征得债权人和债务人的同意。

（3）选择权的转移。选择权是权利而非义务，所以选择权人并非必须行使选择权，对方当事人更无权强制选择权人来行使选择权。但是，如果选择权人不行使选择权，使选择之债因给付不能确定而无法履行，因此各国法律均规定选择权应于一定期间内行使，选择权人不在规定期间之内行使选择权的，选择权归属他方当事人。选择权行使未定有期限者，清偿期到来时，无选择权的当事人可定相当合理期限催促选择权人行使选择权，选择权人届时仍未选择，选择权归催告的当事人。

当第三人有选择权时，如果第三人不能或不欲选择，选择权归债务人。所谓不能选择指的是第三人因疾病、不在及其他障碍不能选择；所谓不欲选择，是指第三人能选择而不想选择。第三人不欲选择时，应将此意思表示于外部，这个时候无须债权已届清偿期，也无须当事人对第三人限期催告，债务人即享有选择权。

（4）选择的效力。依选择权人选择，选择之债成为简单债，但不一定是特定之债。如果所选定给付物，系以种类指示，该履行仍然要依种类之债的有关规定，仍需加以特定。

选择的效力不仅向未来发生，而且溯及债的关系发生之时。债权人有选择权的，比如在因债务人应负责之事由导致给付不能时，债权人仍有权选择已经不能的给付，请求赔偿因给付不能而受到的损失；债务人有选择权的时候，如因债权人应负责的事由导致给付不能时，债务人仍有权选择已经不能给付，从而免除其债务。

二、基本案情

2013 年 8 月 13 日甲方某实业公司、乙方某仪器公司签订某实业公司电梯维修培训设备采购合同（以下简称采购合同），约定某仪器公司向某实业公司供应：①三层模拟电梯系统 2 套；②电梯轿厢门安装与调整实训设备 6 套；③电梯厅门安装与调整实训设备 4 套。合同总价款为 338 102 元，交货时间为签订合同后 90 天内。货款支付方式为：合同签订后 30 日内支付合同总金额的 50%，通过验收后 30 日内支付 45%，质保期满后如无质量问题，30 日内支付 5%。该合同第 9 条为违约责任条款，其中第 9 条第 4 项约定：乙方不能交付设备的，乙方将向甲方支付设备总值 10% 的违约金；第 5 项约定：乙方逾期未交付设备的，乙方向甲方每日偿付设备款 1‰违约金。

签订合同后，某实业公司于 2013 年 8 月 16 日向某仪器公司支付 169 051 元。因某仪器公司未在合同期限内向某实业公司交付设备，某实业公司于

2013 年 11 月 20 日向某仪器公司发出履行合同催告函，要求某仪器公司履行合同。2013 年 11 月 21 日，某仪器公司向某实业公司发出回复函称预计在 2014 年 1 月 20 日送货并安装完毕。2013 年 11 月 29 日，某实业公司又向某仪器公司发出履行合同告知函要求某仪器公司尽快履行合同。

2014 年 2 月 25 日，某仪器公司向某实业公司发出承诺函，承诺某仪器公司将在 2014 年 4 月 28 日前将所有设备货物运送至某实业公司指定地点并安装调试完毕，如有违约，将按合同中签订的违约条款处理。该承诺函后附附件，对合同违约条款作了变更，其中第 9.2 条约定某仪器公司未能按时交货，每拖延一天，须向某实业公司支付合同金额 1% 的违约金，同时某实业公司有权解除合同。

2014 年 6 月 18 日，某实业公司委托律师向某仪器公司发出律师函，称因某仪器公司迟迟未能交货，故解除某实业公司与某仪器公司签订的采购合同，并要求某仪器公司予以赔偿。2014 年 6 月 23 日，某仪器公司向某实业公司返还设备款 169 051 元。

某实业公司提起诉讼，请求法院判令某仪器公司向某实业公司支付违约金 101 430 元。

三、争议问题与判决

（一）争议问题

原告是否有权要求被告同时承担两种违约金责任？

（二）法院判决

广东省深圳市龙岗区人民法院一审经审理认为：某实业公司、某仪器公司之间签订的采购合同系双方当事人真实意思的表示，法院予以采信。根据该合同的约定，在某仪器公司不能交付设备的情况下，某仪器公司应向某实业公司支付设备总值 10% 的违约金。而某仪器公司于 2014 年 2 月 25 日出具的承诺函系某仪器公司真实意思的表示，某仪器公司亦予以确认，法院予以采信。

该承诺函附件加盖有某仪器公司印章，且附件写明为第 9 条，该条目与采购合同中违约责任条款条目一致，均系第 9 条，故可以认定该附件系对采购合同第 9 条违约责任条款的变更与明确，故对该附件的内容，法院予以采信。但该附件中仅对某实业公司迟延付款、某仪器公司迟延交货、某实业公司无正当理由拒收货物、某仪器公司交货不符合约定、某仪器公司因客观原因需对部分设备进行调换等违约责任予以约定，并未就某仪器公司不能交付货物的违约责任作出新的约定，故对某实业公司主张某仪器公司因不能交付货物所产生的违约责任，一审法院认为应依照采购合同第9条第4项的约定计算违约金。

根据该项约定，某仪器公司应向某实业公司支付设备总值10%的违约金即33 810.2元，对于某实业公司主张中超出该部分的诉讼请求，一审法院不予支持。龙岗区人民法院一审判决：某仪器公司向某实业公司支付违约金33 810.2元，驳回某实业公司的其他诉讼请求。

某实业公司不服一审判决，向广东省深圳市中级人民法院提起上诉请求：①将本案发回重审或依法改判为某仪器公司在判决生效之日起3日内向某实业公司支付违约金人民币101 430元；②判令本案诉讼费用由某仪器公司承担。

主要理由是：

（1）一审法院认定事实错误。①某实业公司的诉请包括了两部分违约金，即逾期交付的违约金和不能交付的违约金，一审判决仅审理了后者，而对前者只字未提。②一审判决查明事实部分提及采购合同第9条第5项约定"乙方逾期未交付设备的，乙方向甲方每日偿付设备款1‰违约金"，但是没有注意到2014年2月25日承诺函附件对未能按时交货的违约责任作出了新的约定，即"乙方未能按时交货，每拖延一天，须向甲方支付合同金额的1%的违约金，同时甲方有权解除合同"。③一审判决遗漏认定了因某仪器公司违约而给某实业公司造成的损失（包括培训费损失、电梯搬迁及安装费用损失等）这一重要事实。④某实业公司一审诉讼请求包括了两部分违约金，其中提到逾期交付的违约金计算下来是246 476元，但一审判决没有提及该部分逾期交付违约金。

（2）一审法院适用法律错误。①采购合同约定了两种违约情况下（逾期交付和不能交付）分别计算其违约金的方法，并不违反法律规定。②某仪器公司数次拖延交货时间，最终却是一再失信，直至被解除合同，其逾期交付行为已经给某实业公司造成了超过10万元的经济损失。一审判决无视合同约定，对于某实业公司关于逾期交付违约金的请求置之不理，只支持了不能交付的违约金，显然无法弥补某实业公司的损失，有违公平原则。

被上诉人某仪器公司主要答辩意见：该公司只存在不能交付的违约情况，因为只有不能交付这个违约事实，一种违约事实不能按照两种违约责任支付违约金。而且在2013年11月29日某实业公司回复某仪器公司的履行合同告知函里对于某仪器公司所提到的要延期交付设备，某实业公司没有提出任何异议，该公司回复只是说要求某仪器公司尽快履行合同，如果再不能按照某仪器公司的回复函履行合同的话，将追究违约责任。该复函可以证实双方当事人已经就延期交付设备作出了变更条款。因此，一审判决没有错误。

本案一审审理时，某实业公司未明确其主张的违约金性质。二审审理时，某实业公司确认按照某仪器公司逾期交付货物来计算违约金。

深圳市中级人民法院经审理认为：某实业公司与某仪器公司签订的采购合同合法有效，双方当事人均应遵照履行。某实业公司已依约向某仪器公司支付了50%的货款169 051元。采购合同约定，某仪器公司应于2013年8月13日合同签订后的90天内交货，某仪器公司在2014年2月25日发给某实业公司的承诺函中承诺在2014年4月28日前送货，并在附件中对合同违约条款作了变更，某实业公司对此未提出异议，应视为双方当事人对送货时间及违约条款达成了新的约定，承诺函及附件构成采购合同的一部分。

但某仪器公司一再违背自己的诺言，逾期未履行送货义务，已经构成根本违约，某实业公司有权解除合同，并要求某仪器公司承担违约责任。采购合同及承诺函附件同时约定了两种违约金计算方式，即不交货的违约金及逾期交货的违约金。因本案合同被解除系由某仪器公司逾期交货造成，且在违约行为同时符合两种违约责任的情况下，作为守约方有权选择适用何种违约责任，故本案应以承诺函附件第9.2条约定的违约责任条款计算违约金。

某仪器公司在承诺函中承诺的最后交货期限为2014年4月28日，合同自某实业公司向某仪器公司送达律师函之日即2014年6月19日解除，故按照承诺函附件第9.2条计算的逾期违约金为202 861.2元（60天×1%/天×338 102元）。因该逾期违约金过分高于某实业公司遭受的损失，且某实业公司并未按照上述金额主张违约金，其诉请的违约金101 430元未超过合同金额的30%，故二审法院确认某仪器公司因其违约行为应向某实业公司支付违约金101 430元。

二审法院认为一审判决认定事实清楚，但适用法律错误，依法应予以纠正。深圳市中级人民法院二审判决：撤销一审判决，某仪器公司向某实业公司支付违约金人民币101 430元。

四、关联法条

《民法典》第 515 条

标的有多项而债务人只需履行其中一项的，债务人享有选择权；但是，法律另有规定、当事人另有约定或者另有交易习惯的除外。

享有选择权的当事人在约定期限内或者履行期限届满未作选择，经催告后在合理期限内仍未选择的，选择权转移至对方。

《民法典》第 516 条

当事人行使选择权应当及时通知对方，通知到达对方时，标的确定。标的确定后不得变更，但是经对方同意的除外。

可选择的标的发生不能履行情形的，享有选择权的当事人不得选择不能履行的标的，但是该不能履行的情形是由对方造成的除外。

五、学理分析

本案中，合同同时约定了逾期交货违约金、不交货违约金两种违约金条款。因卖方严重逾期未交货构成违约（原因行为），导致合同被解除，卖方又实际存在不交货的违约行为（结果行为），同时符合逾期交货与不交货两种违约金责任的构成要件，从而产生违约责任竞合，这种情况下应赋予守约方（买方）对违约金条款（即违约之债）的选择权。

1. 守约方享有选择权符合当事人意思自治原则

意思自治，又称私法自治、契约自治，是指在私法领域，每个人得依其自我意志处分其有关私法事务。意思自治起源于罗马法，被称为罗马契约法上的"巨大的道德进步。"意思自治是指在民事生活领域，要获得权利、承担义务，进行一切民事行为，完全取决于当事人自己的意思，不受国家和他人的干预。合法有效的民商事合同本身即为各方当事人理性磋商的产物，在合同中同时订立两种不同违约金条款也是当事人各自基于利益最大化的考量，不断博弈、互相妥协，最终达成的合意。当两种违约金条款适用的条件都成就时，由守约方选择适用其中一种，不违背双方当事人订立合同时的本意，符合意思自治的原则。

2. 守约方享有选择权体现了补偿和惩罚的双重属性

违约金用以填补遭受违约行为损害一方的损失，是违约金固有之义和基本属性。同时，违约金的惩罚功能亦有其正当性和必要性。我国司法实践对违约金的适用则遵循"补偿为主，惩罚为辅"的原则。从补偿损失的角度看，由守约方选择于己有利的违约金条款，能够最大限度地补偿因对方违约招致的损失。违约金条款具有简化损害举证的优势，可使损失中难以证明或者难以计算的部分亦能够得到赔偿。从惩罚违约的角度看，违约一方在合同约定的范围内承担不利后果都是其可预见并应通过积极履约去避免的，既成违约事实后，被动接受并承担相对方对违约责任方式的选择，也是惩罚违约应有之义。如此，方能最大限度地发挥违约金补偿损失和惩罚违约的功能。

3. 守约方享有选择权是诚实信用原则的要求

诚实信用是市场经济活动中形成的道德规则，它要求人们在市场活动中讲究信用，恪守诺言，诚实不欺，在不损害他人利益和社会利益的前提下追求自己的利益。诚实信用原则为一切市场参与者树立了诚实守信的道德标准，准确反映了市场经济客观规律的要求，是现代民法的一项基本原则，被称为帝王条款。诚实信用原则要求合同当事人均应忠实履行合同义务，对守约行为予以保护和倡导，对违约行为予以否定和制止。守约方能够选择违约金条款，展现了对其行为的肯定、对其利益的保护。相应地，违约方被剥夺选择权，是其为不诚信行为付出的代价。如此，方能树立正确的价值导向，敦促合同当事人最大程度地遵循诚实信用原则。

4. 由守约方进行选择更能实现实质公平

本案中，逾期交货违约金高于不交货违约金，似乎有悖常理，实则不然。严重逾期履行义务造成的损害有时候比直接拒绝履行义务造成的损害更大。如果某仪器公司在订立合同伊始即明确表示客观不能或主观不愿履行合同，则某实业公司便能够及时终止合同、采取补救措施减少损失，而不是一味地被拖延浪费时间。因此，本案由某实业公司在逾期交货违约金与不交货违约金之间做出选择，更显公平合理。

本案违约责任（违约金条款）竞合产生的原因系特定条件下违约行为性质发生转化，导致同一违约行为符合两种不同违约金条款的约定。一个行为不能被评价两次即禁止重复评价，是刑事追责的基本原则，同样适用于民事追责。违约责任与侵权责任竞合时当事人只能主张其一，定金罚则与违约金条款不能同时适用，均是上述原则的体现。

对于本案的违约行为，违约方仅能被克以一种违约责任方式（包括违约金计算方式），而守约方有权亦有义务对其主张的违约金条款做出选择。某实业公司上诉要求某仪器公司同时承担两种违约金责任，于法无据。在二审法院释明后，某实业公司明确了其适用的违约金条款，二审法院据此作出判决是正确的。

六、思考问题

1. 在选择之债是违约金时，享有选择权的一方应如何正确行使选择权？
2. 合同违约金条款发生重合时应如何正确主张违约责任？

珠海某控股公司与某进出口公司
债权转让合同纠纷案^{〔1〕}

一、知识点介绍

连带债务是指债务人有两个或两个以上，因全体债务人之间存在有连带关系，各债务人都负有全部偿付的义务，债务人中的一人或数人的完全偿付，对全体债务人生效，因而导致全部债的关系消灭的债务。或者可以简单地说，数人负同一债务，对于债权人各负全部给付义务者，为连带债务。

连带债务的核心是连带债务人之间的连带关系。连带关系是连带债务产生的法律依据。所谓连带关系，就是法律规定或当事人约定的一种法律关系。在该关系中，多数债务人中一人或数人所发生的事项，效力及于全体债务人。因此，连带债务关系中的债权人，可以对债务中的一人、数人或全部，同时或先后请求全部或部分履行债务。每一个债务人都有向债权人全部清偿的义务，而且只要债务没有清偿完毕，则任一个债务人无论是否应债权人的请求清偿过债务，也无论他自己应分担的债务是否履行完毕，对于还没有清偿的债务都有清偿义务。

二、基本案情

珠海市某食品厂与某进出口公司于 1998 年 5 月 25 日签订《合建商住楼合同》，食品厂出地，某进出口公司出资，以某食品厂名义兴建商住楼。合同

---

〔1〕 案例来源：广东省珠海市中级人民法院民事再审判决书民再第 16 号。

约定：商住楼建成后，各分一半房产。工程款债务由某进出口公司承担。商住楼建成后，房产按约定进行了分配。

2004年6月1日，因拖欠工程款，某食品厂被判决支付施工单位工程款2 489 382.41元。上述工程款案件的判决于2004年6月7日生效后，施工单位申请执行。2004年7月5日，珠海市某食品厂经珠海市国有资产管理局授权，某食品厂的资产管理人珠海某控股公司通过企业股份制改造将某食品厂的股份以7 343 408.86元转让给食品厂原职工，之后某食品厂更名为某升公司。

2005年，某升公司以工程欠款属于企业改制遗漏债务，根据改制协议应当由珠海某控股公司承担为由，向法院提起诉讼请求珠海某控股公司承担上述工程款。法院判决某升公司在实际承担债务金额范围内有权向珠海某控股公司请求偿还。

判决生效后，某升公司亦向法院申请强制执行。法院对工程款执行案和某升公司申请执行案合并执行，由珠海某控股公司直接向前一个执行案中的施工单位支付工程欠款及相关费用，2007年9月10日执行完毕。某进出口公司已经被吊销营业执照未清算，在诉讼中称由于财务资料不存在，已经无法清算。2007年7月，珠海某控股公司起诉某进出口公司要求偿还其已经支付的执行款，并要求某进出口公司的股东承担连带责任。

三、争议问题与判决

(一) 争议问题

本案所涉债务是否属于连带债务？

(二) 法院判决

一审法院认为，珠海某控股公司与某升公司没有签订具体的债权转移协议，但可以根据2007年6月8日，某升公司署名的《通知》中确定某升公司在2007年6月有向珠海某控股公司转让合同权利的事实，债权转让在珠海某控股公司与某升公司间具有法律效力，珠海某控股公司与某升公司的债权转让的效力已及于某进出口公司，某进出口公司有依法向新的债权人承担债务清偿的义务。但根据2004年6月1日的生效判决，某升公司自此可依据合同关系向某进出口公司主张权利，有关诉讼时效自此起计算，然而直到2007年6月8日某升公司才邮发转让通知，自2004年6月至2007年6月已达三年时间，已超出工程款主张权利的二年诉讼时效。因此驳回了珠海某控股公司的诉讼请求。

二审法院认为，某进出口公司与珠海某控股公司之间不存在直接利害关系，且无证据显示某进出口公司因取得不正当利益而造成珠海某控股公司损失，对珠海某控股公司主张其追偿权来源于不当得利的理由予以否定。二审同时认为珠海某控股公司的上诉请求即使成立也超过时效。故驳回上诉，维持原判。

珠海某控股公司不服，申请再审。广东省高级人民法院指令珠海市中级人民法院再审。再审判决认为：依据企业股份合作制改造关系，某进出口公司无需向一审第三人某升公司承担任何责任。申请再审人珠海某控股公司与某进出口公司之间不构成代偿关系。珠海某控股公司本身对遗漏债务存在过错，自身就是此种责任的终局承担者，认定珠海某控股公司不能向某进出口公司行使追偿权，驳回珠海某控股公司的再审申请。

四、关联法条

《民法典》第 518 条

债权人为二人以上，部分或者全部债权人均可以请求债务人履行债务的，为连带债权；债务人为二人以上，债权人可以请求部分或者全部债务人履行全部债务的，为连带债务。

连带债权或者连带债务，由法律规定或者当事人约定。

《民法典》第 519 条

连带债务人之间的份额难以确定的，视为份额相同。

实际承担债务超过自己份额的连带债务人，有权就超出部分在其他连带债务人未履行的份额范围内向其追偿，并相应地享有债权人的权利，但是不得损害债权人的利益。其他连带债务人对债权人的抗辩，可以向该债务人主张。

被追偿的连带债务人不能履行其应分担份额的，其他连带债务人应当在相应范围内按比例分担。

《民法典》第 520 条

部分连带债务人履行、抵销债务或者提存标的物的，其他债务人对债权人的债务在相应范围内消灭；该债务人可以依据前条规定向其他债务人追偿。

部分连带债务人的债务被债权人免除的，在该连带债务人应当承担的份额范围内，其他债务人对债权人的债务消灭。

部分连带债务人的债务与债权人的债权同归于一人的，在扣除该债务人应当承担的份额后，债权人对其他债务人的债权继续存在。

债权人对部分连带债务人的给付受领迟延的，对其他连带债务人发生效力。

五、学理分析

1. 本案的债务属于不真正连带债务

不真正连带债务是指多数债务人就基于不同发生原因而偶然产生的同一内容的给付，各负全部履行之义务，并因债务人之一的履行而使全体债务人的债务均归于消灭的债务。

不真正连带债务具有以下特征：①不真正连带债务的债务人是二人以上的多数；②不真正连带债务的债务是基于同一事实发生的两个债务；③两个以上的债务在内容上相互重合；④在相互重合的债务中只需履行一个债务即可实现债权人的权利。本案债务符合不真正连带债务的法律特征。

本案的债务是工程款债务，根据某食品厂（更名后的某升公司）与某进出口公司签订的合建商住楼合同，该债务的真正责任方是某进出口公司。某升公司在承担［2003］珠中法民二终字第477号、第478号两份判决确定的工程款债务后，其有权基于企业股份制改造合同约定要求珠海某控股公司承担遗漏债务的赔偿责任，也可以基于合建商住楼合同约定要求某进出口公司承担违约赔偿责任。珠海某控股公司与某进出口公司均负有向某升公司承担支付工程款的责任，而只是该债务分别基于不同的法律事实而产生，无论是珠海某控股公司还是某进出口公司一方的履行行为都可以使某升公司的债权得到满足。珠海某控股公司与某进出口公司之间成立不真正连带债务，彼此为某升公司的不真正连带债务人。某升公司依据企业股份制改造合同起诉珠海某控股公司，是其在不真正连带债务法律关系下诉权的正确行使。

2. 某进出口公司为本案不真正连带债务的终局责任人，珠海某控股公司在履行债务后有权向终局责任人追偿

某升公司所承担的［2003］珠中法民二终字第477号、第478号两判决的责任，其来源是与某进出口公司合建商住楼项目的工程款。根据某升公司与某进出口公司签订的《合建商住楼合同》及《补充协议》的约定，某进出

口公司是该工程款债务的终局责任人，并不产生免除某进出口公司终局责任义务的效力。珠海某控股公司履行［2005］珠中法民二终字 125 号判决责任后，某升公司的债权消灭效力仅及于其与某进出口公司，但在不真正连带债务人之间，珠海某控股公司取得了对终局责任人某进出口公司的追偿权，以保证非终局债务人的珠海某控股公司的合法权益获得保护。再审判决否认珠海某控股公司是代偿某进出口公司的债务是错误的。

再审判决从遗漏债务存在过错出发认为珠海某控股公司是该责任的"终局承担者"，明显与不真正连带债务的法理不符。根据某升公司前身某食品厂《产权转让合同书》约定，企业股份合作制改造产权转让基准日是 2000 年 6 月 30 日，而产生遗漏债务的［2003］珠中法民二终字第 477 号、第 478 号两份判决起诉时间是在 2003 年，也即某升公司改制时该债务并未产生，珠海某控股公司对该债务的产生并不存在过错。而恰恰是因为某进出口公司没有承担其应当承担的合同义务，导致后来某升公司被诉并被判决承担了责任，继而导致某升公司向珠海某控股公司主张承担责任。把"过错者不能从自身的过错中获得利益"的法律规则用在珠海某控股公司身上恰恰用反了。

3. 股东对某进出口公司所涉债务应承担连带责任

诉讼之前，某进出口公司因未年检被吊销营业执照。在诉讼中，珠海某控股公司主张某进出口公司股东对某进出口公司的债务承担连带责任。理由是股东表示公司由于账本缺失已经无法清算。根据《最高人民法院关于适用〈中华人民共和国公司法〉若干问题的规定（二）》第 18 条第 2 款规定："有限责任公司的股东、股份有限公司的董事和控股股东因怠于履行义务，导致公司主要财产、账册、重要文件等灭失，无法进行清算，债权人主张其对公司债务承担连带清偿责任的，人民法院应依法予以支持。"珠海某控股公司主张股东对某进出口公司的债务承担连带责任的理由成立。

通过本案可以发现，连带债务的一项制度价值是降低交易风险，促进交易发展。由于某些交易的高风险性使交易者在交易中承担巨大的风险。交易者因惧怕风险而不敢涉足这类交易，这就影响这类交易的进行和发展，但是社会需要这类交易的进行和发展。连带债务的出现正好降低了某些高风险交易的风险度，交易者在设置连带债务这种债务人之间的保证后就可以在低风险的情况下从事这类交易。交易也就随之发展起来，交易的发展促进了社会商品经济的发展和活跃。

连带债务的另一项制度价值是最大限度地保证债权人的债权能得到充分、及时的实现。债权作为一种请求权，对人权，没有排他性，也没有追及权。债权无法跨越"债务人履行"这一环节而得到实现。由于商品交换，财产流转过程中存在着时间和空间上的距离，如果债务人因客观原因而丧失履行能力，或因主观原因而不履行，债权就难免落空。然而，在权利本位的社会中，债权代表着社会发展的价值取向，法律对债权所面临的各种威胁不能熟视无睹，而要竭尽其保护之功能，保证债权的实现。连带债务人正好承担了保证债权实现的责任。连带债务的债务人之间的连带关系实际上就是连带债务人之间的相互保证与被保证关系，即连带债务人之间互为保证人。这就为债权人的债权加了一道保险，使债权人的债权实现更有保障。

因此归纳起来，连带债务的构成应具备以下要件：

（1）债务人是两个以上具备完全民事行为能力的自然人或法人。连带债务人必须同时具有完全民事行为能力，能独立承担民事责任，是具有平等民事法律地位的民事主体。因此，无民事行为能力人和限制民事行为能力人不具备连带债务的主体资格。在连带债务的产生原因中，有意定原因和法定原因两种。在意定之债中，无民事行为能力人不具备设立债的关系的主体资格，不能成为连带债务人。而限制民事行为能力人虽可以订立同自己意思相符的债，但这些债的关系比较简单，而且标的额也不大。而连带之债属于债权债务关系十分复杂的债，根据限制民事行为能力人意识发育水平是没有资格设立这种债的。在法定之债中，无因管理和不当得利不是连带债务产生的原因。无民事行为能力人和限制民事行为能力人虽可成为无因管理和不当得利之债的主体，但这种债不是连带之债。共同侵权是构成连带债务的原因之一，但侵权行为之债主体须具备民事行为能力。无民事行为能力人或限制民事行为能力人和完全民事行为能力人共同实施侵权行为，不构成共同侵权行为之债的主体。因此，缺乏民事行为能力者亦不能成为因侵权行为而产生的连带债务的主体。总之，无民事行为能力人和限制民事行为能力人不能成为连带债务的主体。

（2）两个以上债务人所负债务须具有同一目的。连带债务人中每一成员都有向债权人清偿债务的义务。换言之，每一个债务人都有义务满足债权人的请求，使其债权得以实现。从反面讲，虽然每一个债务人都负全部给付的义务，但是，只要有一次全部给付，其他债务人的债务就归于消灭。实际上，虽然每个债务人均负全部给付义务，但只需其中一个债务人的全部给付，债务就归于消灭。就是因为多数债务人因此共同目的而结合，每一个债务人的债务都不过是为了达成共同目的的手段。由此可见，不管给付的内容是否同一，各债务必须具备共同目的。所以，只要有一个债务人的全部清偿，债权人的目的就可达到，其他债务人的债务就失去了存在的理由而归于消灭。所谓的共同目的是指连带债务对债权的确保和满足。各债务人按照法律规定和当事人约定，为达到此目的而相互结合，形成连带关系。因此，数个债务人的连带关系是他们债务共同目的的实现形式。因这种连带关系的产生原因既有法定原因，又有意定原因。因此，无论多数债务人对他们的债务是否意识到，只要他们之间存在连带关系，就可认定具有共同目的。一般来讲，因意定而产生的连带债务，其债务人一般都能意识到共同目的的存在。但是，因法定原因而产生的连带债务，债务人就不一定意识到共同目的的存在。不过，无论其是否意识到共同目的的存在，只要他们共同目的的实际存在就产生他们之间的连带债务。如果，数个债务人的债务缺乏共同目的，那么他们的债务就是数个单一债务或不真正连带债务。

（3）债务标的须为同一。标的不同一不能成立连带债务。例如，对同一债权人，甲负金钱给付义务，乙负特定物给付义务，丙负劳务给付义务，不可成立连带债务。至于标的是否可分，学者有两种观点：一为肯定说，认为既然债权人可请求其一连带债务人为一部分给付，如果标的不可分，一部分给付就无法实行。二为否定说，认为依当事人的意思，各负不可分债务时，仍可成立连带债务，只不过债权人不得请求一部分给付而已。标的是否可分，并不影响连带债务的成立。债权人可以请求连带债务人中的一人或数人为部分或全部给付。连带债务人在给付标的之前，其给付份额是不确定的，因债权人可请求为部分或全部标的的给付。从这方面说，连带债务的标的是可分的。这只是连带债务的对外效力，在连带债务人内部，其给付标的的份额应是确定的。

（4）债务人之间须具备连带关系。这种连带关系，是指数个债务人中一人发生非个人利益的事项，其效力及于其他债务人。这种"连带"应属性质上的连带。这决定了数个债务人中有清偿全部债务的，其他债务人的债务就归于消灭，也决定了发生在部分债务人上的清偿、提存、抵消、免除、时效完成会使债务部分或全部消灭，其效力及于其他债务人。如果仅仅是数额上的连带，是不会发生这些效力的。

六、思考问题

连带债务和不连带债务有何本质区别？

某控股有限公司与王某綩等破产撤销权纠纷案[1]

一、知识点介绍

利他合同为涉他合同的一种。涉他合同是指合同内容、合同效力等涉及第三人的合同。在涉他合同中，若是合同权利涉及第三人，则为利他合同，又可称为第三人利益合同、向第三人给付的合同、使第三人取得债权的合同、为第三人利益订立的合同等。若是合同义务涉及第三人，则为负担合同，又称为第三人给付合同。所谓利他合同，是指合同当事人一方不为自己设定权利，而为第三人设定权利，并约定使他方当事人向第三人履行义务，第三人由此而取得直接请求履行权利的合同。

1. 对于第三人的效力

利他合同成立后，第三人就享有合同的权利。该权利不是因第三人承诺或债权人代理或转让取得的，而是第三人依利他合同直接取得的，是第三人依合同对债务人所享有的固有权利。合同当事人虽可以为第三人设定权利，但不能强迫第三人接受该权利。因此，第三人的权利因其同意接受而确定。在第三人权利没有确定前，当事人可以变更或撤销第三人利益合同。

第三人接受权利的意思表示，可以采取明示的方式，也可以采取默示的方式，可以由第三人为之，也可以由第三人的继承人为之。但该意思表示应向谁作出，则有不同认识。日本、瑞士等民法规定，第三人接受权利的意思表示应向债务人作出。如《日本民法典》第 537 条第 2 款规定："第三人的权利，于其对债务人表示享受契约利益时的意思时发生。"德国、法国等国民法

---

〔1〕 案例来源：浙江省宁波市中级人民法院民事判决书［2021］浙 02 民初 2583 号。

典则没有明确规定。第三人可以向债权人或债务人中的任何一人作出接受权利的意思表示。因为债权人和债务人同为合同当事人，向任何一方表示应具有同等效力。第三人表示接受权利后，于合同所规定的范围内，享有债权人的权利，有权直接请求债务人履行义务，有权请求不履行义务的债务人承担违约责任，有权就其权利进行转让、抵销、免除等。但第三人并不是合同当事人，所以，他不享有变更或解除合同的权利，即使合同有撤销的原因，第三人也不得撤销合同。一般来说，当事人只能为第三人设定权利，不能设定义务。但这不等于第三人只享有权利，不承担义务。第三人对与其实现权利有关的义务必须承担。如收货人按规定领取货物，即为履行一定的义务。

第三人不接受权利，亦应作出不接受的意思表示，该意思表示依《德国民法典》第 333 条规定应向债务人作出。与第三人接受权利的意思表示一样，第三人不接受权利的意思表示亦可以向债权人或债务人中的任何一方为之。第三人表示接受权利后，能否再为不接受的意思表示？有两种观点：一种认为，第三人表示享受利益的意思后，不得再为不欲受益的意思表示，另一种认为，第三人表示享受利益之意思后，非经债务人同意，不得再变为不欲享受利益之意思表示。后一种观点相对而言更可取。因为，利他合同中，债权人不能强迫第三人接受或不接受其权利。而债务人作为履行合同义务的人，第三人表示接受权利后，往往为向第三人履行做了必要的准备工作，如不经债务人同意，则可以导致债务人遭受损害。

第三人表示不接受权利后，对当事人有何效力？一种观点认为，第三人对于契约当事人的一方表示不欲享受契约的利益，视为自始未取得权利，由契约所发生的权利自始归于无效。另一种观点认为，第三人表示不接受权利的，视为自始未取得权利。第三人不接受权利，视为自始未取得权利是正确的。对此，《德国民法典》第 333 条规定，第三人对立约人拒绝因契约而取得的权利时，视为自始未取得权利。但是，由合同所产生的权利并不能归于无效。国内学者一般认为该权利应由为第三人利益订立的合同当事人享有，除此之外，当事人还可以重新指定第三人。

2. 对债权人的效力

依利他合同，债权人有权请求债务人向第三人履行，但不能请求债务人向自己履行。债权人的这种权利与第三人的权利是内容不同的两种权利，而非连带债权。在债务人不履行义务时，第三人可以请求债务人承担违约责任，固无疑问。问题在于，债权人是否也得要求债务人向自己承担违约责任。对此，学说上有不同的主张。一种观点认为，债务人原只对第三人负有给付义务，无自己不履行义务的结果致使其向二人为给付义务的理由。也有观点认为，债权人有请求债务人向第三人履行义务的权利，所以当债权人因债务人不向第三人履行义务而受损害时，亦得请求赔偿。在债务人不履行义务时，债权人可以要求债务人向自己承担违约责任，但应当予以严格限制，否则将有失公平。因为，债权人既然有权要求债务人向第三人履行义务，则债务人不履行这种义务，即对债权人产生违约。但因债务人应向第三人承担违约责任，所以，债务人自己不应再向债权人承担与向第三人承担的违约责任内容相同的违约责任。然而，若债务人不履行义务给债权人造成损害的，则债务人应向债权人承担违约责任。

利他合同成立后，若发生法定事由，债权人可否解除合同？理论上有不同的看法。有人主张，债权人不必为了第三人利益而剥夺自己的利益，所以，若发生法定事由，债权人可以解除合同。有人则主张，债权人虽可以行使解除权，但应受限制，以免影响第三人的利益。为保护第三人的利益，在第三人同意的情况下，应当允许债权人解除合同。这种主张也是德国、日本、瑞士民法的通说。

3. 对债务人的效力

依利他合同，债务人应向第三人履行义务。向第三人履行义务，同时也是对债权人履行义务。如果债务人不履行义务，应向第三人及债权人承担违约责任。因债务人向第三人履行的义务由合同而产生，故债务人对于因合同所产生的一切抗辩，均可以对抗第三人。如《德国民法典》第 334 条规定："立约人得以契约所生的一切抗辩，对抗第三人。"《日本民法典》第 539 条规定："基于第 537 条所载契约而生的抗辩，债务人可以以之对抗受契约利益之第三人。"但债务人的抗辩仅以由合同产生的为限，非因合同所产生的抗辩。如对债权人抵销的抗辩，则不得对抗第三人。

债务人向第三人履行义务后，若补偿关系已不存在，则债务人可以依不当得利请求返还。但债务人应向谁请求返还，不无争议，如向第三人请求说、向债权人请求说、对价关系有偿说等。债务人应向债权人请求返还。因为债务人系依与债权人之间的合同向第三人履行义务的。但若补偿关系和对价关系均不存在，债权人应向谁请求返还不当得利呢？一种观点认为，债务人可直接请求第三人返还不当得利，是为直接请求说，另一种观点认为，债权人对第三人享有不当得利请求权，从而债务人得依不当得利之规定向债权人主张返还其对第三人之不当得利请求权，是为双重请求权说。后一种观点相对更可取的。它强调履行关系，符合不当得利的基本原则，兼顾了当事人的利益。

二、基本案情

某投资有限公司为一家在香港注册的公司，FILEY INNEST & TRADE INC（以下简称 FIT 公司）为一家在英属维尔京群岛注册的公司。远洋控股和上海锐盈均为中国公司。王某统、王某杰、王某峰（以下简称"王某统等3人"）均为中国公民。王某统等3人分别持有 FIT 公司61%、26%、13%的股份，FIT 公司和王某统又分别持有某投资有限公司70%和30%的股份，而某投资有限公司又持有上海锐盈100%股份。2014 年 4 月 28 日前，上海锐盈已经获得宗地号为外高桥保税区 51 街坊 1/2 丘的国有土地使用权，并且已经被核准在该地块上建设上海华盈国际贸易有限公司商办综合楼项目。远洋控股或其指定境外关联公司拟通过收购王某统持有的某投资有限公司 30%股权，以及收购 FIT 公司全部股权的方式，收购某投资有限公司 100%股权，从而间接收购上海锐盈100%股权，以及收购王某统对某投资有限公司的债权，并通过上海锐盈享有前述目标项目之国有土地使用权及房地产开发权。

2014 年 4 月 28 日，某投资有限公司、FIT 公司、王某统等3人与远洋控股、上海锐盈签订了上海华丰自贸 1 号项目合作框架协议（以下简称合作框架协议），约定远洋控股受让 FIT 公司 100%股权和王某统对某投资有限公司的 30%股权、原股东债权以及一切与 FIT 公司、某投资有限公司、目标土地项目相关的权益，总价款为 483 510 390 元（人民币，下同，含 105 820 124.65 元原股东债权金额，剩余部分作为股权转让价款，其中远洋控股受让 FIT 公司 100%股权的作价为 264 383 185.75 元，受让某投资有限公司 30%股权的作价为 113 307 079.60 元）。

合作框架协议第七章特别约定第 20 条约定："各方同意，目标项目建成后，上海锐盈应预留主楼 10—12 三层约 3000 平方米及西配楼 3—4 两整层约 3400 平方米，共计约 6400 平方米（按最终销售图纸实测面积，以下简称预留物业）给某控股有限公司或其指定方关联公司，主楼由某控股有限公司自行用于总部办公（仅当上海锐盈将主楼物业全部对外销售，则某控股有限公司方有权将该 3000 平方米主楼物业对外销售），并预留地下室 2000 平方米储藏室（地下东北角，不影响公共使用，具体位置见图纸。如根据相关规定及目标项目实际情况能办理产权证的，则应办理某控股有限公司或其指定方名下的产权证）给某控股有限公司用于形象展厅。"第 21 条约定："在目标项目建成之日（以目标项目竣工验收之日为准）起三个月内，某控股有限公司或其指定关联公司有权要求回购上述预留物业。预留物业回购价格为该物业综合开发成本，包括土地价格、建设费用、资金成本以及交易产生的相关税费。如果某控股有限公司或其指定关联公司未在上述期间内要求回购预留物业，则自上述期间届满之日起某控股有限公司或其指定关联公司不再享有回购权，上海锐盈有权对外销售上述预留物业。如在回购期内，上海锐盈将此预留给某控股有限公司或其指定方回购的物业擅自对外销售，上海锐盈应赔偿给某控股有限公司 1.5 亿元，远洋控股同意对此赔偿款支付承担连带责任。"

2014 年 4 月 29 日，某控股有限公司与王某姚等 3 人签订了一份关于指定行使回购权协议，约定王某姚等 3 人于回购期内通过向某控股有限公司发出书面指令指定某控股有限公司或其他关联公司行使预留物业的回购权，某控股有限公司对该书面指令应无条件地、不可变更地予以接受。

2015 年 1 月 22 日，王某姚等 3 人向某控股有限公司发出了指令，指定天津华翔行使预留物业回购权。次日，天津华翔与某控股有限公司签订了关于回购权协议，约定天津华翔享有合作框架协议第 20 条和第 21 条关于预留物业的所有权利。2016 年 5 月至 7 月，王某姚等 3 人、上海锐盈、天津华翔因对行使回购权过程中的成本核算、签署相关商品房销售合同及配套文件等事宜发生争议，天津华翔行使回购权搁浅。2019 年 12 月 23 日，天津华翔被告知回购权失效，预留物业中的 1 号楼 3 层—4 层已经出售了大部分，2 号楼和地下室的预留物业尚未出售。

2015 年 11 月 16 日，经浙江省宁波市中级人民法院裁定，受理某控股有限公司破产重整申请。2017 年 5 月 4 日，因某控股有限公司和管理人不能按期提出重整计划草案，宁波市中级人民法院裁定终止某控股有限公司重整程序，宣告某控股有限公司破产。

2021 年 12 月 3 日，某控股有限公司将王某姚等 3 人、天津华翔、远洋控股、上海锐盈诉至宁波市中级人民法院，请求撤销王某姚等 3 人与某控股有限公司签署的关于指定行使回购权协议、天津华翔与某控股有限公司签署的关于回购权协议等涉及处分债务人某控股有限公司财产权益的行为，确认合作框架协议第 20 条、第 21 条、第 33 条项下的全部权益归某控股有限公司享有。

三、争议问题与判决

（一）争议问题

1. 涉案预留物业的回购权是否在事实上和法律上归于某控股有限公司？

2. 本案合作框架协议中的违约赔偿权利约定是否属于利他合同条款？

（二）法院判决

宁波市中级人民法院经审理认为，破产撤销意为在破产申请受理前 1 年内，对涉及债务人财产的、有害于破产债权人利益的行为进行消灭，使其归于无效。某控股有限公司行使破产撤销权的逻辑前提是其主张的可撤销行为须以其财产为客体。故，本案首要解决的问题是涉案预留物业的回购权是否在事实上和法律上归于某控股有限公司。

首先，根据 FIT 公司、某投资有限公司和上海锐盈的股权结构，王某絖等 3 人分别持有 FIT 公司 61%、26%、13% 的股份，FIT 公司和王某絖又分别持有某投资有限公司 70% 和 30% 的股份，某投资有限公司又持有上海锐盈 100% 股份。如穿透股权架构，上海锐盈的实际股东应为王某絖等 3 人。

合作框架协议的签署主体为某投资有限公司、FIT 公司、王某絖等 3 人与远洋控股和上海锐盈。签署合作框架协议的目的，在于远洋控股或其指定境外关联公司通过收购王某絖等 3 人持有的 FIT 公司、某投资有限公司 100% 股权，从而间接收购上海锐盈 100% 股权，以及收购王某絖对某投资有限公司的债权，并通过上海锐盈享有目标项目之国有土地使用权及房地产开发权。

合作框架协议第 20 条、第 21 条约定上海锐盈应将预留物业留给某控股有限公司或其指定关联公司，以供某控股有限公司总部办公及形象展厅之用。在目标项目建成之日起 3 个月内，某控股有限公司或其指定关联公司有权回购预留物业。所谓回购，系针对王某絖等 3 人持有的上海锐盈股权已经转让给远洋控股或其指定境外关联公司，进而上海锐盈名下的目标项目之国有土地使用权及房地产开发权随之转让而言，故应当理解王某絖等 3 人与某控股有限公司或其指定关联公司同为与远洋控股或其指定境外关联公司相对之一侧当事人。

该一侧中，因转让前上海锐盈名下的目标项目之国有土地使用权及房地产开发权所生利益最终归属于王某絖等3人，与之相对应，预留物业的回购权原则上也应当归属于王某絖等3人。彼时王某絖等3人尚为某控股有限公司的实际控制人，3人为公司提供办公用房，约定由某控股有限公司或其指定关联公司有权回购预留物业，对此应当理解为商业上的一种安排，而不能得出某控股有限公司或其指定关联公司排他地享有回购权的结论。

预留物业的回购权最终由哪个主体行使，取决于王某絖等3人的安排。合作框架协议签署次日，王某絖等3人与某控股有限公司签署了关于指定行使回购权协议，某控股有限公司受王某絖等3人的指令代为回购预留物业。该关于指定行使回购权协议中王某絖等3人与某控股有限公司之间应当为委托合同关系，基于委托合同关系，委托人可以随时解除委托关系，王某絖等3人得在2015年1月22日向某控股有限公司发出指令，指定天津华翔行使预留物业回购权。

其次，某控股有限公司称合作框架协议中第20条、第21条以及依据第33条享有的获取违约赔偿的权利属于《民法典》第522条第2款规定的真正利他合同。上述合同权益具有巨大的财产利益，在上海锐盈遵守约定履行合同义务的情况下，回购权所取得的收益明显高于支付的回购对价，支付义务不会成为回购主体获益的阻碍。在上海锐盈违约情况下，合同权益更是变成纯粹的1.5亿元赔偿款的货币收益。

无论从合作框架协议各方约定内容，还是从合作框架协议签署的交易背景来看，某控股有限公司均为真正利益第三人。2014年华丰系公司已经出现债务危机，当时政府工作组已经介入处理资产和债务，为清偿到期债务，王某絖等3人只能处置了其控制的上海锐盈名下的外高桥土地资产，以处置所得用于清偿到期债务。某控股有限公司的观点，概而言之，即为回购权在法律上应当归属于某控股有限公司。

就合作框架协议的转让和受让双方而言，处于转让方一侧的王某絖等3人与某控股有限公司或其指定关联公司在项目建成后以成本价回购预留物业，则该回购权对于转让方一侧无疑具有期待利益，并且项目建成后随着物业价格的上涨，有望通过回购获得物业成本价与市场价之间的差价利益。

但是，同处一侧的王某絖等3人与某控股有限公司或其指定关联公司，其地位并不同等，关于指定行使回购权协议约定某控股有限公司或其指定关联公司受王某等 3 人指令，回购预留物业，但是对回购资金支付以及回购所得物业的权属并未明确约定，而代为行使回购的行为本身并不具有经济利益，某控股有限公司所称回购权的财产利益尚处于不确定状态，回购产生的利益必须经由支付预留物业的成本价，取得预留物业所有权之后才能实现。

《民法典》第 522 条是关于第三人利益合同的规定，第三人利益合同是指合同双方当事人为第三人设定了合同权利，由第三人取得利益的合同。第三人并非合同的缔约方，也不需要通过代理人为其参与缔约。合同当事人的约定不得为第三人增加负担，且双方当事人的约定不约束该第三人。根据第三人是否享有履行请求权分为不真正利他合同和真正利他合同，两者的核心区别是法律规定或者合同约定是否给予第三人以直接向债务人请求履行的权利。在真正利益第三人的合同中，第三人可以直接请求债务人履行合同。

从上述法理可以看出，不管是不真正利他合同还是真正利他合同，其根本的出发点都在于合同履行过程中支付对价与享受利益相分离，第三人无须支付对价而享受利益，两者的区别仅仅在于是否享有对债务人的履行请求权。在本案中，要获得回购权所生利益，无疑需要支付预留物业的成本价，并且关于指定行使回购权协议中并未约定预留物业的成本价由王某姝等 3 人支付，而将回购所生利益单纯由某控股有限公司或其指定关联公司享受。故合作框架协议第 20 条、第 21 条关于回购权的约定，并非《民法典》中的真正利他合同。

综上，预留物业的回购权所产生的利益在事实上和法律上均不归属于某控股有限公司。据此，宁波市中级人民法院判决驳回某控股有限公司的诉讼请求。

四、关联法条

《民法典》第 522 条

当事人约定由债务人向第三人履行债务，债务人未向第三人履行债务或者履行债务不符合约定的，应当向债权人承担违约责任。

法律规定或者当事人约定第三人可以直接请求债务人向其履行债务，第三人未在合理期限内明确拒绝，债务人未向第三人履行债务或者履行债务不符合约定的，第三人可以请求债务人承担违约责任；债务人对债权人的抗辩，可以向第三人主张。

《民法典》第 523 条

当事人约定由第三人向债权人履行债务，第三人不履行债务或者履行债务不符合约定的，债务人应当向债权人承担违约责任。

五、学理分析

向第三人履行的合同内部又分真正利他合同和不真正利他合同，二者的核心区别在于第三人是否可以直接请求合同债务人向其履行债务。在真正利他合同中，第三人享有直接履行请求权。

本案认定涉案合作框架协议非真正利他合同，系基于对利他合同法理的分析。合作框架协议第 20 条、第 21 条对某控股有限公司既设定了回购权，又增加了行使回购权应履行的价款支付义务，与利益第三人只享有权利而无义务负担的原则不符。换个角度来看，如果某控股有限公司主张的合作框架协议系第三人利益合同，该协议成立应满足什么条件？是不真正利他合同还是真正利他合同？二者区别源于何处？如何认定第三人享有直接履行请求权？上述疑问系处理诸类纠纷首先要面对的问题。

1. 第三人利益合同的成立

《民法典》将关于第三人利益合同的规定置于合同编通则部分，可谓第三人利益合同可基于一切合同之债而产生。通常情况下，合同当事人并不会另行签订一份为第三人利益的合同，而是在基础合同中附加一项类似约定的条款，即利益第三人约款。第三人利益合同成立以存在利益第三人约款为前提，甚至说第三人利益合同本质上是基于一切合同之债而产生的利益第三人约款，合同中必须存在由债务人向第三人履行合同义务的意思表示。《民法典》中关于意思表示的作出方式有明示、默示与沉默三种。如合同当事人以书面、口头等明示方式作出，利益第三人条款的内容必须明确、具体、直接、肯定，能直接了解到由第三人受领债务人的合同履行或第三人享有直接履行请求权的意思表示。如合同当事人以默示方式作出，则可以通过当事人的行为并结合基础合同情况来推定、认定是否存在利益第三人条款。不同于明示、默示，沉默作为一种推定，为保护当事人的民事权利，应谨慎认定，避免不当给当事人造成损害。如合同当事人或第三人主张沉默构成由第三人受领债务人的合同履行或第三人享有直接履行请求权的意思表示，应由其负相应的举证责任。

　　涉案合作框架协议第 20 条、第 21 条为某控股有限公司设定了预留物业回购权，具有巨大的财产利益。表面看，其似乎是以明示方式的利益第三人约款，但实质上却非利益第三人。利益第三人约款无论如何呈现，也不能与利益第三人的本质脱离，即合同当事人的约定不得为第三人增加负担，利益第三人只享有权利或纯粹的经济利益，而不必为此负有相应义务。如合作框架协议或关于指定行使回购权协议约定由某控股有限公司享有回购权，而不负有相应的价款支付义务，即为有效的利益第三人约款。

　　2. 不真正利他合同与真正利他合同

　　长期以来，利他合同于我国合同法律制度中颇受争论，主要争议为原《合同法》第 64 条所设的利他合同规则是否仅规范不真正利他合同，而不包括真正利他合同。有观点认为，原《合同法》第 64 条并未否定第三人的履行请求权，通过体系解释、法意解释、比较法解释确定真正利他合同亦在合同法第 64 条的规范射程范围内。另有观点认为，原《合同法》第 64 条所规范的仅是不真正利他合同，非第三人具有履行请求权的真正利他合同。《最高人民法院关于适用〈中华人民共和国合同法〉若干问题的解释（二）》第 16 条规定："人民法院根据具体案情可以将合同法第六十四条、第六十五条规定的第三人列为无独立请求权的第三人，但不得依职权将其列为该合同诉讼案件的被告或者有独立请求权的第三人。"对于能否推导出最高人民法院的观点否定了第三人履行请求权，也颇具争议。《民法典》回应了长久以来的争论，第 522 条所设的利他合同规则对此进行了补充修正，该条第二款规定了第三人可直接请求债务人向其履行债务，即真正利他合同之规定。

　　不真正利他合同与真正利他合同表面上具有相似性，即均由债务人向第三人履行合同债务，但就本质特征而言，不真正利他合同实际上是合同履行的一种特殊形式，即经由被指令人而为交付，第三人系纯粹的受领人，不能直接要求合同债务人向其履行，而真正利他合同则是对合同相对性原则的突破，将合同的效力拓展到未参与缔结合同的第三人，第三人基于合同约定取得对债务人的履行请求权，可直接要求合同债务人向其履行。二者的差异源于真正利他合同除了包括不真正利他合同中债权人与债务人之间的合同之债，还涉及债权人与第三人的其他之债。在不真正利他合同中，第三人以自己的名义接受债务人履行合同债务，系为了债权人的利益，受领的法律利益仍然属于债权人。第三人的受领行为对其自身而言不具有法律上的意义和后果，其所获得的系一种纯粹事实性质的经济利益。其法律上的原因系债权人与债务人之间的合同之债，对应的法律后果为债权人获得了合同履行。不同于不真正利他合同，真正利他合同项下的第三人受领债务人履行，具有法律上的原因和法律后果的双重性，其原因分别为债权人与债务人之间的合同之债、债权人与第三人之间的其他之债，其法律后果则为债权人与第三人同时获得履行。第三人获得履行并享有直接的履行请求权，系源于其与债权人之间的其他之债，如欠缺债权人与第三人其他之债这一法律上的原因，第三人受领债务人给付或行使履行请求权将会构成不当得利。还需注意的是，即便第三人可直接要求债务人向其为给付，其与债务人之间也不具有独立的合同关系。

本案中，涉案合作框架协议在满足有效利益第三人约定条款的前提下，其为真正利他合同还是不真正利他合同，取决于利益第三人约款是否具有第三人可以直接、独立行使合同权利的意思表示。如利益第三人约款具有类似意思表示，其即为真正利他合同，否则为不真正利他合同。

3. 第三人享有直接履行请求权的认定

《民法典》第 522 条第 2 款规定，第三人享有直接履行请求权的来源，既可以是合同约定，也可以是法律规定。法律规定的第三人享有直接履行请求权情形，如《民法典》合同通则第五章合同保全中的代位权人和撤销权人等。不同于法律直接规定的明确，合同中约定第三人享有直接履行请求权的认定则较为复杂。如利益第三人约定明确载明第三人享有直接履行请求权，其可以直接、独立地行使合同权利，或者在债务人怠于履行合同义务时，第三人可直接要求债务人向其给付等，固然容易判断。

当利益第三人约款不明，第三人取得直接履行请求权存在争议时，首先需要考察合同目的与合同订立、履行等客观情况。如果合同当事人只是希望缩短交付过程，或债务人承担债权人的清偿义务，而非使第三人取得权利，则不宜推定第三人享有直接履行请求权。另外，如案件存在债权人对第三人负有扶养、赡养等法定义务这类供给情形时，应积极认定为第三人可自行要求债务人向其为给付，更好保障第三人的权益以实现利他合同的目的。

六、思考问题

1. 利他合同的成立需要满足哪些条件？

2. 真正利他合同和非真正利他合同的本质区别何在？

唐某秒与彭某勇追偿权纠纷案[1]

一、知识点介绍

第三人清偿是指第三人以自己的名义向债权人清偿债务。清偿一般是由债务人为给付行为，但也可以由第三人代债务人清偿债务。当第三人的给付能够使债权人得到满足，同时又对债务人并无不利的，原则上第三人的清偿应为有效。

第三人清偿，与债务人的代理人清偿不同。第三人清偿，是第三人以自己的名义清偿债务，而债务人的代理人清偿，则是以债务人的名义为清偿。因而第三人清偿时，应向债权人说明。如果第三人误认为他人债务为自己的债务而为清偿，则不属于债的清偿，债权人应依不当得利的规定返还所得利益。

以下债务不得由第三人清偿：一是债权人与债务人有特别约定，不得由第三人清偿的债务。债权人与债务人既可以在债的关系成立时约定，也可以在债成立后、第三人履行之前作出约定。二是依债的性质不得由第三人清偿的。有些债务，在性质上须由债务人亲自履行，如以债务人本身的技能为标的的债以及基于债权人与债务人的特别信任而成立的债，原则上须由债务人履行，不得由第三人清偿。

第三人清偿的法律效力，主要是使债消灭。第三人清偿全部债务的，债务人免除其债务，债的关系消灭，第三人清偿部分债务的，债的一部消灭，未消灭的债务部分仍归债务人。此外，第三人清偿后，在第三人与债务人之

---

[1] 案例来源：湖南省石门县人民法院民事判决书［2020］湘 0726 民初 12 号。

间还发生一定的关系。如果第三人以赠与为目的而代债务人清偿，则在第三人清偿后，第三人对债务人无求偿权，如果第三人与债务人有某种法律关系，则第三人有权依其法律关系而求偿。对于第三人的清偿，债务人有权提出异议，此时债权人有权拒绝受领。如果债权人不予拒绝仍然接受给付，则第三人的清偿仍属有效，债的关系消灭。

债权转让与第三人代为清偿均涉及合同债权人、债务人、第三人三方关系，债权债务关系的履行主体和权利享有主体都有所变化等，但是，他们之间的区别还是比较明显的：①债务履行主体不同。在债权转让的情况下，承担债务清偿责任的仍是原合同的债务人；而第三人代为清偿则是由第三人代债务人进行清偿。②债权享有主体不同。在债权转让的情况下，享有债权的主体为第三人或者原债权人；而第三人代为清偿则是由第三人向原合同关系的债权人履行。③对债务履行主体的意思要求不同。在债权转让的情况下，债权人与第三人达成的债权转让合意只要通知债务人即可，无须征得其同意。而第三人代为清偿分为两种情况：一种情况是第三人与债务人之间无任何经济纠葛，如果由第三人代为清偿，则必须经过第三人同意，因为任何人不能未经他人许可给他人设定义务；另一种情况是第三人与债务人之间有经济纠纷，债务人对第三人享有债权，此种情况下，因第三人对债务人负有履行义务，债务人可以与债权人直接约定由第三人直接向债权人进行清偿，而无须经过第三人同意。④第三人的主体地位不同。在债权转让中，第三人成为合同关系的当事人，如果是债权全部转让，则第三人将完全取代原债权人的地位，原债权人退出合同关系，即使是部分转让，第三人也将加入合同关系成为债权人。而第三人代为清偿中的第三人只是债务人的履行辅助人，不是合同关系的当事人。⑤履行不能的法律后果不同。在债权转让中，如果债务人不能履行债务，要向第三人即新的债权人承担责任；而第三人代为清偿中的第三人如果不能清偿，则由债务人承担履行不能的责任。

债务承担又称债务转移或合同义务的转让，是指在债的关系不失其同一性的基础上，债权人或债务人通过与第三人达成债务承担协议，将债务全部或部分移转于第三人承担的法律现象。债务承担可分为免责的债务承担和并存的债务承担两种形式。免责的债务承担是指原债务人将债务全部转移给第三人，原债务人脱离原合同关系免除履行债务的义务，而由第三人取代原债务人承担原合同债务。并存的债务承担是原债务人不脱离原债务关系的前提下，第三人加入原债的关系，承担部分债务或与债务人连带承担债务的制度。第三人代为履行债务，是指经当事人约定由第三人代替债务人履行债务，第三人不履行债务或履行债务不符合约定，由债务人向债权人承担违约责任的制度。债务承担与第三人代为履行最主要的区别有三：一是否需要征得债权人同意，二是第三人的法律地位和权利义务不同，三是两者的法律后果不同。

第三人代为清偿应当符合以下要件：

（1）依照债权人与债务人之间的合同性质，可以由第三人代为清偿。第三人代为清偿能够成立的前提是第三人的给付行为与债务人本人的给付行为在本质上一致，如果依债之性质必须由债务人自身为清偿，则不应允许第三人代为清偿，因此对债务人具有专属性的债务不得由第三人代为清偿。若原合同债务属于仅为给付金钱之债，通常情况下应不属于具有专属性的债务之列，可由第三人代为清偿。

（2）债权人与债务人之间没有不得由第三人代为清偿的约定，且该约定应当在第三人代为清偿之前作出。债权人与债务人如果在债务关系成立之时或之后作出约定，排除第三人代为清偿之可能性，则一般应承认该约定的效力，但该约定必须在第三人代为履行之前即已存在，否则不得以之对抗代为清偿的第三人。

（3）债权人没有拒绝第三人代为清偿的正当理由，债务人也没有提出异议的正当理由。如果债权人或债务人有正当理由认为第三人履行债务会对其造成不利影响，则债权人有权拒绝，债务人有权提出异议。

目前存在一定争议的是当第三人代为清偿不会对债权人、债务人产生不利影响的情况下，债权人、债务人是否有权提出异议的问题。对该问题应分以下三种情形进行讨论：

（1）债务人未提出异议，而债权人予以拒绝。由于第三人的代为清偿并不会损害债权人的利益，因而只要第三人代为清偿符合债的规定，能够使债权得到实现，则债权人原则上不得拒绝，若拒绝则构成受领迟延。

（2）债权人未予以拒绝，而债务人提出异议。对于债务人是否有权拒绝第三人代为清偿的问题，理论及实践中存在争议。有观点认为第三人代偿行为非经债务人同意不得履行，第三人之清偿对于债务人虽无不利，唯鉴于债务人未必愿受领债务人之人情，引起社会生活之困扰，因而赋予债务人以异议权。也有持相反观点，认为以债务人的意思限制第三人清偿的规定会阻碍债权人债权之实现，在立法论上实属不当。后一种观点相对更为合理，认为在仅有债务人提出异议而债权人未提出异议的情形中，第三人代为清偿依然成立。理由在于，第三人代为清偿制度存在的意义之一便在于实现债务消灭之目的，如仅因债务人的异议就阻却清偿效力的发生，将不利于促进交易实现，保护债权人利益。出于保护债权人利益之考虑，在债权人未予以拒绝而债务人提出异议的情况下，应认定第三人代为清偿依然成立。但需强调的是，如果第三人系违背债务人之意思为清偿，该种行为虽然有效，但此种情况下债务人与第三人之间的关系会因给付原因不同而有差异。

（3）债务人提出异议，同时债权人予以拒绝。由于债务关系具有相对性，若债权人、债务人均对第三人的代为清偿行为提出异议，说明双方均不愿内部债务关系受到第三人干涉，此时第三人不得代为清偿。第三人须有为债务人清偿债务的意思表示。如果第三人不具有向债务人为清偿的意思表示，例如在第三人基于各种原因发生债务误偿时，应当构成非债清偿，第三人应当向债权人返还不当得利。

二、基本案情

2014年7月彭某勇承包修建双溪桥期间向刘某辉借款25 000元，由唐某秒口头担保。后因彭某勇未偿清债务，刘某辉多次向唐某秒催讨。2015年9月，唐某秒向长沙满合理劳务公司石门碧桂园项目部领取工资15 000元，其中10 000元代彭某勇偿还所欠刘某辉借款10 000元，由刘某辉出具了收条。后唐某秒因与彭某勇劳动争议纠纷向法院起诉，彭某勇对唐某秒代偿刘某辉10 000元拒不认可，故酿成纠纷。

原告唐某秒向法院提出诉讼请求：①判令彭某勇返还唐某秒代偿款10 000元，②刘某辉对上述债务承担连带清偿责任，③本案诉讼费由彭某勇负担。

被告彭某勇辩称，彭某勇欠刘某辉借款25 000元属实，因唐某秒与刘某辉系亲戚关系，故彭某勇交给唐某秒10 000元，托唐某秒代为转交刘某辉。且本案唐某秒追偿诉讼请求已过诉讼时效。唐某秒的诉讼请求不能得到支持。

第三人刘某辉辩称，唐某秒与刘某辉系亲戚关系，彭某勇向刘某辉借款25 000元属实，唐某秒口头承诺如果彭某勇不偿还就找唐某秒。后彭某勇下欠刘某辉10 000元未还，由唐某秒向刘某辉给付了10 000元，对于该10 000元的款项来源，刘某辉并不知情。

法院经审理查明，被告彭某勇曾向第三人刘某辉借款 25 000 元，经偿还下欠 10 000 元未还。2015 年 9 月 26 日，原告唐某秒向长沙满合理劳务公司领取石门碧桂园外架班工资款 15 000 元。同日，唐某秒向刘某辉给付 10 000 元，由刘某辉向唐某秒出具收条，载明"今收到唐某秒代彭某勇还款 10 000 元"。另，唐某秒、彭某勇、刘某辉均认可彭某勇与刘某辉之间的借款已经偿清。

三、争议问题与判决

（一）争议问题

唐某秒所偿还的 10 000 元是否由彭某勇向唐某秒预先给付？

（二）法院判决

法院认为，唐某秒与彭某勇对于彭某勇指示唐某秒向刘某辉偿还借款 10 000 元，以消灭彭某勇对刘某辉所负债务的事实没有异议。有异议的是唐某秒所偿还的 10 000 元是否由彭某勇向唐某秒预先给付。

本案中，唐某秒、彭某勇、刘某辉对于唐某秒主张的向刘某辉偿还彭某勇所欠 10 000 元借款的事实均予以认可，且唐某秒提出了合理的款项来源，故唐某秒已完成初步举证责任。而彭某勇辩称该 10 000 元是由彭某勇向唐某秒预先给付，对于该抗辩主张彭某勇负有举证责任，因彭某勇未提交任何证据予以证明，其应当承担举证不能的后果，故法院对其抗辩主张不予确认。

唐某秒对于其诉称的为彭某勇与刘某辉之间借款提供保证担保的事实未提交证据予以证明，且彭某勇未予以认可，故本案中唐某秒的代偿行为应认定为合同外第三人代为清偿。第三人代为清偿债务后，因其代偿行为使债务人免责，可在债务人免责范围内向债务人追偿。

因唐某秒与彭某勇之间就石门碧桂园工程劳动合同或其他法律关系并未结算，在唐某秒代偿彭某勇所欠刘某辉借款后，有理由期待在结算过程中一并解决。直至结算时彭某勇对该代偿款项予以否认，唐某秒才知道其权利受到损害，其追偿的诉讼时效应当自彭某勇否认该代偿款项时起算，故唐某秒在本案中对彭某勇的诉讼请求未过诉讼时效。

本案中唐某秒向刘某辉代偿彭某勇所欠借款 10 000 元，使彭某勇对刘某辉所负债务归于消灭，唐某秒因此享有对彭某勇的追偿权。对于唐某秒要求彭某勇返还 10 000 元的诉讼请求，法院予以支持。刘某辉基于与彭某勇之间的借贷关系受偿彭某勇所欠 10 000 元借款，代偿第三人与债务人之间的纠纷对其受偿行为不构成阻却，更不导致第三人的代偿无效，故刘某辉对受偿的 10 000 元不负返还义务。对于唐某秒要求刘某辉承担连带责任的诉讼请求，法院未给予支持。

法院判决：彭某勇于本判决生效后 10 日内向唐某秒返还 10 000 元，驳回唐某秒其他诉讼请求。如果被告未按本判决指定的期间履行给付金钱义务，应当依照《民事诉讼法》第 253 条之规定，加倍支付迟延履行期间的债务利息。

四、关联法条

《民法典》第 524 条

债务人不履行债务，第三人对履行该债务具有合法利益的，第三人有权向债权人代为履行；但是，根据债务性质、按照当事人约定或者依照法律规定只能由债务人履行的除外。

债权人接受第三人履行后，其对债务人的债权转让给第三人，但是债务人和第三人另有约定的除外。

五、学理分析

本案虽然并不复杂，却可以引发我们对第三人代偿的深入思考。第三人代为清偿（即第三人清偿）是实践中较为常见的一种债务清偿方式。债的清偿行为，可由债务人为之，也可由第三人为之，由第三人为之的清偿称之为第三人代为清偿。现代债法以债的相对性为基础建立，但如果固守债之清偿仅能由债务人为之将不适应交易的需要，第三人代为清偿因此得到了各国学说、立法及判例上的普遍承认。

对于债权人而言，一些因债务人状况发生变化而不能完成的交易可因第三人代为清偿顺利完成，有利于债权人实现债权，对于债务人而言，第三人代为清偿债务有助于减轻其资金压力，避免因未及时履行债务而承担违约责任，对于促成商业目的实现、加快财富流转具有积极意义。

清偿，是指依据债的本旨，为达到债权之目的而为的给付行为。债务人为实现债权之目的所为的给付行为，属于债务人清偿，债务人以外的第三人履行债务从而使债权人的债权得以实现的，被称为第三人代为清偿。与"第三人代为清偿"类似的概念包括"第三人清偿""代位清偿"。"第三人代为清偿"和"第三人清偿"尽管名称不同，但其内容指向却是基本一致的，使用不同的称谓更多是出于表述习惯的差异。

而"代位清偿"和"第三人代为清偿"则存在一定区别，"代位清偿"通常是指对于债务履行有利害关系人的代为清偿，如合伙人代为清偿合伙企业债务、保证人代为清偿债务人债务、抵押财产受让人代为清偿抵押人债务等。"第三人代为清偿"是指除债权人及债务人以外的所有第三人的代为清偿，既包括与债务履行有利害关系的第三人，也包括与债务履行无利害关系的一般第三人，因此"代位清偿"应属于"第三人代为清偿"的一种，"第三人代为清偿"包括"代位清偿"和"一般第三人代为清偿"两种类型。

虽然第三人代为清偿与债务承担都是以由他人履行债务为基本意思表示，且在第三人履行债务后均能发生原债权债务归于消灭之效果，但两者在法律效果上却存在本质区别。在第三人代为清偿中，第三人并未加入债务关系成为新的债务人，债权人不直接享有对第三人的请求权，在第三人没有履行债务或没有全面履行时，债权人只能向原债务人主张权利，而不能向第三人主张权利。在债务承担中，第三人加入债的关系成为债务人，无论是并存的债务承担还是免责的债务承担，债权人均直接享有对第三人的请求权。

仅从理论上看，第三人代为清偿和债务承担二者的区别较为明显，但由于二者在外在表现形式上相同，即都表现为第三人向债权人履行债务人的债务，加之实务中当事人可能使用口语化的表示，交易行为可能存在不规范之处，实践中二者的区分标准较为复杂。如何从协议文本判断或推定出第三人是意图加入债务关系并成为债务人，还是不加入债之关系仅作为履行承担人？司法实践中通常从以下两方面对第三人代为清偿和债务承担进行区分：

1. 形式区别

形式区别即以第三人偿债行为是否经债权人同意为标准进行区分。免责的债务承担由于可能对债权人利益产生不利影响，因此应经过债权人同意。若第三人的偿债行为未经债权人同意，则该行为便不属于免责的债务承担，根据具体情况可属于并存的债务承担或由第三人代为清偿。

上述观点的主要理由是，免责的债务承担直接影响到债权人的利益，合同是出于双方的相互信任而缔结的，债务人的信用、资力是债权人利益得以实现的保障，如果允许债务人随便处分或转让其债务，倘若承担人没有履行债务的能力或信用不佳，那么债权人的利益将难以实现。因此，从保护债权人利益出发，各国民法及学说均以债权人同意作为免责债务承担合同的生效要件。

实践中，有法院以是否经债权人同意为区分债务承担和第三人代为清偿之标准，认为在第三人履行行为性质不明的情况下，由于债权人未明确同意第三人为债务承担，因此应认定其为第三人代为清偿。最高人民法院认为，如果没有充分证据证明债权人同意债务转移给第三人或者债务人退出合同关系，不宜轻易认定构成债务转移，表明在债权人未明确同意的情况下，法院倾向于不将第三人的偿债行为认定为免责的债务承担。

以债权人是否同意作为判断第三人偿债行为性质的标准具有合理性，但该方法存在一定局限。首先，该方法难以准确区分并存的债务承担和第三人代为清偿。一般认为，第三人代为清偿和并存的债务承担均未对债权人利益造成不利影响，因此均无需得到债权人同意，在债权人未明确表示同意的情况下难以认定第三人的偿债行为属于并存的债务承担还是第三人代为清偿。其次，在实践中许多债务代偿协议均是债权人、债务人、第三人共同签署，在三方共同签署协议的情况下，债权人已签署的协议可视为已经对第三人偿债行为同意，但如上文所述，此时仍需要判断"债权人同意"究竟是对"第三人代为清偿"的同意还是对"并存的债务承担"的同意，才能准确区分第三人代为清偿和并存的债务承担。综上，仅以债权人是否同意作为判断第三人偿债行为性质的标准具有一定局限性。

2. 实质区别

如上文所述，债务承担与第三人代为清偿的实质区别在于合同的当事人是否发生了改变，即第三人是否加入债务关系成为新的债务人，而区分的认定标准应主要在于当事人间协议的内容，因此可根据当事人间协议内容，判断当事人的意思表示属于第三人代为清偿还是债务承担。

由于我国法律并没有明文规定债务承担协议中必须具备"债务承担"的字样，立法的原意仅要求协议中包含债务承担的意思即可，因此诸如"代替""偿债"等承诺的性质不可一概而论，需根据协议内容对其性质进行判断。在具体的认定过程中，法院倾向于依据协议目的、协议内容、周围情势等探究协议中隐藏的真实意思表示。

综上所述，第三人代为清偿和债务承担的区分在理论上看似简单，实践中却较为复杂。从过往案例中可以看出，法院倾向于从合同订立目的、文本分析、履行情况、违约责任等多个方面综合判断第三人向债务人清偿债务行为的性质。在三方协议中明确债务人是否退出原债务关系、第三人是否代替债务人成为合同相对人、债权人是否享有对第三人的请求权等问题，有助于明确协议当事人的权利义务，避免当事人之间因偿债行为性质不明而产生纠纷。

按照代为清偿的第三人和债务人之间是否就代偿后双方之间的权利义务关系作出约定，可将第三人代为清偿分为有合同约定的第三人代为清偿和第三人自愿清偿，在两种情况下第三人与债务人之间的权利义务关系有所不同：

（1）第三人与债务人之间存在合同约定。在第三人与债务人之间存在相关协议的情况下，应当按照该协议认定其法律关系。从协议性质上看，如第三人与债务人之间的合同为委托合同，即第三人受债务人委托偿还债务，则该协议应遵照委托合同的相关规范，如第三人与债务人之间并无委托的意思表示，协议内容只是对第三人追偿权的内容、条件、期限等作出约定，则该合同应属于无名合同，适用《民法典》合同编的一般性规定，并可参照适用分则中的类似规定。第三人清偿可以导致债权归于消灭的法律效果，相应的，该第三人在清偿范围内有权要求债务人偿还其所为的给付，这一权利被称为追偿权或者求偿权。在第三人与债务人之间存在内部协议的情况下，第三人可依内部协议向债务人行使求偿权，该协议即构成第三人求偿权的权利基础。此外，内部协议可对第三人对债务人追偿权相关内容作出约定，包括第三人与债务人之间的债务范围（如第三人代偿的全部款项和第三人所付出的其他费用和损失等）、债务人对第三人所负债务的资金成本计算方式、偿还期限、到期未偿还时债务人的违约责任等，以及要求债务人为第三人的债权设立担保等。在协商一致的情况下，第三人还可基于对债务人的追偿权进行债务重组，如延长债务人的还款期限、减免部分资金成本、约定以物抵债或以债转股等方式进行清偿。若第三人与债务人之间已存在关于追偿事项的协议，应按照该协议认定双方权利义务关系，尊重当事人意思自治。实践中法院对于此类第三人与债务人之间权利义务的约定通常持肯定态度。

（2）第三人与债务人之间不存在合同约定。在第三人与债务人之间无合同约定，即第三人自愿清偿的情况下，应区分第三人是否具有赠与之意思认定第三人与债务人之间的法律关系。如果第三人以赠与之意思为清偿，则其与债务人间应认定为赠与关系，第三人不享有向债务人的追偿权。而如果第三人非以赠与的意思为清偿，那么第三人清偿行为宜认定为无因管理，第三人可基于无因管理享有向债务人的追偿权。所谓无因管理是指没有法定的或约定的义务，为避免他人利益损失而进行管理和服务的法律事实。一般第三人与债务无利害关系，对债务既无法定也无约定义务，其清偿行为完全是为债务人的利益为之，符合无因管理的构成要件，应依据无因管理的规定来处理第三人与债务人间的关系。

司法实践中，法院也多采上述观点认定债务人与第三人间的债权债务关系，认为合同法上的清偿系指按合同的约定实现债权目的的行为，债权一俟清偿即归于消灭。从债权实现的角度而言，债务人履行债务属于清偿，而第三人为满足债权人实现债权之目的而为的给付行为即代为清偿，属清偿形式之一种，亦可达到消灭债权之法律效果。从第三人与债务人之间关系的角度来看，两者间如有委托之约定，则依约定处理，两者间既无委托约定又无其他履行上的利害关系的，第三人仍可基于无因管理等的意思实施代为清偿。

六、思考问题

哪些情形下不适合第三人清偿？

韩某与某房产公司商品房买卖合同纠纷案[1]

一、知识点介绍

同时履行抗辩权，是指在没有规定履行顺序的双务合同中，当事人一方在当事人另一方未为对待给付以前，有权拒绝先为给付的权利。

同时履行抗辩权的构成要件包括：

1. 须有同一双务合同互负债务

同时履行抗辩权的根据在于双务合同功能上的牵连性，因而它适用于双务合同，而不适用于单务合同和不真正的双务合同。可主张同时履行抗辩的系基于同一双务合同而生的对待给付。如果双方当事人的债务不是基于同一双务合同而发生，即使在事实上有密切关系，也不得主张同时履行抗辩权。因此，成立同时履行抗辩权，必须有双方当事人基于同一双务合同互负债务这一要件。首先，这里的债务应为主给付义务。在从给付义务的履行与合同目的的实现具有密切关系时，也应认为它与主给付义务之间有牵连关系，产生同时履行抗辩权。其次，双方互负的债务应具有对价关系。该对价关系不强调客观上等值，只要双方当事人主观上认为等值即可。

2. 须双方互负的债务均已届清偿期

同时履行抗辩权制度，旨在使双方当事人所负的债务同时履行，所以，只有双方的债务同时届期时，才能行使同时履行抗辩权。如果一方当事人负有先履行的义务，就不由同时履行抗辩权制度管辖，而让位于不安抗辩权或先履行抗辩权。

---

〔1〕 案例来源：辽宁省沈阳市于洪区人民法院民事判决书〔2011〕于民二初字第878号；辽宁省沈阳市中级人民法院民事判决书〔2011〕沈中民二终字第1538号。

3. 须对方未履行债务或未提出履行债务

原告向被告请求履行债务时，须自己已为履行或提出履行，否则，被告可行使同时履行抗辩权，拒绝履行自己的债务。不过，原告未履行的债务或未提出履行的债务，与被告所负的债务无对价关系时，被告仍不得主张同时履行抗辩权。原告的履行不适当时，被告可行使同时履行抗辩权，但在原告已为部分履行，依其情形，被告拒绝履行自己的债务违背诚实信用原则时，不得主张同时履行抗辩权。

4. 须对方的对待给付是可能履行的

同时履行抗辩权制度旨在促使双方当事人同时履行其债务。对方当事人的对待给付已不可能时，则同时履行的目的已不可能达到，不发生同时履行抗辩权问题，应由合同解除制度解决。同时履行抗辩权存在的基础在于双务合同的牵连性。

所谓双务合同的牵连性，是指给付与对待给付具有不可分离的关系。可分为发生上的牵连性、存续上的牵连性和功能上的牵连性。所谓发生上的牵连性，是指一方的给付与对方的对待给付在发生上互相牵连。即一方的给付义务不发生时，对方的对待给付义务也不发生。所谓存续上的牵连性，是指双务合同的一方当事人的债务因不可归责于双方当事人的事由致不能履行时，债务人免除给付义务，债权人亦免除对待给付义务。所谓功能上的牵连性，又称履行上的牵连性，是指双务合同的当事人一方所负给付与对方当事人所负对待给付互为前提，一方不履行其义务，对方原则上亦可不履行，只有如此，才能维持双方当事人之间的利益平衡。同时履行抗辩权正是这种功能上的牵连性的反映。

上述思想正是诚实信用原则的应有之义，所以，同时履行抗辩权也是诚实信用原则所要求的。当然，诚实信用原则同时也限制了同时履行抗辩权的滥用。在当事人一方已为部分给付时，对方当事人若拒绝其给付有违诚实信用原则，则不得拒绝自己的给付。

同时履行抗辩制度主要适用于双务合同，如买卖、互易、租赁、承揽、有偿委托、保险、雇佣、劳动等合同。上述基于对待关系的双方债务，尚应包括原给付义务的延长或者变形，尤其是债务不履行的赔偿损失或让与请求权。例如，甲有 A 物与乙的 B 物互易，因甲的过失致 A 物灭失时，甲应负债务不履行的赔偿损失责任。于此场合，乙对甲的赔偿损失请求权与甲对乙给付 B 物的请求权，可发生同时履行抗辩权。

同时履行抗辩权在为第三人利益合同中也有适用。例如，甲、乙约定，甲向乙购买钢材，价款 500 万元，甲对乙有直接请求交付该钢材之权，若甲届期不支付货款，则乙可以拒绝甲的交付钢材的请求。

在债权让与的情况下，可成立同时履行抗辩权。例如，甲将 A 车出卖给乙，价款 75 万元，而乙将其对甲请求交付 A 车并转移所有权的债权让与丙。在丙向甲请求履行时，甲可以乙未给付价款为由拒绝自己的履行。

在债务承担的情况下，同时履行抗辩权可以适用。例如，甲将 A 画卖给乙，价款 30 万元，由丙承担乙的债务，当甲向丙请求支付价款时，丙可以甲未对乙交画为由拒绝自己的履行。在可分之债中，各债务对各债权各自独立，从而其发生原因即使为一个合同，除非其一方的对待给付为不可分，也应各得就自己的部分独立为同时履行抗辩。

同时履行抗辩权也可以适用于连带之债。例如，甲乙向丙购买 1000 斤乌龙茶，价款 10 万元，约定甲乙和丙均应负连带责任。当甲向丙请求交付 1000 斤乌龙茶时，丙可主张甲应为支付全部价款的同时履行抗辩权。

当事人因合同不成立、无效、被撤销或解除而产生的相互义务，若基于对价关系，可主张同时履行抗辩权。

买卖合同是典型的双务合同。其法律特征为：①卖方须转移标的物的所有权归买方；②买方须向卖方支付相应的价款；③买卖合同为诺成性双务合同；根据以上特征我们可知出卖人（卖方）与买受人（买方）之间存在一些主要的对等权利义务，即买受人对于出卖人负有交付价款的义务，出卖人对买受人则负有交付标的物及转移所有权的义务。一方的义务是他方的权利，他方的义务亦是一方的权利。据此买卖合同中的权利义务具有对等性、关联性、牵连性，是适用同时履行抗辩权的典型合同。然而还有另一种合同，即供货合同，但供货合同有长期与短期之分，在长期供货合同中，基于时间长、双方当事人之间比较了解熟悉彼此间的交易习惯，根据诚实信用原则可以保留适用同时履行抗辩权。在此合同中有分期支付价款一说，学理上认为是准双务合同，根据双方合同的特征来看，如果当事人在某个时期不履行，则构成对全部合同的不履行，一方交付了标的物另一方不支付价款，则交付的一方可以援用同时履行抗辩权拒绝供货。在了解了长期供货合同的实质要件后，则短期供货合同在此就不必多说。

租赁合同也是双务合同的一种。其法律特征为：①出租人须将财产交付承租人使用，但不转移所有权，这一点是与买卖合同的根本区别；②承租人须向出租人交付租金；③承租人于租赁关系终止后须将原租赁物返还给出租人；④租赁合同具有临时性；⑤租赁合同为双务合同、有偿合同、诺成合同。在房屋租赁合同中，支付租金和修缮房屋都属于租赁合同的主要条款。因此一方违反其中的一项义务时，另一方可以行使同时履行抗辩权。但在承租人未支付租金时，出租人不得以此为理由，要求取回已经交付的租赁物（房屋）。因为租赁人只有在租赁关系届满或终止时才负有返还租赁物的义务。不过一方违反了他方不具有对价关系的义务时，不能适用同时履行抗辩权。譬如，承租人为保养租赁财产曾支付过一定的维修费用，为了要求返还费用而使用同时履行抗辩权拒绝返还租赁物显然不适当。因为返还费用和返还租赁物之间不能成立对价关系。

承揽合同是承揽人按照定作人提出的要求完成一定的工作，定作人接受承揽人完成的工作成果并给付约定报酬的协议。如果当事人没有特别的约定，则承揽人在完成一定的工作或完成工作的主要部分并向定作人交付了定作物后，才能获得报酬。对于定作人来说，其接受定作物的期限，就是支付报酬或价款的期限。如果承揽人没有完成工作并交付工作成果，则定作人可以行使同时履行抗辩权，拒绝支付报酬或价款。若承揽人是瑕疵履行即交付的定作物或完成工作成果不符合合同规定的质量，而定作人不同意使用的，应由承揽人负责修整或调换。若经过修整或调换以后仍不符合合同规定的，定作人有权拒收并援用同时履行抗辩权拒绝支付报酬或价款。

二、基本案情

2005 年 10 月 10 日，韩某与某房产公司签订商品房买卖合同，韩某购买某房产公司开发的位于沈阳市于洪区白山路 164-40 号 1-6-1 商品房，并交付了首付款 83 088 元。2006 年 3 月 1 日，韩某办理了入住手续并对房屋进行了装修。2007 年，双方达成口头退房协议，解除了商品房买卖合同。此后，某房产公司分两次返还韩某购房款 8 万元，尚欠韩某购房款 3088 元。

2008 年，韩某就剩余购房款、装修款及房屋增值损失向沈阳市于洪区人民法院提起诉讼，该院作出 ［2008］于民二初字第 196 号民事判决，判决某房产公司返还韩某剩余购房款 3088 元，返还装修款 30 000 元。宣判后，韩某提起上诉,沈阳市中级人民法院作出〔2011〕沈中民二终字第710号民事判决,维持一审判决中上述两项内容,并判决某房产公司给付韩某50元查档费。

一审法院另查明,2008年某房产公司向一审法院提起所有权确认之诉,一审法院判决确认争议房产归某房产公司所有。上述判决生效后,某房产公司没有将剩余购房款及装修款返还给韩某,韩某至今仍居住在争议房屋。

某房产公司提起诉讼,要求韩某腾退涉诉房屋,并支付自某房产公司取得房屋产权证之日起至腾出房屋之日止的租赁费损失(每月按600元计算)。

三、争议问题与判决

(一)争议问题

合同解除后的互负债务是否可以类推适用同时履行抗辩权?

(二)法院判决

法院经审理认为,涉诉房屋经生效判决归某房产公司所有,且某房产公司已取得了房屋所有权证书。作为诉争房屋的所有权人,某房产公司有权对该房屋行使占有、使用、收益及处分的权利。对某房产公司要求韩某从诉争房屋搬出的请求,予以支持。对某房产公司要求韩某支付租赁费用的请求,因双方未形成租赁关系,不予支持。关于韩某提出解除商品房买卖合同是由于房屋存在质量问题,某房产公司尚有购房款3088元没有返还之抗辩,就剩余购房款及装修损失的争议已经终审判决处理,韩某可依生效判决主张权利;就房屋差价款的争议,因韩某已于2011年5月11日另行起诉,该项主张本案不予处理。据此判决:被告韩某于判决生效之日起30日内将涉诉房屋腾出并交付给原告某房产公司。

韩某不服一审判决,提起上诉。

辽宁省沈阳市中级人民法院经审理认为,因合同解除而产生的返还义务虽然形式上不具有对价关系,但与原来的债务关系仍保持同一性,即在实质上该恢复原状义务与本来的债务关系仍有牵连性,基于类似事项、相同处理的平等原则,亦应类推适用同时履行抗辩权的相关规定。韩某与某房产公司的房屋买卖合同已经解除,该事实已为生效判决所确认,双方互负恢复原状的返还义务,即韩某应返还争议房屋,某房产公司应返还韩某已支付的购房款、装修费用及查档费,二者属于同时履行的关系,一方的返还义务与对方所负的对待返还义务互为前提，一方不履行其义务，另一方有权拒绝自己给付义务的履行。因某房产公司未全部返还购房款、装修费用及查档费，韩某有权行使抗辩权，拒绝交付房屋。该抗辩是权利的正当行使，而非违约，应受法律保护。故某房产公司关于韩某赔偿占用争议房屋期间租赁费的主张，于法无据，不应得到支持。

据此判决：①维持一审判决，即韩某于判决生效之日起 30 日内将涉诉房屋腾出并交付某房产公司，②某房产公司于韩某履行上述条款的同时，给付韩某 33 138 元（剩余房款 3088 元、装修款 30 000 元、查档费 50 元）。

四、关联法条

《民法典》第 525 条

当事人互负债务，没有先后履行顺序的，应当同时履行。一方在对方履行之前有权拒绝其履行请求。一方在对方履行债务不符合约定时，有权拒绝其相应的履行请求。

五、学理分析

同时履行抗辩权可以发挥如下功能：

1. 平衡当事人之间的权益，维护当事人的权利

既然双务合同的双方当事人是对等的且相互牵连的，则一方不履行自己的债务而要求对方履行的，意味着只享有权利而不承担义务。这显然与公平的观念背道而驰，至于一方当事人仅提供部分履行、瑕疵履行，是否可以使另一方拒绝履行，亦应以公平、诚实信用原则来审查之。

2. 维护交易秩序

同时履行抗辩权允许一方当事人在另一方未履行时，可以拒绝履行，这直接关系双方能否依照合同来履行义务的问题，因此当事人不能随意行使此种权利。在实践中，经常发生一方在另一方仅有轻微违约的情况下便拒绝履行自己的义务，或以各种理由拒绝对方的履行，或同时拒不履行自己的义务等，这就妨碍了合同的正常履行，严重影响了交易秩序。因此，需要明确同时履行抗辩权行使的条件，对拒绝履行的权利的滥用做出严格的限制。还要看到，同时履行抗辩权允许一方在他方未为履行以前，可以拒绝自己的履行，有利于督促对方履行义务，并有利于维护交易秩序。

3. 增进与对方的协作

根据诚实信用原则，债务人与债权人对债务的履行和权利的行使，都负有相互协作的义务。相互协作不仅有利于债务的正确行使，而且也有利于双方当事人建立合作伙伴关系，进而促进交易的增长。同时履行抗辩权是《合同法》中的一项非常重要的制度，这一制度的确立，对于鼓励交易、保障交易安全，规范合同当事人的交易，平衡当事人之间的权益、维护交易秩序，维护合同当事人的合法权益具有着积极的意义。同时对于完善中国合同法也具有非常重要的意义。

本案法院判决发挥了前述同时履行抗辩权的第一项功能，充分考量和平衡纠纷各方的利益冲突，在房产开发商未退还全部相关款项的情况下，购房者不归还房产存在合理性，不应被要求承担占用房屋的租金费用。

六、思考问题

1. 瑕疵履行情况下同时履行抗辩权应如何有效行使？

2. 合同一方部分履行时，另一方怎样在保证不陷入违约的前提下保障自己的权益不受损？

某工贸公司与某彩印公司买卖合同纠纷案[1]

一、知识点介绍

不安抗辩权，是指在有先后履行顺序的双务合同中，应先履行义务的一方有确切证据证明对方当事人有难以给付之虞时，在对方当事人未履行或未为合同履行提供担保之前，有暂时中止履行合同的权利。

（一）不安抗辩权的构成要件

1. 当事人基于同一双务合同互负债务。只有基于同一双务合同互负债务时，才可能发生不安抗辩权。单务合同、不完全双务合同，均不发生不安抗辩权。

2. 当事人互负的债务有先后履行顺序。如果当事人互负的债务没有履行先后顺序，则不成立不安抗辩权。

3. 后履行的当事人有丧失或者可能丧失债务履行能力的情形。《民法典》第527条第1款具体列举了经营状况严重恶化，转移财产、抽逃资金以逃避债务，以及丧失商业信誉三种具体情形。在这些情形下，均需达到丧失或者可能丧失债务履行能力的程度。①经营状况严重恶化。例如，在某商业银行根据其与某企业之间的借款合同发放贷款前，市场骤然变化，致使该企业的产品难以销售，很可能导致无力还贷，某商业银行便有权行使不安抗辩权，中止发放贷款。②转移财产、抽逃资金以逃避债务。③丧失商业信誉。例如，先履行义务人多次违约，致使信用遭受怀疑。④《民法典》第527条第1款第4项设置了兜底条款："有丧失或者可能丧失履行债务能力的其他情形。" 例

---

〔1〕 案例来源：浙江省宁波市鄞州区人民法院民事判决书［2011］甬鄞商初字第231号；浙江省宁波市中级人民法院民事判决书［2012］浙甬商终字第30号。

如，某娱乐文化公司邀请一明星歌手演唱，约定先支付演出费若干。后歌手生病住院，可能难以如期演唱，娱乐文化公司即可以行使不安抗辩权，中止支付演出费。对于后履行的当事人发生了丧失或者可能丧失债务履行能力的情形，应当先履行债务的当事人必须要有确切的证据予以证明。当事人没有确切证据中止履行的，应当承担违约责任（《民法典》第527条第2款）。

根据《民法典》第528条的规定，当事人中止履行的，应当及时通知对方。中止履行不限于对方当事人提出履行请求，纵使对方当事人未提出履行请求，该当事人也可以中止履行。中止履行，既可以是中止债务的履行，也可以是中止履行准备行为。中止履行需要通知对方当事人，若未通知，则不发生抗辩权行使的效力，当事人履行期限届至仍未履行的，构成违约。通知对方当事人，意在给对方提供适当担保以消灭不安抗辩权的机会。物的担保与人的担保均为提供担保的方式，应能适当保障先履行义务人的债权得到实现。对方提供适当担保的，应当恢复履行。中止履行后，对方当事人在合理期限内未恢复履行能力且未提供适当担保的，视为以自己的行为表明不履行主要债务，中止履行的一方可以解除合同并可以请求对方承担违约责任。

（二）先履行抗辩权与不安抗辩权的区别

1. 先履行抗辩权是由后履行一方针对先履行一方不履行或不适当履行债务抗辩权。不安抗辩权是由先履行一方针对后履行一方将不会或不能履行债务而享有的抗辩权。

2. 在先履行抗辩权行使的情况下，当事人双方不仅要互负债务，而且双方的债务应形成对价关系，这样先履行一方履行债务不符合约定的，后履行一方才有权拒绝其相应的履行要求。在不安抗辩权行使的情况下，当事人双方虽然要互负债务，但法律并未强调双方所负有的债务应当具有对价性，先履行一方行使不安抗辩权并不仅仅是针对后履行一方不履行行为作出的，抗辩与后履行一方的行为之间并不一定具有相应性。

3. 权利主体不同。先履行抗辩权的权利主体为后履行一方，而不安抗辩权的权利主体为先履行一方。

4. 适用情形不同。先履行抗辩权适用于先履行人不履行或者不按约定履行，而不安抗辩权适用于先履行一方经营状况严重恶化、丧失商业信誉等情形。

（三）不安抗辩权在适用时应注意的事项

1. 不安抗辩权适用于异时履行的双务合同中。双方当事人在同一合同中互负债务，存在先后履行债务的问题。不安抗辩权的行使不适用于单务合同，不适用于同时履行的合同。不安抗辩权是先履行一方行使的权利，着重于保护先履行义务一方的利益。

2. 后履行债务的一方当事人的债务未届履行期限。不能对待给付仅仅是一种可能性而不是一种现实，不必到对方已经支付不能时才允许行使不安抗辩权。后履行一方的不能对待给付，并非履行期届满时的现实违约，它所直接侵害的权利是先履行一方的债权期待。如果这种侵害期待债权的行为不加以调整纠正，持续到履行期届满，便成为现实违约。

3. 后履行债务的一方当事人履行能力明显降低，有不能履行债务的危险。这里指经营状况严重恶化、转移资产、抽逃资金以逃避债务，严重丧失商品信誉或有其他丧失或者可能丧失履行债务能力情形。这是先履行一方"不安"的原因所在，也是不安抗辩权产生的基础。

4. 后履行义务的一方未提供适当担保。如果后履行义务的一方当事人提供了适当的担保，则先履行义务的一方当事人的债权将受到保障，不会受到损害，所以合同将继续得以履行，不能行使不安抗辩权。

二、基本案情

原告某彩印公司起诉称：被告某工贸公司自 2010 年上半年起向原告多次订购彩盒、拼图等产品。2011 年 3 月 2 日，被告确认截至 2011 年 2 月 18 日尚欠原告加工款 1 839 303.07 元。原告起诉后，于 2011 年 3 月 4 日向法院申请财产保全，并实际保全了被告对债务人永兆公司的到期债权 200 余万元。但此后原告发现被告因结欠案外人港华公司加工款 300 余万元，港华公司同时申请保全了被告的到期债权，而永兆公司的到期债务仅 300 余万元。结合原告申请法院调取的被告资产损益表及利润表可见，被告的经营状况出现恶化。

原告和被告双方对账时，尚有两份合同未履行完毕，分别为编号 HTJY××1125（以下简称 1125 合同）及编号 HTJY××1211 合同（以下简称 1211 合同）。因此，原告鉴于被告已实际拖欠其近 200 万元加工款，且存在丧失履行合同能力的情形，故行使不安抗辩权，于 2011 年 4 月 27 日向被告发送要求中止履行上述两份合同的通知，要求被告在接到通知之日起 5 日内提供等额担保，否则将解除上述合同。因被告未提供相应担保，原告于 2011 年 5 月 5 日再次向其发函通知其解除 1125 合同及 1211 合同，并要求按照合同约定的金额赔偿经济损失。故原告起诉请求判令：①某工贸公司支付已经对账的加工款；②解除 1125 合同及 1211 合同，并按合同约定的加工款金额赔偿经济损失。

被告某工贸公司针对第二项诉请答辩称：其经营状况并未出现问题，不符合不安抗辩权行使条件。两份合同的实际履行情况是：1125 合同因某彩印公司加工的产品存在英文标示反向印刷的质量问题，故系原告违约在先；1211 合同因其已经通知某彩印公司终止，并重新下单。关于该合同的包装问题双方仍在交涉，交货日期也在协商进行变更。因此要求继续履行以上两份合同。

法院查明：被告因经营所需，自 2010 年上半年起向原告多次订购彩盒、拼图等产品。2011 年 3 月 2 日，经双方对账，被告确认截至 2011 年 2 月 18 日尚欠原告账面金额为 183 万余元。原告和被告双方对账后，尚有两份合同未履行完毕，分别为：第一，2010 年 11 月 25 日签订的 1125 合同，该合同后因被告要求更改包装交货期限尚未确定。原告实际生产的产品经法院组织清点，英文版拼图均存在塑料包装纸英文警告语反向的情形，中文版拼图无质量问题；第二，2010 年 12 月 11 日签订的 1211 合同，交货日期为 2010 年 12 月 30 日，后因被告始终未提供上述产品的外包装彩盒设计稿，故原告生产完毕后散装半成品现堆积在其仓库，数量经现场清点为 16 万包。

原告起诉后，认为被告可能丧失履行上述合同的能力，故于 2011 年 4 月 27 日向被告发送要求中止履行 1125 合同及 1211 合同的通知，要求被告在接到通知之日起 5 日内提供等额担保，否则原告将解除上述合同。因被告未提供相应担保，原告于 2011 年 5 月 5 日再次向被告发函通知其解除 1125 合同及 1211 合同并要求被告赔偿经济损失。被告收到上述两份邮件后均未作出回复。

另查明：被告公司的注册资本为 150 万元，2010 年 12 月至 2011 年 4 月期间，其资产及负债基本持平，净利润为负且亏损金额逐月扩大。原告起诉后要求保全被告财产 197 万元，法院于 2011 年 3 月 9 日、10 日实际冻结该公司银行账户 79.54 元及被告对案外人永兆公司的到期债权 197 万元。但因被告同时结欠港华公司 300 万元左右加工款，故港华公司向宁波市镇海区人民法院申请财产保全。该院于 2011 年 3 月 15 日裁定冻结了被告对案外人永兆公司的到期债权 3 352 927.76 元。后被告与港华公司就结欠加工款协商一致，欠款 300 余万元分两年半付清。

三、争议问题与判决

（一）争议问题

原告之诉第二项涉及的不安抗辩权是否正确有效行使？

（二）法院判决

法院经审理认为：被告的经营状况出现问题，已拖欠原告近 200 万元未及时支付，同时被告还存在巨额外债，其中被告结欠案外人港华公司的外债 300 余万元经双方协商分两年半才能支付完毕，即被告的即时付款能力严重欠缺。被告提出其经营状况良好，但未提供证据证明其目前有足够的履约能力，且虽然其与港华公司之间就欠款达成和解，但也不能排除其在长达两年半的分期付款过程中会出现资产危机的可能，故法院认为被告对此提出的抗辩不成立。原告认为被告的履约能力不足并基于此行使不安抗辩权中止履行合同并要求被告提供担保，符合法律规定。

被告在收到上述通知后既未恢复履行能力也未提供相应担保，甚至还因此拒不提供 1211 合同相应的彩盒设计稿，恶意明显，故原告据此要求解除双方签订的 1125 合同及 1211 合同，合理合法，法院予以支持。合同解除后，原告有权要求被告赔偿其因履行上述两份合同所造成损失。

上述两份合同中，英文版拼图均存在塑料袋英文警示语反向的质量问题，鉴于原告在被告尚未确定交货期的情况下行使不安抗辩权要求解除合同，故原告的瑕疵产品中合格部分的生产成本损失被告应予以赔偿。1211 合同经法院现场勘察，原告已按合同约定完成了塑料袋包装的拼图半成品。根据原告提供的 QQ 聊天记录显示，原告一直在向被告催要彩盒设计稿以便完成拼图的外壳包装，但被告却因原告采取诉讼方式追讨欠款而一直未提供，直接导致 16 万包半成品长期堆积在原告仓库。现原告要求解除合同并赔偿损失，损失应包括散装拼图的生产成本及该批次货物的合理利润。被告在赔偿损失后，即取得了上述两份合同项下产品的所有权，有权采取其他途径取回现在原告处的相应产品。

法院判决被告某工贸公司支付原告某彩印公司加工款 184 万余元并支付

相应的逾期付款利息损失；解除原告某彩印有限公司与被告某工贸公司签订的 1125 合同、1211 合同两份，并由被告某工贸有限公司赔偿原告某彩印公司经济损失 20 万余元。

一审宣判后，被告某工贸公司不服一审判决，提起上诉，请求撤销原判，依法改判宁波宏途纸制品工贸有限公司对原审判决应付款项中 412 991.08 元不承担付款责任。

宁波市中级人民法院查明确认的事实与宁波市鄞州区人民法院确认的事实一致。

宁波市中级人民法院审理认为：1125 合同项下的英文版拼图虽存在塑料包装纸警示语反向的质量问题，但因某彩印公司在交付期限尚未确定前行使不安抗辩权要求解除合同，原审法院判决某工贸公司赔偿某彩印公司拼图散片的生产成本并无不妥。至于某工贸公司要求某彩印公司赔偿损失，因其在原审中既未提供充分证据证明，又未提出反诉，其可另行举证。某工贸公司在履行 1125 合同、1211 合同的过程中，经营状况出现问题，并与他人发生巨额诉讼，且在收到某彩印公司要求中止履行合同及提供等额担保的通知后，既未回复，也未提供担保或恢复履行能力，原审法院据此判决支持某彩印公司解除合同的诉请，并不违反法律规定。综上，二审法院认为原审判决认定事实清楚，程序合法，判决得当。某工贸公司的上诉请求，理由不足，难以支持，驳回上诉，维持原判。

四、关联法条

《民法典》第 526 条

当事人互负债务，有先后履行顺序，应当先履行债务一方未履行的，后履行一方有权拒绝其履行请求。先履行一方履行债务不符合约定的，后履行一方有权拒绝其相应的履行请求。

《民法典》第 527 条

应当先履行债务的当事人，有确切证据证明对方有下列情形之一的，可以中止履行：

（一）经营状况严重恶化；

（二）转移财产、抽逃资金，以逃避债务；

（三）丧失商业信誉；

（四）有丧失或者可能丧失履行债务能力的其他情形。

当事人没有确切证据中止履行的，应当承担违约责任。

《民法典》第 528 条

当事人依据前条规定中止履行的，应当及时通知对方。对方提供适当担保的，应当恢复履行。中止履行后，对方在合理期限内未恢复履行能力且未提供适当担保的，视为以自己的行为表明不履行主要债务，中止履行的一方可以解除合同并可以请求对方承担违约责任。

五、学理分析

本案中，对于先履行方在行使不安抗辩权时是否具有确切的证据、后履行方的经营状况是否严重恶化并危及先履行方债权的实现、先履行方瑕疵履行情况下是否可启动不安抗辩权、合同解除后的损失如何确定等存在较大争议。如何正当行使不安抗辩权，平衡合同双方的权益，同样是理论与实务界所困扰的焦点。

在继续性合同的履行过程中，双方的合同义务均存在持续性，在某一阶段后履行方不安事由的出现均可导致先履行方不安抗辩权的产生。往往在这种情况下，后履行方会以不安事由不能成立或先履行方瑕疵履行等理由进行对抗，对中止履行并要求提供担保的通知不予理睬，从而导致先履行方行使合同解除权。

1. 合理配置不安抗辩权人的举证责任

关于不安抗辩权人的举证责任是法律规定的一项附随义务，非经该程序，不得行使不安抗辩权。传统大陆法系国家，抗辩人只要有证明对方的财产显形减少到令人以为将不能履行债务的证据就可以行使不安抗辩权，这是对一种现状的描述，即无须证明财产显形减少的直接原因，同样，英美法系国家，也只要有合理理由认为对方将不能正常履约即可主张对方默示预期违约。由此可见，大陆法系和英美法系对于不安事由采用的是主观判断标准，举证责任相对较轻。

在先履行方举证责任问题上，如果仅凭主观的猜测就可以行使不安抗辩权，的确容易造成先履行方滥用该项权利，但如采用确切证据的标准则过于严格。因为当今社会非常重视商业信息资源的保护，而法律规定的必须举证的四种情形往往很难被外界所知，若举证责任过严，极有可能会人为地带出许多新的社会问题，如通过非法手段获取对方的资产不良变动信息将涉及侵犯对方商业秘密等。同时，这种过于严格的举证责任，实质上限制了我国不安抗辩权制度运用，这不但有违设立不安抗辩权的初衷，更严重损害了该制度价值功能的实现。

鉴于此，可以借鉴大陆法系关于外部表象的举证标准，即要求先履行方在主张不安抗辩权时仅需提供基本证据证明对方存在财产明显减少或商业信誉显著受损的情形，即产生中止履行的法律效力。对方在收到通知后，负有一定的反证责任以对抗并消灭不安抗辩权，使原合同得以继续履行。同时，先履行方也可在诉讼中进一步补强证据，申请法院调查对方的资产负债、经营状况等方面的材料，把这一举证责任适当转交给法院，从而使得该项制度既能平衡双方权益，又能发挥其最大功效。

具体到本案中，某工贸公司涉及多起诉讼且均未履行完毕，而与某彩印公司之间也存在前期加工款拖欠不付且不能提供全额财产保全的情形，一审法院调取的资产负债表亦同时验证了某工贸公司利润处于负增长状态，经营状况堪忧。而某工贸公司对原告中止履行合同并要求提供担保的通知始终不予理睬，在诉讼过程中也未能提供足够的证据证明其完全具备履约能力，故两级法院依法判令原告不安抗辩权成立，有效地保护了先履行方的权利，避免了其损失的进一步扩大。

2. 先履行抗辩权与不安抗辩权的对抗及适用

先履行抗辩权又称为违约救济权，必须满足"先履行合同债务一方当事人不履行合同债务或履行合同债务不符合约定"这一前提条件，所起到的作用是后履行方暂时中止履行合同义务的法律效果。在先履行方履行期限到来之前，该方当事人仍存在使其履行行为符合合同约定的可能，因此先履行抗辩权仅是一时的抗辩，并不产生消灭合同的法律效果。其作用在于通过行使这种权利而使对方的请求权消灭或使其效力延期发生，若先履行抗辩权成立，先履行方还有可能承担违约责任。而不安抗辩权所面对的是对方不能为对待给付的一种危险，即后履行方无能力再为对待给付。若在合理期限内无法恢复履行能力，则先履行方有权中止履行，最终有可能导致合同的解除，故两者的区别是显著的。

先履行抗辩权与不安抗辩权均发生在合同约定的履行期到来之前，当两者产生对抗时，应先审查不安抗辩权是否成立。因为先履行方往往是在其履行过程中发现对方存在不安事由，此时其履约行为尚未完成，当然存在部分履行、瑕疵履行或不完全履行等情形，若此时后履行方能以先履行抗辩权进行对抗，则不安抗辩权将会沦为虚设。若后履行方确实丧失履行能力，则其不能主张先履行抗辩权，亦不能以此对抗先履行方主张不安抗辩权。

本案中，某工贸公司对交货期限一再更改，某彩印公司加工的产品虽存在部分质量瑕疵，但该瑕疵并不必然导致合同目的不能实现，在交货期到来之前，某彩印公司仍可通过返工使产品符合合同约定。而某工贸公司的经营状况却导致其对待给付存在现实危机，此种情况下，某彩印公司行使不安抗辩权理由正当。若某工贸公司能在合理期限内恢复履约能力，其仍可就某彩印公司瑕疵履行部分主张先履行抗辩权。

六、思考问题

1. 不安抗辩权的主张方应如何收集充分证据？
2. 合同双方均有违约先兆时，其中一方如何稳妥行使不安抗辩权？

潘某平、何某言等买卖合同纠纷案[1]

一、知识点介绍

部分履行是指债务人仅履行部分合同义务。部分履行应满足以下几个条件：

1. 须有履行行为

不完全履行的基本条件是债务人有履行债务的行为，如果没有履行行为，则可能构成履行不能，而不会构成不完全履行。还需注意的是，债务人的履行行为，是指以履行债务为目的的行为。与履行债务无关的行为造成债权人损害的，不属于加害给付，属于一般侵权行为。

2. 须债务人的履行不完全符合债的内容约定

债务人履行债务应以满足债权人的利益为目的，同时债务人的履行行为也不能给债权人带来损害，这是法律对债务人的最基本的要求。而在不完全履行的场合，债务人违反了此义务，没有按照债务本旨履行债务。债务人的履行不完全合乎债的内容，具体表现为：履行的数量上不完全，标的物的品种、规格、型号不合乎规定或标的物有缺陷，加害给付，履行方法上的不完全以及违反附随义务的不完全履行。

3. 须可归责于债务人

可归责于债务人，是指债务人对其履行债务所造成的对于债权人的损害，未尽相当的注意义务。在瑕疵给付中，无论债务人主观上具有故意或者过失，只要其交付的标的物有瑕疵，债务人即应负责；在加害给付中，因其系债务

---

〔1〕 案例来源：浙江省绍兴市中级人民法院民事判决书〔2024〕浙 06 民终 1583 号。

人的履行行为造成债权人的其他利益的损失，故应以债务人主观上具有故意或过失为要件。但对于债务人的故意或过失，债权人不负举证责任，债务人须证明自己主观上没有过错时，才能免于负责。

此外，还须债务人无免责事由。如果债务人履行不符合债务本旨，是由于不可抗力所致，则债务人并不负不完全履行的责任。此外，如果当事人对不完全履行存有有效约定的免责条款，也可以不负不完全履行的责任。

对于合同一方部分履行的情况下，另一方是否可以解除合同，应具体分析。如债务人可以补足履行不足的部分，在此种部分履行情况下，应限定合同的解除。一般来说，除非债权人能够证明部分履行将构成根本违约，导致合同目的不能实现，否则不能解除合同。在确定部分履行是否构成根本违约时，应考虑如下两层因素：一是违约部分的价款、金额或服务与整个合同价金或服务之间的比例。例如，出卖人应交付 800 千克橘子，却只交付 50 千克，未交付部分的量很大，应构成根本违约。二是违约部分与合同目标实现的关系。如出卖人部分履行未给买受人造成重大损害，则不构成根本违约。但是，违约若直接妨碍合同目标的实现，即使违约部分价值不大，也应认为已构成根本违约。如在成套设备买卖中，某一部件或配件的减少，可能导致整个机器设备难以运转。再如，由于合同规定的各批交货义务是相互依存的，违反某一批交货义务就不能达到当事人订立合同的目的，对某批交货义务的违反则构成对整个合同的根本违反，因此对方当事人有权解除合同。

二、基本案情

2023 年 8 月 22 日，潘某平作为乙方与何某言、蒋某军作为甲方签订《购买珍珠蚌协议书》一份，约定"起蚌时间定于 2023 年 8 月 22 日至 2023 年 11 月 30 日止……任何一方不得违约，若甲方违约应双倍返还乙方押金，若乙方违约甲方没收押金"。同日，潘某平向何某言账户转账 50 万元。后潘某平在起蚌期内上门提取了 6 万只珍珠蚌，并付清了相应货款，但此后直至起蚌期届满，潘某平未再提取剩余珍珠蚌也未向何某言、蒋某军支付过货款。

2023 年 12 月初，潘某平向何某言、蒋某军讨要珍珠蚌，何某言、蒋某军以鱼塘承包期届满，已将珍珠蚌另售为由拒绝了潘某平的交付请求，2023 年 12 月 17 日，经双方协商，何某言、蒋某军已返还潘某平押金 10 万元。

潘某平于 2024 年 1 月 15 日向一审法院起诉请求：①判令解除潘某平和何

某言、蒋某军签订《购买珍珠蚌协议书》；②判令何某言、蒋某军返还定金90万元。庭审中，潘某平明确解除合同的范围为尚未履行的合同内容。

潘某平不服一审法院判决提出上诉，要求撤销一审判决第二项，改判何某言、蒋某军返还潘某平定金90万元。潘某平认为：

（1）一审判决认定潘某平违约，存在事实认定错误。①潘某平并非本案违约方。根据《民法典》第510条、第598条、第603条规定，当本案双方对如何交货有异议时，也应在履行协议时先进行协商确定，协商不成，才根据上述规定予以确定，何某言、蒋某军至少应在通知买方后将货物交付承运人。本案虽然第一次履行协议是由潘某平主动提出上门取货，但这仅是潘某平配合何某言、蒋某军完成交货义务的偶然的交货方式，并未形成交易习惯，更不等于将按期交货的责任主体完全转嫁于潘某平。一审判决在合同双方未协商且何某言、蒋某军未通知买方收货的事实下，仅凭潘某平没有在交货期限内提货就认定系其先违约，明显有误。②何某言、蒋某军的行为已构成根本违约。根据《民法典》第563条、第565条规定，在何某言、蒋某军本身应承担装货交货义务的情况下，未经协商，又未通知潘某平履行协议的情况下，在协议刚到期，未履行解除合同通知前，就擅自将案涉珍珠蚌另卖，造成合同目的不能实现，构成了根本违约，给潘某平造成重大损失，应向潘某平承担不能交货的合同责任，并双倍返还定金。即使潘某平存在逾期履行的轻微违约行为，无论何某言、蒋某军是否具备合同解除权利，其在主张解除合同时也应先履行相关的通知及催告义务，如潘某平不履行才有合同解除的可能。虽何某言、蒋某军辩解是因为鱼塘承包期届满而急于出售，但未提供任何证据证明。且即使如此，根据正常逻辑和交易习惯，何某言、蒋某军更应先联系潘某平确认是否购买、怎么交货，而非直接出售给第三人，还没收定金，该行为明显属于不诚信、恶意违约的行为。

（2）一审法院审理程序不当。①本案中，潘某平起诉主张何某言、蒋某军返还预付的剩余定金40万元，并赔偿因违约需承担的加倍定金50万元。一审判决即使认为在合同履行中何某言、蒋某军无须承担违约责任，也应首先判决双方返还依据合同所取得的财产，即判决由何某言、蒋某军向潘某平返还其已交付的40万元定金。而非在何某言、蒋某军未提出反诉的情形下迳行判决没收全额定金，违反了不告不理的原则，应属审判程序不当。②即使可在本案中一并审查处理违约责任分担问题，首先，何某言、蒋某军主张潘某平违约的理由不成立，又未有任何证据佐证，不应认定潘某平违约并承担违约责任；其次，退一步讲，即使潘某平存在轻微违约，而何某言、蒋某军更存在根本违约的情形，其也应承担全部的违约责任；最后，何某言、蒋某军并未有任何损失，一审判决将潘某平交付的押金全额作为违约金支付何某言、蒋某军明显对潘某平的惩罚过高，应参照违约造成的实际损失予以调整。

（3）一审判决适用法律不当。根据《最高人民法院关于适用〈中华人民共和国民法典〉合同编通则若干问题的解释》第 67 条的规定，当事人约定了定金性质，但是未约定定金类型，一方主张定金类型为违约定金的，人民法院应予支持。虽然协议中用"押金"进行表述，但根据双方的真实意思表示，实际适用的应是"定金"而非"押金"，故本案应适用定金罚则，在何某言、蒋某军构成根本违约的情形下应当双倍返还定金。

何某言、蒋某军共同辩称：

（1）潘某平违约事实清楚。根据《购买珍珠蚌协议书》，潘某平购买珍珠蚌的时间定于 2023 年 8 月 22 日至 2023 年 11 月 30 日，潘某平在起蚌点数并且装车后应当一次性付清余款。但潘某平在该期间内只提取了 6 万只珍珠蚌，未提取剩余部分珍珠蚌，也未与何某言、蒋某军协商延长合同期限。而是直到何某言、蒋某军合同期限届满并且何某言、蒋某军的承包期到期后，才在 2023 年 12 月 17 日左右通过中间人与何某言、蒋某军协商退还押金的事情，潘某平因自身原因未能按时收货，违约事实清楚。潘某平关于何某言、蒋某军有装货和通知买受人收货等交货义务的主张与事实不符。根据双方第一次交易以及珍珠蚌行业交易的一般交易习惯，何时交货是根据买方需要确定，由买方提前通知卖方，在交易当天由珍珠蚌的出卖方负责起蚌（将珍珠蚌从塘中取出），由卖方安排的车辆和人员负责点数，双方对点数确认后，再将珍珠蚌放至买方安排的取货车辆上，这也就是合同约定的装车费用由卖方承担，装车费用实际指的就是从起蚌到装上车为止的费用，装车费用不等于运输费用，运输车辆是潘某平安排，也可证明何某言、蒋某军没有履行通知收货等交货义务，案涉合同的违约方系潘某平自身。

（2）双方关于案涉协议在 2023 年 12 月 17 日已达成协商一致的处理结果。在案涉合同期限届满并且何某言、蒋某军的承包期到期后，潘某平才在 2023 年 12 月 17 日左右通过中间人与何某言、蒋某军协商退还押金的事情，何某言、蒋某军刚开始认为押金 50 万元应当全额没收，后经中间人沟通退还了 10 万元押金，潘某平也收取了该部分押金，至此双方关于案涉协议的纠纷已处理完毕。潘某平后再次通过诉讼的形式要求何某言、蒋某军双倍返还押金有违诚实信用原则，不应当支持。

（3）一审法院程序正当、适用法律正确。案涉《购买珍珠蚌协议书》系由潘某平提供的协议版本，内容也均是由潘某平亲自填写。何某言、蒋某军在签订该协议的时候就已明确告知珍珠蚌塘在 2023 年 11 月 30 日就要到期，所以才将起蚌时间约定在 2023 年 11 月 30 日之前，潘某平对于到期时间是明知的；其次，根据协议约定如果何某言、蒋某军违约应当双倍返还押金，如潘某平违约应没收押金，协议关于款项的定义是押金，而非定金，该协议的版本是由潘某平提供、打印的，不存在笔误或者表述不当的情况，双方均应严格按照协议约定履行；最后，一审根据查明的事实判决驳回潘某平要求返还 90 万元的诉讼请求，并未违反不告不理的原则，也不存在审判程序不当的问题。

三、争议问题与判决

（一）争议问题

1. 案涉《购买珍珠蚌协议书》履行过程中究竟谁存在违约行为？
2. 潘某平要求何某言、蒋某军赔偿 90 万元是否具有法律依据？

（二）法院判决

一审法院依照《民法典》第 562 条、第 566 条、第 567 条、第 577 条，判决：①确认潘某平与何某言、蒋某军于 2023 年 8 月 22 日签订的关于"5.5 万只及 18 万只珍珠蚌"的《购买珍珠协议书》于 2023 年 12 月 17 日解除，②驳回潘某平的其余诉讼请求。

二审中，何某言、蒋某军未提交新的证据。潘某平围绕其上诉请求向法院提交以下证据：①《珍珠蚌购销协议》一份，以证明何某言、蒋某军在 2023 年 12 月将案涉的珍珠蚌卖给了自己的亲属方良，可见其完全可以继续履行本案合同，而该购销协议约定的价格高于本案《购买珍珠蚌协议书》约定的价格，潘某平有理由怀疑何某言、蒋某军是为了获得更高收益，同时该协议签订的时间以及约定的履行期限均在 2023 年 12 月，这与何某言、蒋某军在一审中陈述的 2023 年 11 月 30 日鱼塘承包到期才不得已将珍珠蚌转卖的内容完全相悖，②叶某忠的身份信息及二维码收款信息各一份，以证明潘某平曾于 2023 年 8 月将一批小蚌送交何某言、蒋某军养殖，说明双方之间除本案争议之外还有其他争议，故 2023 年 12 月 17 日的协商没有达成最终处理方案。何某言、蒋某军质证认为，对证据 1 的真实性、合法性、关联性均有异议，该协议为复印件，且买受人处没有姓名及签字，即便真实，该协议所约定的 60 000 只珍珠蚌和本案《购买珍珠蚌协议书》所约定的第二批 55 000 只数量不一致，难以认定为同一批货物，对证据 2 的真实性、合法性、关联性均有异议，双方之间涉及的其他争议与本案无关。

二审法院认为，证据 1 系复印件且无相对方签字，真实性无法认定，不予认定，证据 2 与本案缺乏关联性，亦不予认定。经审查，二审法院对一审查明的事实予以确认。

二审法院认为潘某平的上诉请求部分成立，对成立部分应予支持，一审判决认定事实清楚，但对双方当事人的违约责任认定不当，应予纠正。判决如下：①维持浙江省诸暨市人民法院［2024］浙 0681 民初 1342 号民事判决第一项，即确认潘某平与何某言、蒋某军于 2023 年 8 月 22 日签订的关于"5.5 万只及 18 万只珍珠蚌"的《购买珍珠协议书》于 2023 年 12 月 17 日解除，②撤销浙江省诸暨市人民法院［2024］浙 0681 民初 1342 号民事判决第二项及诉讼费负担部分，③何某言、蒋某军应于本判决生效之日起 10 日内返还潘某平 200 000 元，④驳回潘某平的其他诉讼请求。

四、关联法条

《民法典》第 509 条

当事人应当按照约定全面履行自己的义务。

当事人应当遵循诚信原则，根据合同的性质、目的和交易习惯履行通知、协助、保密等义务。

当事人在履行合同过程中，应当避免浪费资源、污染环境和破坏生态。

《民法典》第 531 条

债权人可以拒绝债务人部分履行债务，但是部分履行不损害债权人利益的除外。

债务人部分履行债务给债权人增加的费用，由债务人负担。

《民法典》第 562 条

当事人协商一致，可以解除合同。

当事人可以约定一方解除合同的事由。解除合同的事由发生时，解除权人可以解除合同。

《民法典》第 566 条

合同解除后，尚未履行的，终止履行；已经履行的，根据履行情况和合同性质，当事人可以请求恢复原状或者采取其他补救措施，并有权请求赔偿损失。

合同因违约解除的，解除权人可以请求违约方承担违约责任，但是当事人另有约定的除外。

主合同解除后，担保人对债务人应当承担的民事责任仍应当承担担保责任，但是担保合同另有约定的除外。

《民法典》第 567 条

合同的权利义务关系终止，不影响合同中结算和清理条款的效力。

《民法典》第 577 条

当事人一方不履行合同义务或者履行合同义务不符合约定的，应当承担继续履行、采取补救措施或者赔偿损失等违约责任。

《民法典》第 586 条

当事人可以约定一方向对方给付定金作为债权的担保。定金合同自实际交付定金时成立。

定金的数额由当事人约定；但是，不得超过主合同标的额的百分之二十，超过部分不产生定金的效力。实际交付的定金数额多于或者少于约定数额的，视为变更约定的定金数额。

《最高人民法院关于适用〈中华人民共和国民法典〉合同编通则若干问题的解释》第 67 条第 1 款

当事人交付留置金、担保金、保证金、订约金、押金或者订金等，但是没有约定定金性质，一方主张适用民法典第五百八十七条规定的定金罚则的，人民法院不予支持。当事人约定了定金性质，但是未约定定金类型或者约定不明，一方主张为违约定金的，人民法院应予支持。

《最高人民法院关于适用〈中华人民共和国民法典〉合同编通则若干问题的解释》第 68 条

双方当事人均具有致使不能实现合同目的的违约行为，其中一方请求适用定金罚则的，人民法院不予支持。当事人一方仅有轻微违约，对方具有致使不能实现合同目的的违约行为，轻微违约方主张适用定金罚则，对方以轻微违约方也构成违约为由抗辩的，人民法院对该抗辩不予支持。

当事人一方已经部分履行合同，对方接受并主张按照未履行部分所占比例适用定金罚则的，人民法院应予支持。对方主张按照合同整体适用定金罚则的，人民法院不予支持，但是部分未履行致使不能实现合同目的的除外。

因不可抗力致使合同不能履行，非违约方主张适用定金罚则的，人民法院不予支持。

五、学理分析

潘某平与何某言、蒋某军之间的买卖合同关系未违反法律、行政法规的效力性强制性规定，系双方当事人的真实意思表示，应属有效。当事人一方不履行合同义务或者履行合同义务不符合约定的，应当承担继续履行、采取补救措施或者赔偿损失等违约责任。

本案中，潘某平和何某言、蒋某军约定了起蚌时间为 2023 年 8 月 22 日至 2023 年 11 月 30 日，该时间经双方确认系交货时间，故潘某平应于 2023 年 11 月 30 日前提取合同约定数量的珍珠蚌并支付相应的货款，但其逾期未提取，事实清楚，显属违约，应承担相应的违约责任，根据合同约定，何某言、蒋某军有权没收押金。

潘某平虽主张合同没有约定交货方式，但基于潘某平上门提取了合同项下的第一批珍珠蚌，且合同未载明、潘某平亦未提供送货地址，何某言、蒋某军无法送货上门，故可以推定案涉珍珠蚌的交货方式为潘某平上门取货。至于潘某平主张何某言、蒋某军在潘某平多次催讨后未交付珍珠蚌，属根本违约。

首先，根据合同约定，案涉珍珠蚌的交货期限于 2023 年 11 月 30 日届满，而潘某平未在交货期内提货，系其违约在先。其次，潘某平未与何某言、蒋某军沟通延期提货等相关事宜，也未向何某言、蒋某军预付货款，鉴于剩余珍珠蚌的价值为 191 万元，潘某平所付押金不足以弥补货物滞留所造成的损失，何某言、蒋某军在鱼塘承包期即将届满的情况下见机处置珍珠蚌，并无不当，故合同目的无法实现的原因在于潘某平，何某言、蒋某军没有实施违反合同约定的行为。

鉴于潘某平和何某言、蒋某军于 2023 年 12 月 17 日进行过协商，何某言、蒋某军已明确表示不再履行剩余珍珠蚌的合同义务，潘某平也收取了何某言、蒋某军退还的 10 万元押金，结合潘某平和何某言、蒋某军当庭作了同意解除合同的陈述，故潘某平和何某言、蒋某军签订的关于"5.5 万只及 18 万只珍珠蚌"的《购买珍珠协议书》于 2023 年 12 月 17 日协商解除。

合同的权利义务关系终止，不影响合同中结算和清理条款的效力，何某言、蒋某军收取潘某平预付的押金 50 万元，符合合同约定，予以确认。此后何某言、蒋某军又返还潘某平押金 10 万元，系何某言、蒋某军在与潘某平协商后处分自有财产的行为。

本案系买卖合同纠纷，根据双方当事人的诉辩意见，一审中双方当事人对于解除《购买珍珠蚌协议书》剩余未履行部分并无争议。二审争议焦点主要为案涉《购买珍珠蚌协议书》履行过程中谁存在违约行为，潘某平要求何某言、蒋某军赔偿 90 万元是否具有依据。

对此，首先应确定案涉《购买珍珠蚌协议书》中所约定的"押金"的性质。本案中的《购买珍珠蚌协议书》约定"协议签订后，乙方应向甲方支付押金伍拾万元整……任何一方不得违约，若甲方违约应双倍返还乙方押金，若乙方违约甲方没收押金"。签订合同当日，潘某平向何某言转账 50 万元，根据协议的内容及款项的金额来看，协议所约定的"押金"实为"定金"的性质。

其次，在前述认定 50 万元款项为定金的前提下，再确定案涉《购买珍珠蚌协议书》履行过程中，潘某平作为给付定金的一方，何某言、蒋某军作为收受定金的一方，是否存在违约行为，能否适用定金罚则。本案中，《购买珍珠蚌协议书》约定"起蚌时间定于 2023 年 8 月 22 日至 2023 年 11 月 30 日止"，潘某平未在约定的起蚌时间就剩余两批珍珠蚌向何某言、蒋某军通知取货，显然存在违约，其要求何某言、蒋某军赔偿 50 万元显然缺乏依据。但鉴于潘某平在合同约定的起蚌期内上门提取了 6 万只珍珠蚌并付清相应货款，已经部分履行合同，故何某言、蒋某军也应返还 50 万元中根据已履行部分占合同整体的比例所计算的金额，该应返还金额超过何某言、蒋某军已返还的 10 万元。

此外，因《购买珍珠蚌协议书》明确约定交付的珍珠蚌总共有三批，何某言、蒋某军在明确知晓合同约定的珍珠蚌共计三批而潘某平实际只提取了一批的情况下，也应当遵循诚信原则，在合同约定的履行期限届满前履行适当的提醒及通知义务，然本案中何某言、蒋某军未提供证据证明其在 2023 年 11 月 30 日前提醒潘某平起蚌时间以及鱼塘承包期限即将届满，相反在 2023 年 12 月将珍珠蚌卖与他人，故亦存在一定过错。鉴于双方在履行过程中均有不同程度的过错，结合双方的过错程度以及何某言、蒋某军对于合同解除所造成的损失未提供任何证据的情况，应酌情认定何某言、蒋某军返还潘某平 20 万元。何某言、蒋某军关于其和潘某平已在 2023 年 12 月 17 日经中间人协商达成返还 10 万元押金的解决方案、潘某平明确表示剩余部分押金不再追究的辩称，缺乏事实依据。

部分履行合同如果导致合同目的不能实现的就会构成根本违约，如果不会导致合同目的不能实现，只是没有按照合同履行部分义务的，不会构成根本违约。一方根本违约的，另一方有权请求解除合同，同时，存在过错的需要进行赔偿。

法律规定已经部分履行的合同可以解除的，当事人可以协商解除，如果一方部分履行，属于法定解除合同的情形时，另一方也可以请求法院解除合同。法定解除的事由有：因不可抗力致使不能实现合同目的；在履行期限届满前，当事人一方明确表示或者以自己的行为表明不履行主要债务；其他法定事由。《民法典》第 562 条规定："当事人协商一致，可以解除合同。当事人可以约定一方解除合同的事由。解除合同的事由发生时，解除权人可以解除合同。"

那么，如果合同已经履行，应怎么认定呢？

1. 合同履行是当事人的履约行为。由于合同的类型不同，履行的表现形式也不尽一致。但任何合同的履行，都必须有当事人的履约行为，这是合同债权得以实现的一般条件，也是债权与所有权在实现方式上的基本区别。合同的履行通常表现为义务人的作为，由于合同大多是双务合同，当事人双方一般均需为一定的积极作为，以实现对方的权利。但在极少数情况下，合同的履行也表现为义务人的不作为。无论是作为还是不作为，都是义务人的履约行为。

2. 履行合同的标准。履行合同，就其本质而言，是指合同的全部履行。只有当事人双方按照合同的约定或者法律的规定，全面、正确地完成各自承担的义务，才能使合同债权得以实现。因而，当事人全面、正确地完成合同义务，是对当事人履约行为的基本要求。只完成合同规定的部分义务，就是没有完全履行，任何一方或双方均未履行合同规定的义务，则属于完全没有履行。无论是完全没有履行，或是没有完全履行，均与合同履行的要求相悖，当事人均应承担相应的责任。

3. 履行合同是一个行为过程。当事人完成合同义务的整个行为过程，不仅包括当事人的依约交付行为，而且还应包括当事人为完成最终交付行为所实施的一系列准备行为。尽管在通常情况下，准备行为并非合同义务，但绝不能因此得出准备行为不是合同履行行为的结论。准备行为是最终履行行为的基础或前提，甚至可以说没有准备行为即没有最终的履行行为。合同的履行是一个过程，其中包括执行合同义务的准备、具体合同义务的执行、义务执行的善后等。

此外，在一方当事人部分履行的情形下，可以适用定金罚则，只是不完全适用，而是按比例适用。这实际上是承认定金罚则可以分割适用。定金罚则的适用条件消灭的前提是主合同债务得到全部履行，主债务的任何一部分未得到履行，定金罚则的适用条件就未完全消失，对于该部分未履行的债务依然应当适用定金罚则，这样才能保证双方当事人的权利义务趋于平等。因为合同义务的任何一部分未得到履行，非违约方都会因此受到损失，违约方都应当承担相当的责任，如果部分违约方当事人并未因其部分违约行为而受到应有的惩罚，实际上就是放纵了违约行为。定金罚则的分割适用更有利于保护当事人合法权益，更有利于体现定金的担保作用。

六、思考问题

如何判断部分履行合同是否构成根本性违约？

某实业有限公司与某物流公司港口作业纠纷案[1]

一、知识点介绍

情势变更是指合同依法有效成立后，全面履行前，因不可归责于当事人的原因，使合同赖以成立的基础或环境发生当事人订立合同时无法预见且不属于商业风险的重大变化，当事人有权请求法院或仲裁机构变更或解除合同的法律制度。

适用情势变更原则需要符合以下条件：

1. 须有情势变更的事实。所谓"情势"，泛指作为合同成立基础或环境的客观情况，例如合同订立时的供求关系。这里的"变更"，是指上述客观情况发生了异常变动，例如因战争引发的严重通货膨胀。具体判断是否构成情势变更，应以是否导致合同基础丧失、是否致使合同目的落空、是否造成对价关系障碍作为判断标准。

2. 情势变更须发生在合同成立以后，履行完毕之前。之所以要求情势变更须发生在合同成立以后，是因为若情势变更在合同订立时即已发生，应认为当事人已经认识到发生的事实，合同的成立是以已经变更的事实为基础的，不允许事后调整，只能令明知之当事人自担风险。之所以适用情势变更原则要求情势变更发生在合同履行完毕前，是因为合同因履行完毕而消灭，其后发生情势变更与合同无关。

3. 须情势变更的发生不可归责于当事人，即由不可抗力及其他意外事故引起。若可归责于当事人，则应由其承担风险或违约责任，而不适用情势变

---

[1] 案例来源：江苏省南京海事法院民事判决书［2020］苏 72 民初 864 号；江苏省高级人民法院民事判决书［2021］苏民终 1554 号。

更原则。

4. 须情势变更是当事人所不可预见的。如果当事人在缔约时能够预见情势变更，则表明他承担了该风险，不再适用情势变更原则。

5. 须情势变更使履行原合同显失公平。该显失公平应依理性人的看法加以判断，包括履行特别困难、人受领严重不足、履行对债权人无利益等。

进一步对情势变更进行分解，可以发现其通常具备以下特征：

1. 客观上，必须有情势变更的事实。这是适用情势变更原则的前提条件。所谓"情势"，是指合同成立时所依赖的客观情况；所谓"变更"，是指合同赖以成立的环境或基础发生异常变动。这里的"客观事实"，指一切可能导致合同基础动摇的客观情况，包括自然灾难、意外事故、战争爆发、国家经济政策及社会经济环境的巨变等。客观情势的变化时刻存在，但一般变化不会引起情势变更原则的适用，必须有重大的异常变动致使合同的法律基础丧失时才可适用。

2. 主观上，情势变更是当事人在订立合同时所不可预见并不可避免的，双方当事人在心态上都不存在过错。不可预见，是指双方当事人没有预见且不可能预见，以合同成立之时具有该类合同所需要的专业知识及正常思维在当时情况下不可能预见为准；应当预见而没有预见的不适用。不可避免，是指事前无法预防，事后尽一切措施也无法消除其影响。

3. 时间上，情势变更事由必须是发生在合同有效成立后至合同终止履行前。合同成立以前的情势，无论当事人在订立合同时是否知晓，其作为合同成立的基础都是确定的，无法改变的，不存在变更问题。合同履行完毕后，情势的变更不可能对合同产生任何影响，即使出现了情势变更情形，当事人也不能主张权利。

4. 责任上，情势变更发生的事由须不可归责于双方当事人。双方或一方当事人对情势变更的发生有过错的，不适用情势变更原则。

5. 结果上，因情势变更会导致合同的履行显失公平。这是情势变更原则的核心要件。情势变更原则只有在合同赖以成立的基础发生巨大变化，致使继续履行将显失公平，导致一方明显有利，另一方明显受损，双方当事人的利益严重失衡时才适用；如果影响轻微，则不适用。

6. 目的上，情势变更原则的适用，在于消除合同因情势变更而出现的不公平后果，维护双方当事人之间的衡平利益，从而维护市场交易的秩序。

7. 救济上，必须是当事人无法获得别的救济。如果当事人能从其他途径获得应有的救济，从而减少或消除情势变更的影响，则不适用该原则。

8. 解决上，情势变更发生后，应先由双方当事人协商解决，如果协商不成，则必须由当事人向人民法院或仲裁机构申请予以裁定是否变更或解除合同。未经人民法院或仲裁机构裁定，一方或双方当事人不得自行变更或解除合同。

二、基本案情

2019 年 10 月 18 日，某实业有限公司委托中林公司代理进口美国原木业务。2019 年 12 月 26 日，某实业有限公司与某物流公司签订港口作业合同，约定某实业有限公司进口的美国原木在某物流公司太仓鑫海码头进行装卸、堆存。中林公司分别于 2019 年 12 月 19 日和 2020 年 1 月 3 日开具放货通知单，但是太仓鑫海码头关于原告某实业有限公司的货物出库至 1 月 10 日即暂停，直到 2020 年 3 月 8 日才开始继续出库。在此期间，因受新冠疫情影响，加之 2020 年 1 月 25 日春节放假，后通知延长到 2 月 2 日。此后政府通知上班时间不早于 2020 年 2 月 9 日，2020 年 2 月 23 日苏州餐饮、旅馆业等已全面恢复营业，太仓鑫海码头自 2020 年 2 月 15 日起便有其他客户同类货物出库。就太仓鑫海码头而言，2020 年受新冠疫情及其防控措施影响，进口原木的提货至多影响时间为 2020 年 2 月 9 日至 2020 年 2 月 14 日，仅 5 天。

2020 年 7 月 1 日，原告某实业有限公司向某物流公司申请库场使用费免收期额外延长 3 个月，被告某物流公司对此未予以肯定回复。至 2020 年 9 月 15 日前，原告某实业有限公司付清了库场使用费用共计 2 140 695 元，双方签订的港口货物作业合同已全部履行完毕。

原告某实业有限公司向南京海事法院起诉，主张额外延长 3 个月库场使用费的免收期，并由此主张被告某物流公司向其返还多支付的库场使用费。

三、争议问题与判决

（一）争议问题
新冠疫情是否构成本案合同履行中适用情势变更规则的理由？
（二）法院判决
南京海事法院经审理认为，原告的诉讼请求没有事实和法律依据，不予支持。理由如下：

（1）关于案件的法律适用问题，原告某实业有限公司主张判断是否适用情势变更规则应适用《民法典》第533条规定。本案发生在《民法典》实施前，虽然《最高人民法院关于适用〈中华人民共和国合同法〉若干问题的解释（二）》第26条有关于情势变更的原则性规定，但根据《最高人民法院关于适用〈中华人民共和国民法典〉时间效力的若干规定》第2条规定，鉴于适用《民法典》的规定更有利于保护民事主体合法权益，更有利于维护社会和经济秩序，更有利于弘扬社会主义核心价值观，本案原告某实业有限公司主张适用情势变更规则是否成立应适用《民法典》第533条规定。

（2）除有证据证明2020年2月9日至2020年2月14日期间确受新冠疫情及其防控措施影响外，原告某实业有限公司"内姆鲁特湾"和"艾斯特湾"两船货物自2020年1月10日至3月7日/3月12日期间无法出库均属于其可预见或应当预见的商业风险，不适用情势变更规则。一方面，原告某实业有限公司基于自身现货现卖经营模式和商业经营判断，在中林公司于2019年12月19日和2020年1月3日发出放货通知单之后直至2020年1月25日春节放假之前，某实业有限公司没有及时寻找采购商家导致发生案涉货物产生大量滞期费用的情形，属于原告某实业有限公司从事商业经营中可预见或应当预见的商业风险。与此相对照，同时期同样将进口原木于2019年12月31日入库于被告某物流公司太仓鑫海码头的上海荣溢经贸有限公司等从2020年2月15日起陆续提货的事实足以说明，只要在2020年春节前有充足客户订单，完全可以不受或少受新冠疫情及其防控措施影响。另一方面，对于长期以来价格波动较大的大宗商品标的物的合同，不应依据新冠疫情而适用情势变更原则。某实业有限公司应明了木材和进口木材原木交易性质的不确定，其基于理性商事主体的商业判断，长期以来采取现货销售进行交易行为，无论是暴利与损失，均应由其自行享有和承担。

（3）案涉合同已经履行完毕，即使有证据证明2020年2月9日至2020年2月14日期间太仓鑫海码头确受新冠疫情及其防控措施影响，也并不存在合同继续履行对原告某实业有限公司明显不公平的情形。本案中，双方签订的港口作业合同至2020年9月15日均已全部履行完毕，原告某实业有限公司没有提供证据证明货物在2020年2月9日至2020年2月14日受新冠疫情防控措施影响无法及时出运，合同双方对价关系严重失衡因而使其遭受巨大损失。原告某实业有限公司也没有提供证据证明，在此期间，相比 2019 年 12 月前进口美国原木的成本价，之后国内进口原木市场价格下滑导致其无利可图，无法寻找采购商家因而亏损严重。显然，在太仓鑫海码头受疫情防控措施影响期间，本案港口货物作业合同继续履行对某实业有限公司并不存在明显不公平的情形，某实业有限公司主张适用情势变更原则变更双方合同无事实和法律依据。

（4）本案不适用发改投资规〔2020〕734 号《新冠疫情租金指导意见》。本案中，原、被告之间签订的港口货物作业合同包括装卸、堆存、发货等一系列作业服务，与房屋租赁合同关系有本质区别。且原告某实业有限公司也没有提供证据证明其因受新冠疫情影响产生经营困难的情形，不符合该指导意见的政策目的。

南京海事法院遂判决驳回原告全部诉讼请求。

原告某实业有限公司不服一审判决，向江苏省高级人民法院提起上诉。江苏省高级人民法院判决驳回上诉，维持原判。

四、关联法条

《民法典》第 533 条

合同成立后，合同的基础条件发生了当事人在订立合同时无法预见的、不属于商业风险的重大变化，继续履行合同对于当事人一方明显不公平的，受不利影响的当事人可以与对方重新协商；在合理期限内协商不成的，当事人可以请求人民法院或者仲裁机构变更或者解除合同。

人民法院或者仲裁机构应当结合案件的实际情况，根据公平原则变更或者解除合同。

五、学理分析

在既往对不可抗力和情势变更制度"二元对立""择一适用"的背景下，新冠疫情给合同履行带来诸多障碍，学理界对不可抗力和情势变更制度的争论也各执一词，司法审判中未形成稳定统一的裁判模式。随着《民法典》的出台，不可抗力与情势变更二元对立的情况得到了根本性改变。

《民法典》在总结司法实践经验的基础上增加规定了情势变更制度，第 533 条首次以法律的形式确立了情势变更制度，在《最高人民法院关于适用

〈中华人民共和国合同法〉若干问题的解释（二）》第 26 条的基础上做了一定的吸收和修改："合同成立后，合同的基础条件发生了当事人在订立合同时无法预见的、不属于商业风险的重大变化，继续履行合同对于当事人一方明显不公平的，受不利影响的当事人可以与对方重新协商；在合理期限内协商不成的，当事人可以请求人民法院或者仲裁机构变更或者解除合同。人民法院或者仲裁机构应当结合案件的实际情况，根据公平原则变更或者解除合同。"

《民法典》第 533 条关于情势变更制度的规定相较于原规定，主要修订之处在：一是保留了"继续履行合同对一方当事人明显不公平"，但删除了"或不能实现合同目的"，二是增加了受不利影响一方当事人"重新协议"的权利，这体现了鼓励交易的原则，法律鼓励当事人先谈判协商变更履行，以消除情势变更影响，不要轻易解除合同，三是增加了仲裁机构作为确认情势变更的主体，四是删除了非不可抗力的条件。

根据《最高人民法院关于适用〈中华人民共和国合同法〉若干问题的解释（二）》规定，构成不可抗力的情形只能适用不可抗力规则，不能适用情势变更规则，而根据《民法典》的规定，不可抗力情形下既可以当然适用不可抗力规则，也可以适用情势变更规则，在规则适用上给了当事人更大的选择空间。虽然二者存在一定的区别，不可抗力与情势变更有着不同的作用，但同时也具有共同性，即规范当事人没有承受的、支配领域外的风险，二者并非必然冲突，而是功能互补，在司法实践中两者常出现原因上的相互重叠情形，因此没有必要从条文上区分其原因，增加适用难度。

（一）不可抗力和情势变更竞合背景下的法律适用

本案中，原告明确其诉求请求权基础应适用情势变更原则，而非不可抗力。本案发生在《民法典》实施前，理应适用《最高人民法院关于适用〈中华人民共和国合同法〉若干问题的解释（二）》第 26 条关于情势变更的规定。但是根据该规定，不可抗力不能适用情势变更规则，本案中对原告的诉讼请求本应依法驳回。但《最高人民法院关于适用〈中华人民共和国民法典〉时间效力的若干规定》第 2 条规定："民法典实施前的法律事实引起的民事纠纷案件，当时的法律、司法解释有规定，适用当时的法律、司法解释的规定，但是适用民法典的规定更有利于保护民事主体合法权益，更有利于维护社会和经济秩序，更有利于弘扬社会主义核心价值观的除外。"《民法典》第 533

条关于情势变更的规定已将非不可抗力删除，根据该规定，新冠疫情或疫情防控及应急措施导致继续履行合同对于一方当事人显失公平的，则可以适用情势变更制度。本案中，适用《民法典》第533条规定显然更有利于保护双方当事人的合法权益，平衡双方之间的利益关系，更有利于维护社会和经济秩序，更有利于弘扬社会主义核心价值观，因此，本案原告主张是否构成情势变更的认定，应适用《民法典》第533条规定进行判断。

1. 不可抗力和情势变更存在一定的规范竞合

《民法典》第180条第2款规定了不可抗力的定义："不可抗力是不能预见、不能避免且不能克服的客观情况。"由此可见，不可抗力是指"不能预见、不能避免且不能克服的客观情况"。情势变更规则的前提条件是"合同的基础条件发生了当事人在订立合同时无法预见的、不属于商业风险的重大变化"。根据前文所述，《民法典》第533条规定特意删除了非不可抗力的条件，也就导致二者存在一定的竞合之处，在发生不可抗力情形时，存在同时也满足适用情势变更制度条件的可能，两者存在规范竞合。因此，在司法实务中会产生这样的问题：不可抗力情形发生时，到底适用不可抗力规则，还是情势变更规则？两者如何协调？

关于其解决路径，《民法典》第533条关于情势变更制度的规定相较于《最高人民法院关于适用〈中华人民共和国合同法〉若干问题的解释（二）》规定，保留了"继续履行合同对一方当事人明显不公平"，但删除了"或不能实现合同目的"，这就将不可抗力的适用前提重点推向"不能实现合同目的"，而将情势变更的适用前提重点推向"若继续履行显失公平"。不可抗力发生后，由于其对合同履行影响的程度不同，合同目的根本不能实现和合同履行艰难、显失公平并不相同，前者是合同不具有履行的可能性，后者是虽具有可能性，但如若履行，则对合同一方当事人明显不公平。在具体个案中，可以根据当事人的诉求以及不可抗力对合同履行的影响程度，分析判断究竟是适用不可抗力还是情势变更制度的相关规定，两者并不存在根本冲突。

不可抗力与情势变更并非互相排斥的两个概念，不可抗力需要具备"三不"要件，即不能预见、不能避免且不能克服，一般表现为自然灾害、政府行为、社会事件等。情势变更则需要具备"二不"要件，即不能预见和不能承受（继续履行合同显失公平）。可见，不可抗力的构成要件要严于情势变更的构成要件，发生情势变更的事由范围要广于不可抗力。因此，不可抗力可以作为情势变更的事由之一，但情势变更不能直接导致不可抗力，不可抗力为因，情势变更为果，但是这并不意味着否定情势变更制度的独立性。

2. 根据更有利于保护当事人权益原则，《民法典》实施前发生的因新冠疫情或疫情防控及应急措施导致继续履行合同对于一方当事人显失公平的，也可以适用情势变更制度

2019 年 12 月开始的新冠疫情，作为突发的公共卫生事件，其导致病情严重程度、传播方式的难以预防和治疗、发展变化的难以预见，应当属于一般人难以预见、难以避免、难以克服的客观情况，符合不可抗力的定义。根据《最高人民法院关于依法妥善审理涉新冠肺炎疫情民事案件若干问题的指导意见（一）》第 2 条"涉疫情民事案件要准确适用不可抗力的具体规定"的规定，也可看出，新冠疫情或疫情防控及应急措施属于法律规定的不可抗力。前文已经论述，《民法典》实施后，已经打破了不可抗力和情势变更二元对立的局面，不可抗力可以作为情势变更的"因"，作为适用情势变更的事由之一，不可抗力可以适用情势变更制度。但是问题的争议焦点往往是发生在《民法典》实施前疫情或疫情防控及应急措施是否能够适用情势变更规则，学界和实践中并没有准确的规范进行统一的引导。根据《民法典》更有利于保护当事人权益原则，《民法典》实施前发生的新冠疫情或疫情防控及应急措施导致继续履行合同对于一方当事人显失公平的，应该可以适用情势变更制度。

本案中，原告明确其请求权基础应适用情势变更原则，而非不可抗力。本案发生在《民法典》实施前，理应适用《最高人民法院关于适用〈中华人民共和国合同法〉若干问题的解释（二）》第 26 条关于情势变更的规定。但是根据该规定，不可抗力不能适用情势变更规则，本案中对原告的诉讼请求本应依法驳回。但《最高人民法院关于适用〈中华人民共和国民法典〉时间效力的若干规定》第 2 条规定："民法典实施前的法律事实引起的民事纠纷案件，当时的法律、司法解释有规定，适用当时的法律、司法解释的规定，但是适用民法典的规定更有利于保护民事主体合法权益，更有利于维护社会和经济秩序，更有利于弘扬社会主义核心价值观的除外。"《民法典》第 533 条关于情势变更的规定已将非不可抗力删除，根据该规定，新冠疫情或疫情防控及应急措施导致继续履行合同对于一方当事人显失公平的，则可以适用情势变更制度。本案中，适用《民法典》第 533 条规定显然更有利于保护双方当事人的合法权益，平衡双方之间的利益关系，更有利于维护社会和经济秩

序，更有利于弘扬社会主义核心价值观，因此，本案原告主张是否构成情势变更的认定，应适用《民法典》第 533 条规定进行判断。

（二）情势变更规则适用的审查要点

1. 要准确把握情势变更和商业风险的区别

情势变更规则是指合同有效成立后，在合同履行过程中发生重大变化而使合同的基础动摇或者丧失，若继续维持合同会显失公平，因此允许变更合同内容或解除合同。商业风险则是指在商业活动中由于各种不确定因素引起的，给商事主体带来获利或者损失的机会或可能性的一种客观经济现象。商业风险属于从事商业活动的固有风险，商业风险由于具有可预见性，能否预见取决于经营者的素质、经验和市场判断力，因此，即使因误判市场内部因素变化而导致可能出现的经济损失，也应当由当事人自行承担。

据此，情势变更和商业风险的主要区别为：一是可预见性。情势变更规则以不可预见为构成要件，当事人根据当时的能力和条件无法预见，而商业风险为当事人能够预见或者应当预见客观情况发生变化，但宁愿冒险或轻信能够避免。一般市场供求关系的变化和价格的周期涨跌等都属于商业风险。如果当事人从事的商业行为本身就具有高风险性，价格的较大波动正是其收益的来源，那么商业行为中发生的较大的价格波动则属于商业风险，应推断其具有可预见性和可承受性，如股票买卖。二是影响性，即对合同履行的影响程度不同。情势变更应当是客观情势相较于合同订立时已经发生了较大的变化，达到了异常的程度，继续履行将导致显失公正的后果，而商业风险是商业活动中，交易双方应当承担的由于市场变化带来的合理的、可预见的损失，其对合同基础的影响并未达到异常的程度。三是公平性。情势变更规则是指合同继续履行将对一方当事人明显不公平而对另一方明显有利，会产生显失公平后果，与诚实信用原则和公平原则相违背，而商业风险并不存在显失公平情形，只是造成一方当事人一定条件下履行困难或成本增加，风险自负是市场主体从事交易活动必须遵循的一项基本准则，享有收益的同时也应当承担相应的风险责任，不会产生不公平的后果。

本案中，面临春节期间市场波动的风险，原告某实业有限公司对此应当提前预知并做出预案，并对于春节期间原木生产工厂、原木使用工地等不能及时复工负有相应的预知和宽容义务，因基于自身现货现卖经营模式和商业经营判断没有及时寻找采购商家导致发生案涉货物产生大量滞期费用的情形，属于原告某实业有限公司从事商业经营中可预见的商业风险。

2. 确定是否构成情势变更需要综合衡量和判断情势变化对合同履行的
影响

以 2020 年 1 月突发的新冠疫情为例，判断其防控措施影响是否构成情势
变更，需要综合考量新冠疫情以及防控措施对合同履行的影响因素，包括但
不限于：合同履行时点、行业以及合同履行当地的新冠疫情和防控措施，并
结合同地区、同行业的普遍做法以及企业自身经营模式进行判断。

本案中，太仓鑫海码头虽然受疫情影响存在一定程度作业困难，但仍然
保持正常作业状态。被告某物流公司提供的进（出）口货物出库凭单足以证
明自 2020 年 2 月 15 日起，其客户江苏万林现代物流股份有限公司、上海荣溢
经贸有限公司就 2019 年 12 月 31 日太仓鑫海码头入库的货物陆续提货。与本
案中原告某实业有限公司于 2019 年 12 月 26 日与某物流公司签订港口作业合
同并入库相比，具有相同行业、相同地域，相同经营进口原木企业，同时间
入库、进入同一码头的共同特性，对于衡量和判断某实业有限公司所主张的
情势变更是否成立具有可比性。该提货事实足以说明，就太仓鑫海码头而言，
进口原木的提货受新冠疫情及其防控措施影响不大，除有证据证明 2020 年 2
月 9 日至 2020 年 2 月 14 日期间确受新冠疫情及其防控措施影响外，只要在 2020
年春节前有充足客户订单，完全可以不受或少受新冠疫情及其防控措施影响。

3. 在合同已经履行完毕的情形下，适用情势变更原则变更或解除合同应
当根据公平原则进行利益衡平考量

根据《民法典》第 533 条规定，适用情势变更规则变更或解除合同，须
因情势变更导致继续履行合同对一方显失公平。情势变更的发生，应当导致
一方当事人履约成本极大增加，或一方当事人所获履约价值极大减少，合同
双方对价关系严重失衡。如果该情势对双方的履约不构成影响或只是构成一
定程度的影响，没有达到致使双方利益严重失衡的程度，则不应有情势变更
规则适用的空间。是否导致双方合同权利义务严重失衡，应当结合个案具体
案情具体分析。

首先，本案原告某实业有限公司未提供证据证明合同赖以成立的基础条
件发生了在订立合同时无法预见的、不属于商业风险的重大变化。其次，某
实业有限公司亦未提供证据证明双方当事人利益严重失衡。成立情势变更的
另一重要条件是合同履行对当事人一方明显不公平，某实业有限公司应当对

此负有举证责任。双方合同已约定免收 45 天库场使用费，在某实业有限公司的原木陆续销售提货期间，某物流公司就某实业有限公司未提货的原木一直在提供港口堆存保管服务，亦产生经营成本。对于某实业有限公司而言，2020 年 2 月 9 日至 2020 年 2 月 14 日期间其确受新冠疫情及其防控措施影响，原木仓储成本虽有所增加，但判断其是否因此遭受损失，还应当综合考虑此期间其最终销售收益。某实业有限公司未提供此期间因受价格下滑等影响无利可图甚或亏损严重以致其木材无法销售的相关证据，无法证明受疫情防控措施影响的 5 天期间履行案涉合同已导致双方利益严重失衡，应当自行承担举证不能的法律后果。

六、思考问题

重大公共卫生事件构成情势变更需要符合哪些条件？

第五章

合同的保全

张某与某某园公司代位权纠纷案[1]

一、知识点介绍

债权人的代位权是指当债务人怠于行使其对第三人享有的权利，以致影响债权人债权的实现时，债权人为了保全自己的债权，可以自己的名义代位行使债务人对第三人的权利之权利。《合同法》第 73 条（《民法典》第 535 条）明确规定了债权人之代位权："因债务人怠于行使其到期债权，对债权人造成损害的，债权人可以向人民法院请求以自己的名义代位行使债务人的债权，但该债权专属于债务人自身的除外。代位权的行使范围以债权人的债权为限。债权人行使代位权的必要费用，由债务人承担。"无疑，债权人之代位权制度维护了债权人的利益，有助于保障交易的安全与建立良好的经济运行环境。《民法典》第 535、536、537 条对代位权进行了专门规定。

结合我国民法的权利类型，以下权利可以成为债权人代位权的标的：①债权：包括合同债权、不当得利返还请求权、无因管理所生之债权、侵权行为产生之债权等；②物权：如用益物权、担保物权等；③形成权：如选择之债的选择权、买回权、抵销权等；④代位权：如果债务人本人作为第三人的债权人享有代位权，但怠于行使该权利，从而危及债权人债权实现时，同样该代位权也可以成为债权人代位权的标的；⑤诉讼法上的权利或公法上的

---

[1] 案例来源：广东省佛山市中级人民法院民事判决书［2024］粤 06 民终 6734 号。

权利：如中断诉讼时效的权利、代位提起诉讼的权利、申请强制执行的权利和各种登记请求权等。

可代位行使的权利必须是非专属债务人本身的权利，以下两种权利为专属于债务人的权利，不得由债权人代位行使：①非财产性的权利：主要是指身份法上的权利，如监督权、离婚权等；②具有严格人身属性的财产权：指基于扶养关系、抚养关系、赡养关系、继承关系产生的给付请求权和劳动报酬、退休金、养老金、抚恤金、安置费、人寿保险、人身伤害赔偿请求权等权利。此外，可代位行使的权利必须是合法有效的权利，基于非法原因而成立的权利，不可代位行使。

代位权行使将产生以下效力：

1. 对债权人的效力

代位权的行使对债权人的效力主要有两方面：其一，债权人因行使代位权所支出的必要费用，有权要求债务人予以支付。其二，债权人有权从债务人的债务人即次债务人处直接受领所履行之债。当然，上述债权人的权利以法院确认其代位权成立为前提。

2. 对债务人的效力

代位权行使的直接效果应归属于债务人。一旦法院通过裁判允许债权人行使代位权，则债务人不能就其被债权人代位行使的权利作出处分，也不得妨碍债权人行使代位权。

3. 对债务人的债务人的效力

债权人代债务人行使权利，一般不会影响债务人的债务人的权利和利益。因为即使不行使代位权，他们也要履行其应尽的义务。在债权人行使代位权后，次债务人对债务人所享有的一切抗辩权，如同时履行抗辩权等均可以对抗债权人。尤其应当指出，在债权人行使代位权的情况下，次债务人不能以债权人与其无法律关系为由拒绝履行自己的义务，而必须应债权人的请求及时向债权人作出履行。

从目前法律规定看，只有合同之债的债权人才有权行使代位权，而侵权之债、无因管理之债、不当得利之债等的债权人则被排除在代位权主体之外。这有悖于债权人代位权的宗旨。今后应扩大代位权主体的范围，即凡债务人怠于行使对第三人的权利，以致影响债权人权利的实现时，不论该债务发生的根据是否为合同，债权人均可行使代位权。

另外，当前立法较为原则，债权人代位权行使存在难度，这主要体现在以下几方面：

1. "债务人怠于行使其权利"的认定

债务人行使其权利有多种方式，例如催要、协商、仲裁、诉讼等。如果债务人在代位权诉讼中向债权人提出自己曾多次向次债务人催要的抗辩，法庭是否就应认定债务人积极行使了权利而驳回债权人的诉讼请求呢？这样做显然会给债务人规避代位权之法律提供极大的可能，对债权人极为不利。《最高人民法院关于适用〈中华人民共和国民法典〉合同编通则若干问题的解释》第 33 条规定，债务人就到期债务不以诉讼或者仲裁方式主张权利，就构成"债务人怠于行使其权利"。

2. "债务人怠于行使权利对债权人造成损害"的认定

只有债务人怠于行使权利并因此而导致债权人的债权无法实现时，债权人方可行使代位权。然而，对此如何认定呢？依照"谁主张，谁举证"的原则，该举证责任应由债权人来承担。如果债权人不能证明债务人怠于行使权利导致债权人的债权无法实现则要面临败诉的结局。例如，甲公司欠乙公司 50 万元，而丙公司又欠甲公司 60 万元，两债均至清偿期。乙公司若要主张代位权，必须证明 60 万元不还即导致 50 万元无法清偿的因果关系。否则，乙公司将面临败诉。这对债权人十分不利。建议在债权人代位权制度上采用举证责任倒置原则，由债务人或债务人的债务人即次债务人承担相应的举证责任。如果其不能证明"怠于行使权利不会影响债权人权利的实现"的话，那么，法庭当然认定"债务人怠于行使权利影响债权人权利的实现"。

3. 代位权诉讼的管辖法院

受理代位权案件之法院为次债务人即债务人之债务人所在地法院不妥，应以债务人所在地为宜。因为被代位人为债务人而非次债务人，债权人与次债务人之间以前并不存在直接的法律关系。由债务人住所地法院管辖有以下便利：由于债权人与债务人之间存在直接的法律关系，便于债权人明确管辖之法院，若债权人代位权成立，次债务人应满足债权人的债权，若债权人代位权不成立，而债权人与债务人之债成立，则便于法院审理债权人与债务人之债务纠纷。

二、基本案情

2013 年 10 月 9 日，某某公司（甲方、发包人）与某某园公司（乙方、承包人）签订《广东省建设工程施工合同补充协议》（合同编号 20××023），约定甲方将位于佛山市南海区××街××村××路侧（桂城 D11 街区）锦恒广场工程发包给乙方施工，建筑面积 113 000 平方米，合同价款 15 490 万元。

2014 年 1 月 7 日，某某园公司（甲方）与梁某侠（乙方）签订《锦恒广场工程承包合同》，约定乙方按某某园公司同某某公司签订的锦恒广场工程《施工合同补充协议》内容，承包该项目的经营及施工；按某某园公司同某某公司签订的锦恒广场工程《施工合同补充协议》内容承包和结算方式结算；建设单位划拨的工程款必须汇入甲方与建设单位约定的银行账户，款到后，再由甲方预支给乙方，并完善相关财务手续；乙方在每次收取工程款的过程中，按国家和当地地方税务部门规定缴纳所收工程款相应的税（费）金；甲方按乙方的工程承包结算价的 1.2%［不包含税（费）金及施工报建费等费用］，并在每次工程款划拨时按比例收取管理费；等等。

2014 年 3 月 3 日，罗某荣代梁某侠（甲方、发包方）与原告（乙方、分包方）签订《建筑工程分包合同》，约定甲方将位于佛山市季华七路附近的佛山市锦恒广场工程主体分部钢筋制作绑扎分项工程以包工不包料的方式分包给乙方，包括锦恒广场工程框剪结构、二十五层、负一层地下室和人防工程，建筑面积约 113 000 平方米。

2016 年 2 月 1 日，梁某侠在《张某班组（包含误工费）》签字确认佛山市锦恒广场铁工班完成工程量 2 665 866.65 元，误工费 739 350 元，已付款合共 1 773 666.12 元，余款 1 631 550.53 元。

2018 年 6 月，张某以梁某侠、陈某南、某某园公司、某某公司、龙某芳、霍某英为被告向法院提起建设工程施工合同纠纷的诉讼，法院于 2019 年 5 月 23 日作出了［2018］粤 0605 民初 11230 号民事判决，判决如下：①梁某侠、陈某南应于判决发生法律效力之日起 10 日内支付工程款 1 631 550.53 元，并以该款为本金从 2016 年 2 月 1 日起至清偿之日止按中国人民银行同期同类贷款利率计付利息予张某；②驳回张某其他诉讼请求。

张某不服上述判决，向二审法院提起上诉，二审法院于 2019 年 12 月 27 日作出［2019］粤 06 民终 11395 号民事判决，判决：①撤销广东省佛山市南海区

人民法院 [2018] 粤 0605 民初 11230 号民事判决第二项；②变更广东省佛山市南海区人民法院 [2018] 粤 0605 民初 11230 号民事判决第一项为：梁某侠、陈某南应于本判决发生法律效力之日起 10 日内支付工程款 1 631 550.53 元及利息（以该款为本金，自 2016 年 2 月 1 日起至 2019 年 8 月 19 日止按中国人民银行同期同类贷款基准利率计算利息及自 2019 年 8 月 20 日起至实际清偿之日止按全国银行间同业拆借中心公布的贷款市场报价利率计算利息）；③佛山某某置业投资有限公司对前述第一项金钱履行债务承担连带清偿责任；④驳回张某的其他诉讼请求。

2020 年 9 月 21 日，某某园公司作为申请人以某某公司为被申请人向佛山仲裁委员会提起建设工程施工合同纠纷的仲裁。2021 年 6 月 11 日，佛山仲裁委员会作出 [2020] 佛仲字第 760 号仲裁裁决，裁决：①解除申请人与被申请人所签订的合同编号 20××023《广东省建设工程施工合同补充协议》；②被申请人应向申请人退还工程保证履约金 5 000 000 元；③被申请人应向申请人支付工程款 39 531 800 元；……

之后，张某就生效的 [2019] 粤 06 民终 11395 号民事判决向法院申请强制执行，法院于 2020 年 11 月 13 日作出了 [2020] 粤 0605 执 21424 号之三执行裁定，认为经执行，本案已清偿诉讼费 1855.71 元。现三被执行人没有可供执行的财产，申请执行人也不能提供三被执行人其他可供执行的财产或财产线索并同意本案终结本次执行程序，故裁定：终结本次执行程序。

2023 年 6 月 6 日，某某园公司（甲方）与梁某侠（乙方）签订《对账协议》，鉴于：甲方与乙方就锦恒广场工程项目签署《锦恒广场工程承包合同》，约定乙方负责按工程进度向建设单位追收工程进度款和结算工程款，建设单位划拨的工程款必须汇入与建设单位约定的银行账户，款到后，再由甲方预支给乙方；甲方按乙方的工程承包结算价的 1.2% 收取管理费，并在每次工程款划拨时按比例收取管理费。

甲方与乙方于 2015 年 2 月 13 日、2016 年 1 月 11 日、2022 年 4 月 26 日和 2022 年 12 月 26 日均签署《协议书》，就锦恒广场工程项目相关债权债务作出处理；甲方于 2020 年 9 月 21 日对某某公司向佛山仲裁委员会申请仲裁，佛山仲裁委员会作出 [2020] 佛仲字第 760 号仲裁裁决，裁决某某公司应向甲方支付工程款 39 531 800 元和赔偿停工损失 10 000 000 元；但是，某某公司至今仍未支付或赔偿任何款项，且已经被申请破产。

双方达成如下协议：（1）乙方同意在签署本协议后按照如下计划履行债务：2023 年 7 月 1 日前履行 1 000 000 元，2024 年 1 月 1 日前履行 2 000 000 元，2024 年 7 月 1 日前履行 3 000 000 元，甲方可随时要求乙方支付 4 份《协议书》项下剩余债务；（2）乙方所支付的款项按照下列顺序抵充债务：①2015 年 2 月 13 日《协议书》项下利息；②2016 年 1 月 11 日《协议书》项下甲方损失的利息；③2022 年 4 月 26 日《协议书》项下甲方损失的利息；④2022 年 12 月 26 日《协议书》项下甲方损失的利息；⑤2015 年 2 月 13 日《协议书》项下垫付工程款；⑥2016 年 1 月 11 日《协议书》项下甲方损失；⑦2022 年 4 月 26 日《协议书》项下甲方损失；⑧2022 年 12 月 26 日《协议书》项下甲方损失；（3）如乙方未按时、足额履行本协议项下第一条项下任何一笔债务的，甲方有权要求乙一次性提前清偿 4 份《协议书》项下全部债务（包括但不限于 2015 年 2 月 13 日《协议书》项下垫付工程款及利息、2016 年 1 月 11 日《协议书》项下甲方损失及利息、2022 年 4 月 26 日《协议书》项下甲方损失及利息、2022 年 12 月 26 日《协议书》项下甲方损失及利息等），乙方对此不持异议；（4）甲方在收到某某公司支付的工程款或第三方就锦恒广场工程项目支付的相关款项后，应当按照承包合同的约定将相应款项支付给乙方。

另查明，某某园公司确认已收到某某公司支付工程款 5 000 000 元。某某园公司就案涉工程所涉款项以梁某侠为被告向法院提起合同纠纷的诉讼，法院于 2023 年 12 月 15 日作出［2023］粤 0605 民初 25246 号民事判决，判决：梁某侠应于判决发生法律效力之日起 10 日内支付 1 000 000 元及从 2023 年 7 月 1 日起至付清款日止按全国银行间同业拆借中心公布的同期同类贷款市场报价利率计付利息予某某园公司。

二审期间，张某未提交新证据，某某园公司围绕其答辩意见依法提交了证据。二审法院组织当事人进行了证据交换和质证。某某园公司提供以下证据：（1）［2023］粤 0605 民初 20346 号民事判决书 1 份，拟证明另案当事人张某某伟提起债权人代位权诉讼，一审法院以不能证明梁某侠对某某园公司实际享有到期债权和梁某侠对某某园公司并不享有债权为由，驳回其全部诉讼请求；（2）短信信息截屏打印件 1 份，拟证明某某园公司与梁某侠的合同纠纷［2023］粤 0605 民初 25246 号案件，某某园公司已向人民法院申请执行，现已完成执前督促和执行查控。法院经审查认为，证据 1 与本案并无直接关联性，不予采纳；张某对证据 2 的真实性、合法性、关联性均予以确认，法院对该证据予以采纳。

经审查，二审法院对一审法院认定的事实予以确认。

二审法院另查明，该院于 2022 年 11 月 25 日作出［2022］粤 06 执 1153 号之一执行裁定，就某某园公司依据［2020］佛仲字第 760 号仲裁裁决申请执行某某公司一案，除对锦恒广场建设工程所在土地使用权及上盖建筑进行轮候查封以外，经穷尽财产调查措施，未发现被执行人有其他可供执行的财产，故裁定该案终结执行。

三、争议问题与判决

（一）争议问题

张某对某某园公司是否享有确定的工程款债权或其他债权且怠于行使？

（二）法院判决

梁某侠、陈某南经法院传票传唤，无正当理由拒不到庭参加诉讼，一审法院依法作缺席判决，判决驳回张某的全部诉讼请求。

二审法院认为，本案为债权人代位权纠纷。综合张某与某某园公司的上诉和答辩意见，本案争议焦点为梁某侠对某某园公司是否享有到期债权，张某作为梁某侠的债权人要求代位行使是否有充分的依据以及本案是否应中止审理。

二审法院认为无法认定梁某侠对某某园公司已经享有确定的工程款债权或其他债权且怠于行使，一审法院予以驳回并无不当。因本案的审理无须以另案审理结果为依据，故本案无须中止审理，张某要求中止本案诉讼的理由不能成立，法院不予支持。故驳回上诉，维持原判。

四、关联法条

《民法典》第 535 条

因债务人怠于行使其债权或者与该债权有关的从权利，影响债权人的到期债权实现的，债权人可以向人民法院请求以自己的名义代位行使债务人对相对人的权利，但是该权利专属于债务人自身的除外。

代位权的行使范围以债权人的到期债权为限。债权人行使代位权的必要费用，由债务人负担。

相对人对债务人的抗辩，可以向债权人主张。

《民法典》第 536 条

债权人的债权到期前，债务人的债权或者与该债权有关的从权利存在诉讼时效期间即将届满或者未及时申报破产债权等情形，影响债权人的债权实现的，债权人可以代位向债务人的相对人请求其向债务人履行、向破产管理人申报或者作出其他必要的行为。

《民法典》第 537 条

人民法院认定代位权成立的，由债务人的相对人向债权人履行义务，债权人接受履行后，债权人与债务人、债务人与相对人之间相应的权利义务终止。债务人对相对人的债权或者与该债权有关的从权利被采取保全、执行措施，或者债务人破产的，依照相关法律的规定处理。

五、学理分析

《最高人民法院关于适用〈中华人民共和国民法典〉时间效力的若干规定》第 1 条第 2 款规定："民法典施行前的法律事实引起的民事纠纷案件，适用当时的法律、司法解释的规定，但是法律、司法解释另有规定的除外。"《民法典》于 2021 年 1 月 1 日施行，本案民事纠纷是《民法典》施行前的法律事实引起的，故本案纠纷应适用法律事实发生时的法律、司法解释。

本案一审中，张某对梁某侠存在债权已有生效的法律文书证实，张某主张仲裁裁决确定了某某公司应向某某园公司支付工程款 39 531 800 元，基于该仲裁裁决，梁某侠、陈某南一直未通过诉讼、仲裁方式向某某园公司主张权利，属于怠于行使到期债权。

某某园公司与梁某侠签订的《锦恒广场工程承包合同》虽约定："建设单位划拨的工程款必须汇入甲方与建设单位约定的银行账户，款到后，再由甲方预支给乙方，并完善相关财务手续"，同时佛山仲裁委员会作出［2020］佛仲字第 760 号仲裁裁决确定了某某公司应向某某园公司支付工程款 39 531 800 元，但上述的证据并不能证明梁某侠对某某园公司享有到期债权，而且某某园公司就所支出的案涉工程款项以梁某侠为被告向法院提起合同纠纷的诉讼，在该案中梁某侠亦未就建设单位划拨的案涉工程款提出反诉或答辩主张即时扣减，而法院也依据某某园公司与梁某侠于 2023 年 6 月 6 日签订的《对账协议》作出了［2023］粤 0605 民初 25246 号民事判决，判决某某园公司胜诉。故此张某的诉请缺乏事实依据，不应得到支持。

张某应举证证明梁某侠对某某园公司享有并非专属于梁某侠的到期债权且怠于行使该债权对张某造成损害。张某认为佛山仲裁委员会作出的［2020］佛仲字第 760 号仲裁裁决，裁决某某公司应向某某园公司支付工程款 39 531 800元，而某某园公司（甲方）与梁某侠（乙方）签订的《锦恒广场工程承包合同》约定"建设单位划拨的工程款必须汇入甲方与建设单位约定的银行账户，款到后，再由甲方预支给乙方，并完善相关财务手续"，故据此主张梁某侠对某某园公司享有非专属性的到期债权且怠于行使。

但上述合同中某某园公司与梁某侠约定的是某某园公司在收到建设单位某某公司划拨的工程款后按比例收取管理费，再将剩余款项划拨给梁某侠，而某某园公司向法院申请执行［2020］佛仲字第 760 号仲裁裁决，相应执行程序已终结，某某园公司并未收到工程款。且某某园公司在一审期间已提供其与梁某侠签订的 4 份《协议书》和 1 份《对账协议》，本案中暂无其他证据可以否定上述协议，而上述协议显示某某园公司就锦恒广场工程为梁某侠垫付了大额的原材料款等款项并承担违约金和利息，本案亦无证据反映某某园公司与梁某侠就锦恒广场工程相关的各种款项已经进行了结算。

六、思考问题

1. 代位权诉讼中举证责任是否有优化空间？
2. 立法细化"怠于行使"应采用何种规范模式？

郭某、鲁某等债权人撤销权纠纷案[1]

一、知识点介绍

债权人撤销权是指当债务人所为的减少其财产的行为危害债权实现时，债权人为保全债权得请求法院予以撤销该行为的权利。债权人撤销权也为债权的保全方式之一，是为防止因债务人的责任财产减少而致债权不能实现的现象出现。因债权人撤销权的行使是撤销债务人与第三人间的行为，从而使债务人与第三人间已成立的法律关系被破坏，当然地涉及第三人。因此，债权人的撤销权也是债的关系对第三人效力的表现之一。

债权人撤销权的成立要件主要包括以下几个方面：

1. 债务人实施了一定的处分其财产或者权利的行为。这种行为不仅包括法律行为，如合同行为，也包括其他减少财产或者增加负担的事实行为，如债务免除。

2. 债务人实施的处分行为须发生于债成立之时或之后。也就是说，在债权成立之后，债务人的行为如果对债权人造成损害，债权人可以行使撤销权。

3. 债务人的处分行为已经发生法律效力。这是指债务人的行为已经完成，并且第三人已经接受了该行为的结果。如果债务人的处分行为还没有生效，或者第三人还没有接受该行为的结果，债权人不能行使撤销权。

4. 债务人的处分行为会对债权人造成损害。这是指债务人的处分行为会导致其责任财产的减少，从而影响债权的实现。如果债务人的行为不会对债权人造成损害，债权人不能行使撤销权。

---

[1] 案例来源：新疆维吾尔自治区乌鲁木齐市天山区人民法院民事判决书［2023］新 0102 民初 8617 号；新疆维吾尔自治区乌鲁木齐市中级人民法院民事判决书［2024］新 01 民终 4507 号。

5. 债务人和受让人主观上有恶意或过错。这是指债务人和受让人明知该处分行为会对债权人造成损害，而仍然进行该处分行为。如果债务人和受让人主观上没有恶意或过错，债权人不能行使撤销权。

债权人撤销权的行使具有以下效力：

1. 对于债务人和受益人：一旦被撤销的行为被认定，该行为自始失去法律约束力。尚未依该行为给付的，当然恢复原状。已经依该行为给付的，受领人负有恢复原状的义务，在存在给付物的物权复归于给付人的情况下，产生具有物权效力的财产返还；在物权已不复存在的情况下，发生作价返还的效果。

2. 对于行使债权人撤销权的人：有权请求受益人向自己返还所受利益，并有义务将收取的利益加入债务人的一般财产，作为全体一般债权人的共同担保，而无优先受偿之权。但若在债权人代位权制度中已经承认了债权人有优先受偿权，则撤销权人有权就次债务人的给付优先受偿。行使撤销权的费用，系管理事务的费用，有权向债务人或其他债权人请求偿还。

3. 对于其他债权人：撤销权的行使可能会影响其他债权人的利益。例如，如果债务人将其财产转让给第三人，债权人可以通过行使撤销权来要求第三人返还财产。这可能会对其他债权人的债权实现产生影响。因此，在行使撤销权时，需要平衡各债权人的利益。

二、基本案情

2021 年 5 月 24 日，王某与郭某在天山区民政局协议离婚，离婚协议中共同财产约定：（1）存款：双方无共同存款，各自名下存款归各自所有；（2）房产：①位于乌鲁木齐市天山区青年路×号月光小区×栋×层×单元×室，离婚后归女方所有；②位于乌鲁木齐市天山区三道湾路东巷×号×号楼×单元×号，离婚后归女方所有；③位于乌鲁木齐市新市区苏州路×号苏州花园小区×栋×层×单元×室离婚后归男方所有；④位于乌鲁木齐市水磨沟区七道湾南路×号×栋×层×单元×室，离婚后归男方所有；（3）其他财产：双方各自名下的其他财产归各自所有，各自的私人生活物品及首饰归各自所有。债权与债务的处理：双方确认在婚姻关系存续期间没有发生共同债权债务，如谁名下有债权债务自行承担和享有。

鲁某于 2021 年 11 月 1 日以民间借贷纠纷为由诉至天山区人民法院，天山区人民法院作出［2021］新 0102 民初 10179 号民事判决，判决：①王某向鲁某偿还借款本金 300 000 元；②王某向鲁某偿还借款利息 98 044 元；③王某向鲁某偿还支付保全申请费 2510.89 元；④驳回鲁某的其他诉讼请求。鲁某于 2021 年 11 月 1 日以民间借贷纠纷为由诉至天山区人民法院，天山区人民法院作出［2021］新 0102 民初 10182 号民事判决，判决：①王某向鲁某偿还借款本金 2 172 652 元；②王某向鲁某偿还借款利息 710 058 元；③王某向鲁某偿还支付保全申请费 5000 元；④驳回鲁某的其他诉讼请求。

鲁某向一审法院起诉请求：判令依法撤销王某和郭某在离婚协议中关于共同财产分割的约定。

2023 年 4 月 19 日，乌鲁木齐市天山区人民法院向乌鲁木齐市不动产登记中心发出协助执行通知书，查封王某名下两套房产。乌鲁木齐市不动产登记信息查询结果显示：乌鲁木齐市新市区苏州路×号苏州花园小区×栋×层×单元×室，建筑面积 79.33 平方米，权利人王某，抵押权人新疆天山农村商业银行股份有限公司，债权数额 50 万元，债权履行起止时间 2018 年 6 月 11 日至 2020 年 6 月 10 日，登记时间 2018 年 6 月 14 日。该房屋查封信息显示 8 轮查封。乌鲁木齐市不动产登记信息查询结果显示：水磨沟区七道湾南路×号×栋×层×单元×室，建筑面积 59.49 平方米，权利人王某，抵押权人新疆某商业银行股份有限公司，债权数额 50 万元，债权履行起止时间 2018 年 6 月 11 日至 2020 年 6 月 10 日，登记时间 2018 年 6 月 14 日。该房屋查封信息显示 8 轮查封。

乌鲁木齐市不动产登记信息查询结果显示：乌鲁木齐市天山区青年路×号月光小区×栋×层×单元×室，建筑面积 171.43 平方米，权利人为郭某，无抵押信息。该房屋查封信息显示 2 轮查封。乌鲁木齐市不动产登记信息查询结果显示：乌鲁木齐市天山区三道湾路东巷×号×号楼×单元×号，建筑面积 55.04 平方米，权利人郭某，无抵押信息。该房屋查封信息显示 2 轮查封。2023 年 8 月 22 日乌鲁木齐市公安局天山区公安分局出具户籍资料查询结果显示：王某常住户口登记地址为乌鲁木齐市天山区三道湾路东巷×号×号楼×单元×号。2023 年 8 月 22 日乌鲁木齐市公安局天山区公安分局出具户籍资料查询结果显示：郭某常住户口登记地址为乌鲁木齐市天山区三道湾路东巷×号×号楼×单元×号。鲁某为本案诉讼，支出保全申请费 5000 元。

上诉人郭某不服新疆维吾尔自治区乌鲁木齐市天山区人民法院［2023］

新 0102 民初 8617 号民事判决，提起上诉，请求：撤销一审判决改判驳回王某一审诉讼请求或依法发回重审。

上诉理由是：①根据已经生效的法律文书，该笔债务为原审被告王某的个人债务。生效判决认定该笔债务超出家庭日常生活所需所负的债务，也非用于夫妻共同生活、共同经营或者基于夫妻双方共同意思表示，故该笔债务为王某的个人债务与我方无关不应执行我方的财产。②离婚协议关于财产部分双方平均分配，不影响鲁某债权实现，本案不具备可以撤销的情形。③撤销权自债权人知道或者应当知道撤销事由之日起一年内行使。鲁某与王某之间的民间借贷合同纠纷一案开庭审理时便知道王某与我方已经离婚，即开始计算除斥期间。或者至少自 2022 年 3 月 2 日乌鲁木齐市天山区人民法院作出两份生效判决时，作为除斥期间的计算起点，鲁某未在知道或者应当知道的一年内行使撤销权，期间届满则撤销权消灭，因此被上诉人不具有撤销权。综上，鲁某不存在可以行使撤销权的情形，一审法院认定无事实及法律依据，请求二审法院查明事实并依法发回重审或依法改判。

鲁某辩称，①〔2021〕新 0102 民初 10182 号案件及〔2021〕新 0102 民初 10179 号案件于 2021 年 5 月 19 日向天山区人民法院起诉，而王某与郭某于 2021 年 5 月 24 日在民政局协议离婚。双方协议离婚明显具有通过离婚协议转移财产的行为，且户籍信息查询发现，王某与郭某仍然登记在一起。②2023 年 4 月 19 日通过乌鲁木齐市不动产登记中心查询后发现，王某名下仅有的两套房产均设立了抵押登记，除此之外，并没有其他财产可供执行。所以在此时我方才得知对王某的债权无法实现，权益受到侵害，随后在 2023 年 7 月 7 日提起本案诉讼。故未超过一年的除斥期间。③王某及郭某的长子由郭某抚养，王某每月支付 3000 元抚养费至大学毕业，因此不存在用房子抵做抚养费的情形。综上，本案中郭某的上诉请求无事实和法律依据，望二审法院维持原判。

王某未提交书面答辩意见。

三、争议问题与判决

（一）争议问题
原告作为债权人对二被告离婚协议中关于财产的约定是否有撤销权？

（二）法院判决

一审法院判决撤销被告王某、郭某于 2021 年 5 月 24 日签订的《离婚协议书》中对共同财产分割的约定。

二审法院认为郭某的上诉请求不能成立，应予驳回，一审判决认定事实清楚，适用法律正确，应予维持。

四、关联法条

《民法典》第 538 条

债务人以放弃其债权、放弃债权担保、无偿转让财产等方式无偿处分财产权益，或者恶意延长其到期债权的履行期限，影响债权人的债权实现的，债权人可以请求人民法院撤销债务人的行为。

《民法典》第 539 条

债务人以明显不合理的低价转让财产、以明显不合理的高价受让他人财产或者为他人的债务提供担保，影响债权人的债权实现，债务人的相对人知道或者应当知道该情形的，债权人可以请求人民法院撤销债务人的行为。

《民法典》第 540 条

撤销权的行使范围以债权人的债权为限。债权人行使撤销权的必要费用，由债务人负担。

《民法典》第 541 条

撤销权自债权人知道或者应当知道撤销事由之日起一年内行使。自债务人的行为发生之日起五年内没有行使撤销权的，该撤销权消灭。

《民法典》第 542 条

债务人影响债权人的债权实现的行为被撤销的，自始没有法律约束力。

五、学理分析

本案为债权人撤销权纠纷，争议焦点是原告作为债权人对二被告离婚协议中关于财产的约定是否有撤销权。根据《民法典》第 539 条规定："债务人以明显不合理的低价转让财产、以明显不合理的高价受让他人财产或者为他人的债务提供担保，影响债权人的债权实现，债务人的相对人知道或者应当知道该情形的，债权人可以请求人民法院撤销债务人的行为。"债权人撤销权是指当债务人无偿处分或以不合理的对价交易导致其财产权益减少或责任财产负担不当加重，对债权人的债权实现有影响时，债权人可以请求人民法院撤销债务人所实施行为的一项民事权利。

一般而言，债权人对债务人无偿处分行为行使撤销权的要件为：①债权人与债务人之间有债权债务关系；②债务人实施了处分财产的积极行为或者放弃债权、放弃债权担保的消极行为；③债务人的行为须有害于债权；④无偿处分行为不必具备主观恶意这一要件。

本案中，首先，根据［2021］新0102民初10182号和［2021］新0102民初10179号判决已确认鲁某作为债权人对债务人王某享有有效债权，鲁某与王某的借款事实发生在王某与郭某婚姻关系存续期间。其次，王某与郭某在离婚协议中约定对四套房产进行分割，同时约定双方在婚姻关系存续期间内无债权债务纠纷，若有所隐瞒，各自名下债权债务由各自享有和承担。

财产分割中的四套房屋价值明显不均，且双方在签订《离婚协议》时对婚姻关系存续期间的债务未如实陈述并进行约定。王某与郭某在《离婚协议》中约定的夫妻财产分割方式实质上构成了王某放弃了部分财产，在其对外负有债务且无其他财产可供执行的情形下，此种分配方式明显降低王某履行债务的能力，对鲁某主张债权造成阻碍，故鲁某请求撤销二被告于2021年5月24日签订的《离婚协议》中第3条、第4条的诉讼请求合理合法，应予支持。

本案中因涉及离婚协议中关于财产处分是否影响鲁某实现债权。因离婚协议具有双重属性，协议中关于婚姻关系、子女抚养的约定具有人身属性，涉及财产和债权债务部分则具有财产属性。离婚协议中关于人身关系的部分不能适用《民法典》关于撤销权的规定，但是财产部分，本质上属于双方意思自治范畴，应受撤销权的制约。

所以，债务人王某是否通过离婚协议来逃避债务，债权人鲁某能否依照上述法律规定撤销离婚协议中关于财产部分的约定，应从以下几个方面进行认定：

首先，债权人在债务人签订离婚协议处分财产之前已经享有合法有效的债权。如果债务人实施财产无偿处分行为时，债权人的债权尚未成立或已经消灭，则无偿处分行为不可能对债权人产生任何影响。本案中，涉及的债权债务发生在王某与郭某婚姻关系存续期间。根据［2021］新0102民初10182号、［2021］新0102民初10179号判决确认鲁某作为债权人对债务人王某享有的债权合法有效。

其次，离婚协议中的财产分割条款明显不合理且该无偿处分行为有害于债权人债权的实现。所谓有害于债权的实现是指债务人无偿处分财产行为使债权人的债权有难以实现的危险，或者致使不能完全履行对债权人的债务。本案王某与郭某在离婚协议中约定对四套房产进行分割，双方分割的四套房屋面积、价值不均且王某仅分得的两套房屋上均设立抵押，上述财产分割明显不合理，使鲁某的债权有难以实现的危险。

最后，未超过撤销权行使期限。债务人撤销债务人离婚协议中的财产约定条款应当在其知道或者应当知道撤销事由之日起一年内行使，且在债务人的行为发生之日起五年内没有行使撤销权的，该撤销权消灭。本案中，王某与郭某于 2021 年 5 月 24 日协议离婚，因王某不履行生效判决确定的义务，鲁某于 2023 年 4 月 19 日在执行过程中，发现双方离婚时对财产分割进行了约定，遂提起本案诉讼。故本案鲁某提起本案诉讼系自知道撤销事由之日起未超过 1 年，且在王某、郭某分割财产事实发生之日起 5 年之内。故本案未超过撤销权行使期限。

六、思考问题

债务人的行为是否影响债权人债权的实现需要以债务人的主观故意为必要条件吗？

第六章

合同的变更和转让

许某梅与某公路局债权转让合同纠纷案[1]

一、知识点介绍

债权让与，又称债权转让，是指债的关系不失其统一性，债权人通过让与合同将其债权转移于第三人享有的现象。债权让与有以下特点：

1. 债权让与具有非要式性。债权人与第三人就让与债权意思表示一致，债权让与合同即告成立，除法律、行政法规规定应当办理批准、登记手续的以外，无须履行特别的合同的形式，债权让与合同是否作成书面形式，不影响其效力。对已经作成债权证书的债权进行让与，虽须交付债权证书，但该行为属于履行附随义务而非债权让与的成立要件。

2. 债权让与具有无因性。债权让与是基于各种原因而产生，可能基于买卖、赠与，也可能是代物清偿，但不论其原因为何及其有效与否，对债权让与合同的效力并无直接影响。这就是债权让与的无因性。该无因性，其目的在于保障债权流转的安全性，以及善意受让人的利益。

3. 债权让与是处分行为。债权让与是将债权作为一项财产进行处分，所以要求让与人就债权必须具有处分权限和处分能力。无处分权人让与他人债权除非经债权人追认，否则，其行为无效。

需要注意的是债权让与既不同于债权移转。债权移转是指在不改变债的

---

[1] 案例来源：重庆市第一中级人民法院民事判决书〔2015〕渝一中法民初字 00231 号；重庆市高级人民法院民事判决书〔2016〕渝民终 94 号。

内容的前提下，根据当事人的约定或法律的规定，债权人将其债权移转给第三人的制度。债权移转，既包括依当事人的法律行为产生的债权转移也包括依法律规定而产生的债权转移。因此，债权让与仅为债权移转制度中的一种最常见、最典型的债权转移形式。

债权让与也不同于第三人履行制度。向第三人履行，又称为代为受偿，是指双方当事人约定，由债务人直接向第三人履行合同债务，第三人直接取得请求权。债权让与和第三人履行的相同之处在于都是债务人向原合同关系之外的第三人清偿债务，而使原合同关系消灭，第三人处于合同履行中的受领人，即原债权人的地位，可以直接向债务人请求履行。但二者也存在明显区别。债权让与合同是在原债权债务合同的基础上，由债权人和受让人直接达成债权转让的合意，债权人与原合同关系以外的受让人为合同关系的当事人，它先后存在两个虽有牵连但主体不同的合同关系；向第三人履行则是合同关系的当事人直接在合同中约定由债务人向第三人履行仅存在一个合同关系。在法律效力上，债权让与合同有效成立后，受让人直接取代原债权人成为新合同关系的债权人，让与人脱离原合同关系，债务人不履行合同义务时，受让人有权直接要求债务人承担违约责任。向第三人履行中，第三人虽享有向债务人的请求权，但他并没有成为合同关系的当事人。

二、基本案情

2014 年 5 月 26 日，某交通公司与某公路局签订供货协议，约定：供货协议项下货款总额为 5 903 250 元，付款方式为经检测合格后支付全部货款的50%、余款在检测全部材料合格后一年内付清。

2014 年 8 月 6 日，某交通公司向某公路局寄送了委托书，内容为：某交通公司根据业务需要已在重庆设立分公司，全权代表某交通公司处理重庆地区的防护栏业务的相关事宜，现委托陈某林为某交通公司代理人，处理本次采购的所有结算问题。并恳请某公路局将此项目的履约保证金款项仅支付到指定账户。

2014 年 8 月 20 日，某公路局将 2 951 625 元货款付至某交通公司重庆分公司账户。

2014 年 8 月 21 日，某交通公司向某公路局发出了结算账户告知函，载明请某公路局按照约定的时间将剩余另一半货款付至某交通公司重庆分公司账户，强调未经某交通公司重庆分公司及其授权代理人直接通知并书面确认，不得以任何理由（如转借贷、债权转让等）向任何第三人付款。

2014 年 9 月 21 日，许某梅与某交通公司签订了债权转让协议，协议主要内容为：①截至 2014 年 9 月 21 日，某交通公司拥有对某公路局的合法债权金额为 590 万元；②某交通公司自愿将 590 万元无偿转让给许某梅以抵销对许某梅的应还款 590 万元；③某交通公司依法转让债权后，许某梅依法取得对某公路局的债权及从权利。某交通公司于本协议签订之日将所有债权合同、债权文书及凭证等相关法律文件原件交于许某梅，同时某交通公司向其债务人某公路局出具书面债权转让通知书。

2014 年 10 月 10 日，某公路局签收了来自寄件人为周某凤，寄送日期为 10 月 8 日的债权转让通知书，内容为某交通公司于 2014 年 9 月 21 日签订债权转让协议，现将某交通公司对于某公路局的债权 590 万元转让给许某梅，且注明该通知为不可撤销通知。

2014 年 10 月 13 日，许某梅通过特快专递的方式向某公路局发出了书面催款函，内容为某交通公司已经将其对某公路局的 590 万元债权转让给许某梅，并依法通知了某公路局，现许某梅已经依法取得该笔债权，请某公路局在接到此函后尽快向许某梅支付 590 万元。

2015 年 2 月 4 日，某公路局将货款余额 2 951 625 元支付至某交通公司重庆分公司账户。

三、争议问题与判决

（一）争议问题

本案中债权让与的通知是否合法？

（二）法院判决

重庆市第一中级人民法院一审认为，通知债务人的义务主体应该是债权人。结合本案，债权转让人是某交通公司，债权受让人是许某梅，而本案向债务人某公路局送达债权转让通知书的是周某凤，周某凤既不是债权人也不是债权受让人，其向原债务人某公路局送达债权转让通知书，不符合法律规定，某交通公司与许某梅的债权转让行为，对原债务人某公路局不产生约束力。重庆市第一中级人民法院判决驳回许某梅的诉讼请求。

许某梅不服一审判决，向重庆市高级人民法院提起上诉。重庆市高级人民法院裁定将本案发回重审。重庆市第一中级人民法院一审重审后，判决驳回原告诉讼请求。一审重审后，双方当事人未提起上诉。

四、关联法条

《民法典》第 545 条

债权人可以将债权的全部或者部分转让给第三人，但是有下列情形之一的除外：

（一）根据债权性质不得转让；

（二）按照当事人约定不得转让；

（三）依照法律规定不得转让。

当事人约定非金钱债权不得转让的，不得对抗善意第三人。当事人约定金钱债权不得转让的，不得对抗第三人。

《民法典》第 546 条

债权人转让债权，未通知债务人的，该转让对债务人不发生效力。

债权转让的通知不得撤销，但是经受让人同意的除外。

《民法典》第 547 条

债权人转让债权的，受让人取得与债权有关的从权利，但是该从权利专属于债权人自身的除外。

受让人取得从权利不因该从权利未办理转移登记手续或者未转移占有而受到影响。

《民法典》第 548 条

债务人接到债权转让通知后，债务人对让与人的抗辩，可以向受让人主张。

五、学理分析

本案债权让与合同的通知共有两次，分别是 2014 年 10 月 10 日和 2014 年 10 月 13 日。第一次通知主体是周某凤，系许某梅委托代为通知之人。第二次通知主体是许某梅本人，并且邮寄材料中都附有债权转让的基础性材料，已经能够完成通知本意并且足以证明债权让与的真实性。

从让与通知的目的看，通知就是为了使债务人知悉让与这一事实，以便于债务人及时向受让人履行，使受让人获得的债权利益能够真正得以实现。

无论是让与人为通知，还是受让人为通知，只要能使债务人知晓债权让与的事实，即应产生相同的法律效果。

从法律关系来看，债权让与过程中存在两层法律关系。第一层是债权人与受让人的债权让与法律关系，合同自双方意思表示一致时生效。第二层是受让人与债务人之间的债权债务关系，合同自债权人与受让人双方意思表示一致时生效，只是未通知债务人的不得对抗债务人。也就是说，债权让与真实性与债权让与通知是两个层面的事情，通知的目的仅在于让债务人知悉，真实性的判断是知悉的后续事项。意思表示的送达与真实性的判断并非一体，强制性的捆绑反而造成效率低下，通知的存在便于债务人及时鉴别债权让与的真实性。

六、思考问题

债权让与中债务人享有哪些权利？

某某公司 1 与某某公司 3 承揽合同纠纷案[1]

一、知识点介绍

免责债务承担是指新债务人代替原债务人履行债务，原债务人退出债的关系，其原有的履行责任被免除。

免责的债务承担的效力表现在，原债务人脱离债的关系，不再对所移转的债务承担责任（免责）；第三人则成为新的债务人，对所承受的债务负责。与主债务有关的从债务，除专属于原债务人自身的以外，也随主债务移转给新债务人承担。同时，原债务人对债权人享有的抗辩权，新债务人亦可以之对抗债权人。

免责的债务承担有以下特点：（1）债务全部移转给第三人，第三人取代原债务人的地位而成为合同关系的债务人；而原债务人脱离原合同关系，免除债务的承担。（2）债务承担为债务人的特定的承受，即第三人对原存债务的承受而非新债务的负担，因而对于原债务人的判决，对承担人亦生效力；从属于原债务的特定债务如利息等，也随同主债务的移转而移转于承担人。（3）债务承担的方法，有承担人与债权人订立协议和债务人与承担人订立协议两种。

免责的债务承担成立方式有两种：（1）第三人与债权人达成协议由第三人承担债务人之债务。（2）债务人与第三人达成协议，由第三人承担债务人的债务，采用这种方式须经债权人同意才发生效力：原债务人脱离债的关系，第三人成为新的债务人，主债务的从债务也发生转移。

免责的债务承担构成要件包括：（1）作为债务承担标的的债务具有可转

---

〔1〕　案例来源：上海市松江区人民法院民事判决书［2023］沪 0117 民初 15341 号。

移性。一般而言，以下债务不具有可转移性：①依性质不可转移的债务。例如，以债务人的特定技能为基础的劳务之债，通常不可转移。如聘请某著名画家作画，若画家转而由其弟子代为作画，显然违背债权人的初衷，因而该类债务不可转移；②当事人约定不可转移的债务。若当事人约定不得由他人承担债务，则依据合同自由原则，该债务当然不可转移。但若事后当事人变更其约定，或在对方做出债务承担时表示同意的，则视为该债务已可转移；③依法律规定不可转移的债务。例如，保管合同中，保管人不得将标的物交由他人保管，这可视为法律上限制债务承担的实例。（2）须有有效的债务承担合同。债务承担合同是以债务的转移为目的的合同，除了应满足合同的一般生效要件外，还应满足以下条件：①债务人和第三人签订债务承担合同的，须经债权人同意。因为免责的债务承担，导致债务主体变更，从而可能增加债权实现的风险。因此若由债务人和第三人签订债务承担合同的，该合同属于效力待定的合同，应当由债权人同意后方能产生债务承担的效力。②债权人和第三人签订债务承担合同的，应当不违反债务人明示的或可推知的意思表示。若债权人直接和第三人签订债务承担合同，理论上认为该合同虽无债务人的参与，但债务人因该合同纯获利益，因此并无否定该合同效力的必要。但若债务人明确表示反对，或者依合同签订时的具体情况可推知债务人将反对该合同的，则不能产生债务承担的效力。盖因债务仍然属于债务人的"消极财产"，债务人对其有处分权，若债务人反对债务承担的，债权人和第三人不能违背债务人的意思而行为，否则即与民法意思自治的精神不符。

二、基本案情

被告为系争工程的业主方及发包人。2020年2月1日，被告（发包人、甲方）与某某公司4（承包人、乙方，以下简称某某公司4）签订《A、B栋大通窗及玻璃窗安装工程施工合同》，约定将系争工程发包给某某公司4施工，工程造价4 050 000元。后被告（发包人、甲方）与某某公司4（承包人、乙方）签订《合同终止协议》，约定：经双方协商一致，终止发包人的《A、B栋大通窗及玻璃窗安装工程施工合同》合同，对已完成工程量及后续工作进行以下说明：①结算结果为承包人累计已完成工程量为1 500 000元（壹佰伍拾万元整）；②发包人已全额支付该项工程款1 500 000元（壹佰伍拾万元整）；③后续所有工作都已终止，双方不再产生任何费用；④承包人无需向发包人提供未支付的工程款发票；⑤本合同终止后原合同中保修期限作废，且承包方不承担《A、B栋大通窗及玻璃窗安装工程施工合同》合同中相应责任与义务。同年7月13日、9月11日，被告分别向某某公司4转账1 000 000元、500 000元，合计1 500 000元。

2020年11月16日，被告（发包人、甲方）与某某公司2即原告（承包人、乙方）签订《A、B栋大通窗及玻璃窗安装工程施工合同》，将系争工程发包给原告施工，工程造价2 550 000元，并约定：第7条工程款的价款与结算方式，①本工程暂定总价为2 550 000元，工程结束后按实际测量面积按实结算，结算的综合单价应与投标单价及下浮率一致。②施工用水电费均由乙方承担。第8条工程款支付时间，本合同固定总价：2 550 000元。①本合同签订之后，乙方用于本工程的全部主要材料进场，并经甲方核实确认后5日内向乙方支付合同总价的30%作为材料款。②所有大通窗安装完成后，经甲方核实、验收确认后5日内向乙方支付合同价的30%作为进度款。③所有玻璃窗户安装完成后，经甲方核实、验收确认后5日内向乙方支付合同价的10%作为进度款。④合同内所有工程全部完工，且经政府有关质监部门验收合格，取得竣工验收合格证明书后5日内向乙方支付合同价的25%作为完工款（但从实际完工后最长不得超过3个月）；⑤余留工程款的5%为保修款，竣工验收合格满1年后一次性付清，且不计利息。注明：乙方在申请付款前需先向甲方提供相应款项的税率9%的增值税专用发票。后原告就系争工程施工完毕，施工过程中存在增项，原被告间就系争工程进行了结算（不含增项），形成了《幕墙班组结算单》（以下简称《结算单》），但双方就《结算单》中载明的结算范围和金额意见不一。审理中，原被告一致确认，系争工程结算价格为3 000 000元（含增项）；被告已付款为1 800 000元（分别为2021年1月12日、2月4日、7月9日、7月12日、9月18日、9月24日、10月27日、2022年1月26日、7月22日800 000元、500 000元、100 000元、50 000元、30 000元、70 000元、100 000元、100 000元、50 000元）；系争工程欠付1 200 000元。

另查明，2021年12月30日，原告名称由某某公司2变更为某某公司1。

审理中，原、被告及第三人某某公司7均提供了原告（乙方）、被告（甲方）与第三人某某公司7（丙方）签订的《债权转让协议》（其中原告提供的协议文本上落款日期为2021年3月3日），协议载明：鉴于甲方应付乙方工程款项，丙方应付甲方房租款项，经三方协商就债权转让达成如下协议：①乙方及丙方均同意甲方应付乙方工程款中的 900 000 元人民币债务由丙方承担，乙方该部分债权由丙方代偿，甲方不再承担支付义务；②甲方同意丙方代偿的上述款项抵偿丙方应支付甲方的场地租金款，在本协议签署生效且实际代偿后，丙方应付甲方的（1月至4月）场地租金 900 000 元人民币已经结清；③丙方应向乙方支付债务 900 000 元人民币，具体支付条款由乙、丙双方另行协商，如丙方未支付，因此导致乙方仍向甲方追索上述 900 000 元人民币债务，则甲方仍有权向丙方追索上述租金 900 000 元人民币；④债权转移后，甲、乙双方工程协议继续有效，原全部条款不变，本协议仅作为补充条款存在；⑤本协议各方签字后，甲、丙双方原租赁合同继续有效，全部条款不变，甲方应开票金额不变，本协议仅作为补充条款存在；⑥甲、乙双方剩余债权、债务由双方另行协商执行，等等。

关于《债权转让协议》的效力，被告和第三人某某公司 7 不持异议，并认为可以约束原告；但原告认为，该份协议不能约束原告，并表示：①该份协议上原告的公章真实，系由第三人郭某加盖，原告公章由原告法定代表人唐某交付第三人郭某，第三人郭某表示苏州项目需加盖原告公章；②该份协议系在原告法定代表人唐某不知情的情况下由第三人郭某签订的；③系争工程实际系唐某承接工程，之前唐某挂靠在某某公司 4 并以该公司名义与被告签订了施工协议及终止协议，后唐某挂靠在原告名下并以原告名下与被告签订了施工协议；④系争工程的材料由唐某提供，但幕墙人工分包给第三人郭某；⑤原告法定代表人唐某于 2021 年 4 月左右向被告催款，被告表示已将系争工程的 900 000 元转移给第三人某某公司 7、唐某找第三人郭某询问，第三人郭某表示确实签订了协议，因第三人某某公司 7 欠付被告房租，唐某知道此事后要终止《债权转让协议》，嵇某说终止就终止，但双方未签订任何协议。

关于《债权转让协议》的理解，原告认为，即使《债权转让协议》对原告具有约束力，系并存的债务承担；被告表示，系免责的债务承担；第三人某某公司 7 表示，依据《债权转让协议》第 1 条系免责的债务承担，依据第三条系并存的债务承担，故应理解为并存的债务承担。审理中，法院于 2023 年 10 月 13 日、11 月 22 日的庭审中，多次向原告释明，若法院认定《债权转让协议》可以约束原告，且协议中约定的系免责的债务承担，原告是否在本案中向第三人某某公司 7 主张其承担 900 000 元债务。原告表示，坚持要求被告承担责任，不在本案中向第三人某某公司 7 主张，会另行向第三人某某公司 7 主张，并愿意承担此选择的相应法律后果。

关于《债权转让协议》的履行，第三人某某公司 7 表示其已支付原告 390 000 元，并提供以下证据予以证明：

1. 上述款项的转账记录，其中：①2021 年 2 月 8 日，韩某向第三人郭某转账 1 400 000 元；②2021 年 4 月 15 日，嵇某分三笔分别向第三人郭某转账 20 000 元、5000 元、3000 元，合计 28 000 元，均备注场地款备注；③2021 年 4 月 16 日，嵇某分二笔分别向第三人郭某转账 7000 元、5000 元，合计 12 000 元，均备注场地款备注；③2021 年 5 月 13 日，第三人某某公司 7 向原告转账 20 000 元，备注场地 2 月至 4 月租金；⑤2021 年 5 月 15 日，嵇某向原告转账 6000 元；⑥2021 年 5 月 23 日，嵇某向原告转账 94 000 元；⑦2021 年 7 月 1 日，嵇某向原告法定代表人唐某转账 10 000 元；⑧2021 年 7 月 2 日，第三人某某公司 7 向原告转账 20 000 元，备注租金款；⑨2021 年 12 月 10 日，第三人某某公司 7 向原告转账 40 000 元，备注三方协议抵租款；⑩2023 年 4 月 13 日，某某公司 5 向原告转账 20 000 元，备注星全代付。

2. 第三人某某公司 7 与第三人郭某的微信聊天记录，以证明上述款项系用于履行其应支付给原告的上述款项。2021 年 2 月 2 日，第三人某某公司 7 将《债权转让协议》通过微信发送给第三人郭某。同月 5 日，第三人某某公司 7 询问"你们款收到没"。同月 8 日，第三人某某公司 7 将第三人郭某的银行账户发送给第三人郭某并询问"你确认一下是不是这个账户"；第三人郭某回复"是的"；第三人某某公司 7 表示"款已经安排了"并将 2 月 8 日对第三人郭某转账 1 400 000 元的转账凭证发送给第三人郭某。同月 23 日，第三人郭某将《债权转让协议》通过微信发送给第三人某某公司 7。同年 5 月 24 日，第三人某某公司 7 表示"目前 5 月份划阜宁乐尚公户，2 万元+0.6 万元+9.4 万元共 12 万元目前划公户 12 万元，前面你那个 18 万元划私户的要走回划公户，不然我会被董事会要求取消董事长职务"，并将上述三笔转账截图发送给第三人郭某；第三人郭某回复"现在我 90 万元租金收到你 18 万元加 12 万元合计 30 万元还余 60 万元怎么给的这个月说的 20 万元还有 8 万元月底有没有钱出的"；第三人某某公司 7"这个月没办法出款了，6 月开业看一下等韩总这两天去杭州总部回来确认一下"；第三人郭某"而且倪某那边我也问了，三方协议签后，他们 90 万元已经算我们付款了，这个没有商量的余地了"；第三人某某公司 7 "建议你和小唐这里协调好，只能派一个代表，代表多了倪某那里不方便操作"；第三人郭某表示"好"。

3. 第三人某某公司 7 与原告法定代表人唐某的微信聊天记录。2021 年 5 月 12 日，唐某"什么时候能到账"；第三人某某公司 7 "已经走流程，划好就发你"，同月 21 日，唐某"今天是这个星期五了。答应这个星期 10 万元至 15 万元。这次能对承诺吗？如果再不兑现承诺，我公司将终止与本公司无关的债权转让协议"。

4. 第三人某某公司 7 微信聊天记录群（含原告法定代表人唐某在内），证明原告及其法定代表人对第三人某某公司 7 与原告签订的《债务协议》知情且同意第三人郭某的盖章行为。第三人某某公司 7 于 2021 年 10 月 30 日将《债务协议》发送至微信群。

5.4 份《情况说明》（出具人分别为第三人某某公司 7、某某公司 5、嵇某、韩某），证明某某公司 5、嵇某、韩某合计支付给原告的 310 000 元均系履行第三人某某公司 7 欠付原告的 900 000 元款项，尚欠原告 510 000 元。

对此，原告表示：①原告对《债权转让协议》刚开始不知情，协商盖章均系第三人郭某私自加盖，没有告知原告；②原告也没有授权第三人郭某处理此事权限；即使后期原告知晓该情况，依据协议约定，系并存而非免责的债务承担；③对第三人某某公司 7 转账金额无异议，但认为其支付给第三人郭某不予认可，原告未授权第三人郭某收款，且转账在前，签订《债权转让协议》在后，依据第三人郭某陈述，第三人某某公司 7 向其转账 180 000 元系因与其之间的其他债务，与本案无关；④原告法定代表人唐某曾于 2021 年 3 月 15 日向第三人某某公司 7 转账 200 000 元，系原告向第三人某某公司 7 出借的款项，第三人某某公司 7 向原告转账 200 000 元系归还上述借款，故原告仅收到第三人某某公司 7 支付的 10 000 元；⑤唐某曾依据《债权转让协议》去找嵇某要过款，但嵇某没有支付，具体时间记不清了；⑥对聊天记录真实性不持异议，原告从未对《债务协议》表示过同意，协议也无签订日期，亦未在协议上加盖公章予以确认；唐某在 2023 年 10 月 13 日的庭审中表示，原告仅有一个公章，《债务协议》上的公章肉眼看上去很像原告的公章。被告对第三人某某公司 7 证据的三性均无异议。

第三人郭某表示：①原告将系争工程的劳务分包给了自己，为方便使用，原告公章放在项目工地办公室，做工程期间原告公章均由自己保管，《债权转让协议》是自己与第三人某某公司7的实际控制人嵇某谈的，协议上的公章由自己加盖；签订协议之前，原告法定代表人唐某不知情，协议盖章后告诉了唐某，唐某表示钱来了没有问题，自己当时向唐某承诺嵇某是自己朋友肯定要得到，后唐某让自己依据《债权转让协议》向嵇某催款；②第三人某某公司7支付给自己的180 000元收到了，但系自己向嵇某的借款，上述款项并非第三人某某公司7归还原告欠款，自己收到上述款项后并未给付原告或唐某，《债权转让协议》签订后，第三人某某公司7未支付过原告款项。

审理中，为查明案件事实，嵇某在2023年10月13日的庭审中作为证人出庭作证，并表示：①自己是第三人某某公司7的股东，第三人某某公司7的股权结构为林某3持股50%，某某公司6持股50%，林某3系帮自己代持上述50%股权，第三人某某公司7曾经的股东韩某持股中的20%亦系帮自己代持；②《债权转让协议》系自己代表第三人某某公司7和代表原告的第三人郭某协商，自己以为唐某仅是项目经理；③唐某后续去找被告催款，被告知其已经将900 000元转让给了第三人某某公司7，唐某来找过自己表示过不认可上述协议，但未明确；④唐某后续向自己催款，并让自己将款项支付至原告公司账户，后续对公转账20元；⑤第三人某某公司7已经支付原告390 000元，转账之时均有备注且第三人郭某予以了确认；⑥《债务协议》系由自己代表第三人某某公司7与唐某进行协商，通过微信、电话以及面对面沟通，协议上的公章系由唐某当着自己的面亲自加盖；⑦唐某曾以个人名义于2021年3月15日借给第三人某某公司720 000元，但实际借款人系自己，归还上述借款的款项并未统计在归还原告的390 000元范围内，自己与唐某、第三人郭某还有其他业务往来。原告对证人证言不认可，对《债务协议》的形成经过不认可，归还至原告公司账户的款项系归还唐某对第三人某某公司7的借款。被告和第三人某某公司7认可证人证言。第三人郭某对证人出示的微信聊天记录、款项转账备注以及《债权债务协议》协商经过等无异议，但是还款时间应为3个月内。

上述事实，由原告提供的《A、B栋大通窗及玻璃窗安装工程施工合同》《债权转让协议》、转账凭证、微信聊天记录等、被告提供的《A、B栋大通窗及玻璃窗安装工程施工合同》《合同终止协议》《债权转让协议》《债务协议》、转账凭证、微信聊天记录等、第三人某某公司7提供的《债权转让协议》《债务协议》《情况说明》、转账凭证、微信聊天记录、证人证言等证据及当事人陈述予以证实，法院予以了确认。

三、争议问题与判决

（一）争议问题

1.《债权转让协议》可否约束原告？

2. 若上述协议可约束原告，协议中约定的是并存还是免责的债务承担，亦即原告可否继续向被告主张上述款项？

（二）法院判决

法院判决：被告某某公司 3 于判决生效之日起 10 日内支付原告某某公司 1 款项 300 000 元；如果未按本判决指定的期间履行给付金钱义务，应当按照《民事诉讼法》第 260 条规定，加倍支付迟延履行期间的债务利息。

四、关联法条

《最高人民法院关于适用〈中华人民共和国民法典〉时间效力的若干规定》第 1 条

民法典施行后的法律事实引起的民事纠纷案件，适用民法典的规定。

民法典施行前的法律事实引起的民事纠纷案件，适用当时的法律、司法解释的规定，但是法律、司法解释另有规定的除外。

民法典施行前的法律事实持续至民法典施行后，该法律事实引起的民事纠纷案件，适用民法典的规定，但是法律、司法解释另有规定的除外。

《民法典》第 551 条

债务人将债务的全部或者部分转移给第三人的，应当经债权人同意。

债务人或者第三人可以催告债权人在合理期限内予以同意，债权人未作表示的，视为不同意。

《民法典》第 577 条

当事人一方不履行合同义务或者履行合同义务不符合约定的，应当承担继续履行、采取补救措施或者赔偿损失等违约责任。

《民法典》第 579 条

当事人一方未支付价款、报酬、租金、利息，或者不履行其他金钱债务的，对方可以请求其支付。

五、学理分析

本案原被告一致确认系争工程结算总价款（含增项）为 3 000 000 元，被告已付款项为 1 800 000 元，欠付款项为 1 200 000 元。被告表示愿意支付原告 300 000 元，系其对自身权利的处分。欠付款项中的 900 000 元，《债权转让协议》中约定被告将该债务转移给第三人某某公司 7，但就该协议可否约束原告以及协议中约定的是并存还是免责的债务承担，亦即原告可否继续向被告主张上述款项，各方意见不一。是故本案争议焦点有二：一是《债权转让协议》可否约束原告；二是若上述协议可约束原告，协议中约定的是并存还是免责的债务承担，亦即原告可否继续向被告主张上述款项。

对于焦点一，《债权转让协议》应该可约束原告，理由如下：①原告确认《债权转让协议》上加盖的系原告公司公章；②原告公章系由原告交付第三人郭某保管，原告并将系争工程的劳务分包给第三人郭某，故第三人郭某有权代表原告加盖公章；③原告知道《债权转让协议》后，其法定代表人唐某自己并要求第三人郭某依据该协议向第三人某某公司 7 进行过催款，亦可印证原告认可该协议；④《债权转让协议》签订后，第三人某某公司 7 亦向原告及其法定代表人支付过款项，并备注了款项性质系履行该协议，唐某、第三人郭某亦在微信聊天记录中确认收到第三人某某公司 7 支付的款项。总之，原告关于其不知情、未授权第三人郭某处理其事宜等主张，无事实和法律依据。

对于焦点二，若上述协议可约束原告，协议中约定的是并存还是免责的债务承担，亦即原告可否继续向被告主张上述款项。如前所述，《债权转让协议》系三方真实意思表示，均应恪守履行。争议各方关于协议中约定的债务承担的性质，意见不一。《债权转让协议》第 1 条约定，原告及第三人均同意被告应支付原告工程款中的 900 000 元债务由第三人某某公司 7 承担，原告该部分债权由第三人某某公司 7 代偿，被告不再承担支付义务，该约定具体明确，即被告无需再行向原告支付上述款项，应理解为免责的债务承担，原告应向第三人某某公司 7 而非被告主张该款项。

六、思考问题

免责的债务承担与履行承担有何不同？

莫某观、祝某斌、邢某等与某房产公司
债务加入纠纷案[1]

一、知识点介绍

债务加入是属于并存的债务，债务加入人在其愿意承担的范围内和债务人承担连带责任。

债务加入的成立，必须具备如下条件：

1. 原债务关系必须有效成立。原债务如存在可撤销或者解除的原因，在撤销或者解除前，仍可以成立债务加入。

2. 原债务具有可转让性。如果法律规定或者当事人约定不得转让或者具有特定人身性质不能转让的债务，当事人不能协议转让，第三人也无法加入。

3. 第三人与原债务人分属不同的主体。司法实践中，作为不同主体的第三人与原债务人之间往往存在某种密切的关系。如关联企业中母公司主动帮助子公司归还欠款及亲属关系中儿子主动帮助父亲归还欠款等。本案中，乐乾公司的法定代表人雷某同时为天伟飞个人独资企业的投资人，但两者在法律上属于不同的民事主体。

4. 债务加入无须经过原债务人的同意。因为债务加入的行为并没有给债务人增添负担，所以不必经过原债务人的同意，但这种债务加入行为必须由债权人表示接受。

二、基本案情

邢某与祝某斌系夫妻关系，邢某与某房产公司民间借贷纠纷一案，经黑龙江省牡丹江市爱民区人民法院调解，双方达成调解协议，黑龙江省牡丹江市爱民区人民法院作出［2014］爱商初字第193号民事调解书，公司于2014年9月30日前偿还邢某借款本金381万元。该调解书已生效并进入执行程序，尚未执行完毕。

祝某斌和邢某均认可邢某的该笔381万元的债权属于夫妻共同财产，祝某斌就该笔债权签署协议的行为邢某知情且认可。2014年11月27日，李某斌（银邦房地产公司法定代表人）给祝某斌出具承诺书一份（加盖公司公章），主要内容为："祝某斌是某房产公司副经理，公司拖欠祝某斌的工程款贰佰叁拾万元，用于莫某观、郝某某、关某某承揽的工程项目中，在莫某观、郝某某、关某某工程款结算时一并结算。具体承诺如下：一、在莫某观的工程结算款中支付给某房产公司副经理祝某斌垫付的工程款一百万元……"

2014年12月2日，莫某观与公司建设工程施工合同纠纷一案，经黑龙江省牡丹江市中级人民法院调解，双方达成调解协议，黑龙江省牡丹江市中级人民法院作出［2014］牡民初字第78号民事调解书，公司欠莫某观工程款8 238 798元，于2014年12月20日前一次性给付；公司同意莫某观对于某房产公司应给付的上述工程款依照《合同法》第286条规定享有优先受偿权；莫某观就此事不再向某房产公司主张任何权利。

2014年12月2日，李成斌组织祝某斌、莫某观、郝某某、关某某达成协议，协议主要内容为："1. 在莫某观的工程结算款中支付给某房产公司副经理祝某斌垫付的工程款一百万元。2. 在郝某某的工程结算款中支付给某房产公司副经理祝某斌垫付的工程款六十五万元……本协议经祝某斌、莫某观、郝某某、关某某共同签字后生效。"祝某斌、莫某观、关某某在协议书上签字，郝某某未签字。

2019年10月14日（落款日期为2019年7月6日），莫某观与李成斌签订结算协议一份，主要内容为："祝某斌某房产公司副经理，公司拖欠祝某斌垫付的工程款贰佰叁拾万元，用于莫某观、郝某某、关某某承揽的工程项目中。莫某观。祝某斌和邢某及某房产公司均认可，案涉的100万元，不是新发生的债权，包含于2019年10月14日结算协议体现的230万元中，即某房产公司向邢某借款381万元，其中230万元协议明确用于工程用款。

祝某斌和邢某称〔2014〕爱商初字第193号民事调解书，于2020年申请恢复执行，莫某观称其提交了书面执行异议。经查，莫某观于2020年5月19日向牡丹江市爱民区人民法院提交了书面的执行异议申请。〔2014〕牡民初字第78号民事调解书，经牡丹江市中级人民法院执行，莫某观与某房产公司工程款8 238 798元，现已执行完毕。

祝某斌、邢某向一审法院起诉请求：①判令莫某观对银邦房地产公司欠祝某斌和邢某借款381万元中的100万元承担连带给付责任；②全部诉讼费由莫某观承担。

莫某观不服一审判决，上诉认为：

1. 一审法院认定债务加入错误。债务加入应由债务加入人与债权人达成一致意见，债务加入人有明确的加入债务并承担支付义务的意思表示。本案中，2014年12月2日的各方协议书第5条明确约定"本协议经祝某斌、莫某观、郝某某、关某某共同签字后生效"，而该协议书只有祝某斌、莫某观和关某某三人签字，协议并未生效，莫某观不构成债务加入。2019年10月14日的结算协议，签约主体为某房产公司与莫某观，只能约束某房产公司与莫某观，不产生莫某观自愿加入某房产公司与祝某斌之间债务的效力。某房产公司与莫某观之间的结算协议，受限于双方签订协议的背景、计算的依据和方法等，并不是不可调整的协议。

2. 本案法律关系为第三人利益合同，一审法院适用法律错误。一审判决认为存在自相矛盾。莫某观与某房产公司签订的结算协议，仅能约束莫某观与某房产公司，莫某观不构成债务加入。一审法院认定莫某观在结算协议中构成债务加入违反和突破了合同自治原则和合同相对性原则。结算协议约定莫某观向祝某斌履行义务，系为第三人利益的合同。为第三人利益的合同，债务人违约应向债权人承担违约责任，而不是向祝某斌承担违约责任。

3. 莫某观不应承担连带给付义务。在莫某观不构成债务加入的情况下，无论是否存在其他法律关系，莫某观均无须承担连带给付义务。在为第三人利益合同的情况下，莫某观仅向某房产公司承担违约责任，可以主张对某房产公司所享有的抗辩理由。在代位权的情况下，应先确定莫某观与某房产公司之间的债权债务关系，而后作为债务人的莫某观可以行使向某房产公司的抗辩权。本案中，莫某观本就不欠付某房产公司任何款项，某房产公司自祝某斌处借款用于支付工程款，而莫某观没有超收工程款，无须承担向某房产公司返还款项的责任。

祝某斌、邢某辩称，一审判决认定事实清楚，适用法律正确，请求二审法院依法驳回莫某观的上诉请求，维持原判。

某房产公司陈述称，莫某观与某房产公司签订的协议书并非真实，一审法院以此为由作出判决不当。

二审期间，当事人围绕上诉请求依法提交了证据。法院组织当事人进行了证据交换和质证。对当事人二审争议的事实，认定事实如下：莫某观向法院举证黑龙江省牡丹江市中级人民法院〔2014〕牡民初字第78号民事调解书、怡美嘉园小区大理石供应商莫某观结算明细表、怡美嘉园工地用大理石人工费结算后的工程量人工费等费用表、怡美嘉园大理石施工商莫某观差价款表，意在证明莫某观与某房产公司就工程款一事已经达成民事调解协议，且该案件中某房产公司的委托诉讼代理人是公司副总经理祝某斌，莫某观未多收某房产公司工程款，案涉债务不构成不当得利债务，祝某斌对此是知悉的。祝某斌、邢某质证称该组证据不能证明莫某观意在证明的问题，且已超过二审法院指定的举证期限，不属于二审程序中新的证据，该组证据与本案无关联性。某房产公司质证称无异议。法院认为，莫某观意在证明的其不构成不当得利与本案并无关联，对其意在证明的问题不予采信。祝某斌和邢某、某房产公司未向法院提交证据。

二审法院采纳一审法院认定的证据，并对一审法院查明的事实予以确认。

三、争议问题与判决

（一）争议问题

1. 莫某观对案涉欠款应否承担连带给付责任？

2. 一审法院是否违反法定程序，即是否在庭审笔录和判决书中未记载莫某观举证的证据？

（二）法院判决

一审法院判决莫某观对牡丹江市爱民区人民法院〔2014〕爱商初字第193号民事调解书中第一项确定的某房产公司应给付邢某381万元借款中的100万元承担连带给付义务；此款莫某观应于本判决生效后10日内给付邢某、祝某斌。

二审法院判决驳回上诉，维持原判。

四、关联法条

《民法典》第 552 条

第三人与债务人约定加入债务并通知债权人，或者第三人向债权人表示愿意加入债务，债权人未在合理期限内明确拒绝的，债权人可以请求第三人在其愿意承担的债务范围内和债务人承担连带债务。

五、学理分析

债务加入与债务转移的最大区别是是否导致原债务人退出债务关系。债务加入不导致原债务人退出债务关系，债务转移是指第三人取代原债务人的地位而承担全部或者部分债务。

本案中莫某观与某房产公司的结算协议，并没有明确免除某房产公司的偿还义务，且莫某观明确对某房产公司债务中的部分债务 100 万元承担偿还责任，因此，莫某观作为债务的承担人，加入某房产公司与祝某斌和邢某民间借贷纠纷的 381 万元债务中，对其中的部分债务 100 万元承担连带偿还责任，

莫某观与某房产公司法定代表人达成结算协议，同意在莫某观执行回款 823 万元中支付给祝某斌工程款 100 万元。现莫某观与某房产公司工程款 8 238 798 元已执行完毕。结算协议中所附的债务加入条件已成就。结算协议载明某房产公司拖欠祝某斌工程款 230 万元。经查，该协议中的 230 万元包含在邢某对某房产公司的债权 381 万元中，本案 100 万元亦包含于 381 万元中。

祝某斌和邢某认可邢某对某房产公司的该笔 381 万元的债权属于夫妻共同财产，祝某斌就该笔债权签署协议的行为邢某知情且认可。祝某斌和邢某认可莫某观与某房产公司签订的结算协议。本案中莫某观与某房产公司签订结算协议的行为，是双方当事人真实意思表示，不违反法律及行政法规的规定，合法有效。结算协议中所附的执行回款条件已成就。莫某观与某房产公司就莫某观加入某房产公司对祝某斌和邢某之间的债务达成合意，莫某观与某房产公司之间并存的债务关系成立。莫某观加入某房产公司对邢某及祝某斌的债务，并对其中部分债务，即 100 万元与某房产公司承担连带偿还责任。

莫某观承担 100 万元债务，不影响原债务人某房产公司偿还义务，也不

改变原债务的内容，仅使原有的债务关系扩张，扩张成为莫某观与某房产公司对该 100 万元的连带之债。因债务人莫某观的加入，债权人可以对任何一个债务人请求履行债务。因债权人邢某与某房产公司已就 381 万元债权达成了民事调解，邢某及祝某斌要求莫某观对 ［2014］ 爱商初字第 193 号民事调解书确定的某房产公司 381 万元债务中的 100 万元承担连带给付义务，符合当事人在结算协议中的债务加入的约定，亦不违反法律规定。

莫某观抗辩因受某房产公司催促及欺骗签订该协议，没有举示相应的证据加以证实，故其应对一审法院 ［2014］ 爱商初字第 193 号民事调解书中确定的某房产公司欠祝某斌和邢某的 381 万元借款中的 100 万元承担连带偿还责任。

本案是因邢某在申请执行黑龙江省牡丹江市爱民区人民法院 ［2014］ 爱商初字第 193 号民事调解书时，祝某斌、莫某观、某房产公司达成了协议即在莫某观的工程结算款中支付给祝某斌垫付的工程款 100 万元，因莫某观未履行执行过程中达成的协议引发的诉讼。各方当事人对邢某与某房产公司之间因民间借贷纠纷达成的 ［2014］ 爱商初字第 193 号民事调解书并无异议，是因莫某观应否按照执行和解协议的约定承担责任发生争议，本案案由应为债务加入纠纷。

六、思考问题

怎么区分债务加入和保证？

枣庄某某公司与王某、李某债权债务
概括转移合同纠纷案[1]

一、知识点介绍

债权债务概括承受即债权债务概括移转，是指把全部或某一特定的债权、债务全部移转给受让人，而不仅仅是权利或义务的移转。债权债务概括移转既可为全部债权债务的移转，也可为部分债权债务的移转。

债权债务概括转移实际包括了债权让与和债务承担两个行为，但又不是这两个行为的简单叠加。债权债务概括转移又包括意定概括转移和法定概括转移两种，意定概括转移，是基于当事人之间民事行为而产生的，而法定概括转移，是基于法律的直接规定而产生的。

债权债务概括承受有两类：

1. 合同承受。也就是一方当事人把自己合同的全部权利、义务，经对方当事人同意后，移转给第三人。

合同承受，必须符合以下要件：一是必须有合法有效的合同存在，这是合同承受的根本前提；二是所承受的合同为双务有偿合同，在单务合同中，当事人或者仅承担义务，或者仅享有权利，单务合同的移转不是债权债务的概括移转；三是原合同出让人必须与第三人达成移转协议；四是合同承受必须经过对方当事人同意。

合同承受的效力是指原合同当事人的一切债权债务关系由第三人承担，

---

〔1〕 案例来源：山东省沂南县人民法院民事判决书〔2024〕鲁1321民初3705号。

原合同当事人脱离合同关系。

2. 企业合并。企业合并包括一个企业或其一部分被另一个企业所吸收或几个企业合并为一个新的企业。企业合并后，因合并而消灭的企业对第三人的债权债务，全部由合并企业承担。

如果只是企业的一部分被其他企业吸收，则此企业债权债务关系由存续的企业部分与合并了部分该企业的企业，共同协商处理。

二、基本案情

2021 年 4 月 16 日，二被告与四川某某金融有限责任公司（以下简称"四川某某公司"）签订《最高额借款合同》（合同编号：JH××××）、《最高额抵押合同》（合同编号：DH××××）、《最高额保证合同》（合同编号：BH××××）、《个人消费贷款合同》（合同编号：H××××），约定二被告向四川某某公司借款200 000 元用于装修。被告以名下位于山东省沂南县城区某某道以北，正阳路以东望海上上城××号楼××层××-1403，-2 层 4-070 房屋（临房权证城区字第2××6、2××5 号）提供抵押担保并办理抵押登记（抵押登记号：鲁［2021］沂南县不动产证明第 0××0 号）。双方约定借款年利率 18.1%，从 2021 年 5 月22 日起以等额本息方式分 60 期偿还借款，逾期还款按约定利率上浮 50% 计算利息、罚息并支付滞纳金、复利。双方还约定如果未按时偿还借款本息，四川某某公司有权提前收回借款本息，如果发生纠纷可向本合同履行地即被告所在地人民法院提起诉讼，还约定了相关通知及诉讼文书等送达方式等内容。

合同签订后，四川某某公司于 2021 年 4 月 16 日将借款 200 000 元发放至被告银行账号。但被告未按约定偿还借款，仅偿至 2022 年 10 月 22 日这一期，尚欠借款本金 157 428.93 元及 2022 年 10 月 23 日后续的利息、罚息、复利、违约金没有偿还。四川某某公司通过公开挂牌交易方式，于 2023 年 8 月 7 日将对被告的债权及相关权利转让给原告枣庄某某公司，并且已通知被告。本案原告枣庄某某公司为案涉债权的实际权利人，但被告未向原告履行还款义务且经原告催收后仍未履行。

原告枣庄某某公司向法院提出诉讼请求：①判令被告偿还原告借款本金157 428.93 元及利息、罚息、复利、违约金（以借款本金 157 428.93 元为基数，按合同约定年利率 18.1% 上浮 50% 的标准，从 2022 年 10 月 23 日起计算至实际偿还完毕之日止，庭审中变更为以借款本金 157 428.93 元为基数按年利率24%计算）；②诉讼费、代理费等实现债权的费用由被告承担；③原告对被告名下位于山东省沂南县城区某某道以北，正阳路以东望海上上城××号楼××层××-1403，-2层4-070房屋（临房权证城区字第2××6、2××5号；抵押登记号：鲁［2021］沂南县不动产证明第0××0号）享有抵押权，并对该房屋拍卖、变卖、折价所得价款在上述债权范围内优先受偿。

王某、李某均未到庭，亦未答辩。

法院认定事实如下：

（1）合同约定贷款情况。王某、李某（甲方）与四川某某公司（乙方）签订编号为H2××××016的《最高额借款合同》一份约定："第1条自2021年4月16日起至2026年4月15日止的贷款期间内，乙方根据本协议约定的甲方（共同或单独）的申请、资信状况，向甲方发放最高限额贷款人民币（大写）肆拾万元整，（小写）￥400 000.00在贷款期间和最高贷款限额内，每笔贷款的金额、期限、利率、还款方式、贷款用途等以甲方（单独或共同）与乙方签订的具体借款合同为准。具体借款合同为本合同组成部分，与本合同具有同等法律效力。上述最高限额贷款是指乙方因向甲方发放贷款而形成的债权的最高余额。第2条借款种类为：个人消费贷款。第5条若甲方没有按照具体借款合同的约定履行还款义务的，乙方有权按照具体借款合同的约定向甲方收取违约金、罚息及复利，以及乙方为了实现债权所支付的合理费用，包括但不限于：公证费、律师费、诉讼费、评估费、执行费等。第6条借款担保本合同项下借款由甲方与乙方签订的编号为BH2××××016的《最高额保证合同》以及王某、李某与乙方签订的编号为DH2××××016的《最高额抵押合同》作担保。担保合同作为本合同的从合同，具有同等法律效力。在既有物的担保又有人的担保的情况下，乙方有权选择实现担保权的方式及顺序。第10条合同的生效、变更、解除和终止，甲乙双方签订纸质合同的，本合同自甲方签名、按指印并经乙方盖章之日起生效，本合同一式肆份，甲方、乙方、公证机构及有关抵押登记机关各执一份，具有同等法律效力；甲乙双方签订电子合同的，本合同自甲乙双方进行电子签名确认后生效，双方电子签名的时间以电子合同中的时间戳为准。甲乙双方签订电子合同的，电子签名方应妥善保管自己的电子签名账户密码、绑定的手机号码及手机短信验证码等账户信息，不得以账户密码等账户信息或任何其他理由否认已订立的合同的效力或不按照该等合同履行相关义务。甲乙双方签订纸质合同的，自签订合同之日起，甲方超过半年仍未到乙方处领取合同及相关文件资料，视为放弃领取；对此类甲方放弃领取的文件资料，乙方不作永久保存。甲乙双方签订电子合同的，甲方可自行通过签约系统查看、下载合同及相关文件资料。甲乙双方既签订纸质合同，又签订电子合同的，电子合同与纸质合同内容相同且具有同等法律效力。第 11 条其他约定：①甲方确认，本合同载明的及甲方向乙方提交的贷款申请资料中载明的甲方通讯方式为甲方指定接收文件和法律文书的手机号码、电子邮箱及送达地址等。甲方确认的送达方式需要变更时，甲方应向乙方和司法机关（如仲裁机构、人民法院等）履行书面通知义务。未履行以上通知义务的，根据本合同约定确认的甲方送达方式仍视为有效；履行以上通知义务的，以变更后的送达方式为甲方有效送达方式。②甲方确认，乙方和司法机关可通过手机短信、电子邮件等现代通讯方式，以及邮寄送达、直接送达等方式，向甲方送达文件和法律文书等。采取现代通讯方式送达的，文件和法律文书自发出之日即视为送达；采取邮寄送达、直接送达的，文件和法律文书送至根据本合同约定确认的甲方送达地址之日即视为送达；若甲方确认的送达方式信息不准确、甲方拒绝签收或因甲方送达方式变更而未履行通知义务的，依然产生送达的法律后果。③甲方同意乙方和司法机关采取以上一种或多种送达方式向甲方送达文件和法律文书，采取多种送达方式的，送达时间以最先送达的为准。④甲方确认，上述送达方式适用范围包括本合同中涉及各类通知等文件以及就本合同发生纠纷时相关文件和法律文书的送达；上述送达方式适用于全部诉前阶段以及各个司法阶段，司法阶段包括仲裁程序、民事诉讼一审、二审和再审程序以及执行程序。"借款人王某、李某（均系打印），乙方四川某某公司加盖公司合同专用章。

（2）担保情况。王某、李某（甲方）与四川某某公司（乙方）签订编号为 DH2××××016 的《最高额抵押合同》一份约定："乙方与王某、李某（下称债务人）签订了编号为 JH2××××016 的《最高额借款合同》（下称主合同），为保证主合同履行，甲方同意为乙方在主合同项下所形成的债权提供抵押担保。第 2 条本项抵押为最高额抵押，甲方对在最高债权限额内，且在合同约定的债权确定期间内发生的全部债权承担抵押担保责任。第 3 条本合同所担保的主债权为债权确定期间内，债务人与乙方所发生的债权。债权确定期间：自 2021 年 4 月 16 日至 2026 年 4 月 15 日（该期间届满之日即为'决算日'）。在该债权确定期间，甲乙双方协议终止本合同的，终止日即为决算日；甲方依法书面通知乙方终止本合同的，甲方的书面通知达到乙方之日为决算日。第四条甲方提供给乙方的抵押物为本合同载明的编号为××××的'抵押财产清单'所列明的财产。第6条甲乙双方应在本合同生效后30日内到有关抵押登记机关办理抵押登记手续。第9条本合同抵押担保的范围为：本合同约定的被担保之主债权本金，利息、复利、罚息、违约金、损害赔偿金和乙方为了实现债权及担保权而发生的一切费用（包括但不限于公证费、诉讼费、仲裁费、律师代理费、财产保全费、差旅费、执行费、评估费、拍卖费等）、生效法律文书迟延履行期间的双倍利息和其他相关合理的费用。第11条发生以下情形之一的，乙方有权立即行使抵押权：（一）本合同所担保的全部或者部分债权本金或利息履行期限届满，乙方未受清偿的；（二）本合同担保之主合同约定以及本合同约定乙方可以提前实现债权的其他情形；（三）甲方明确表示或以自己的行为表明其将不履行本合同项下义务的；（四）甲方被宣告失踪后无财产代管人，或其财产代管人不履行本合同的；（五）甲方丧失民事行为能力后无监护人，或其监护人不履行本合同的；（六）甲方死亡或被宣告死亡后无合法继承人、受遗赠人，或其继承人、受遗赠人不履行本合同的；（七）抵押财产、甲方其他不动产、物业或财产等受到查封、冻结、拍卖或扣押、没收，或抵押财产权属发生争议的；（八）甲方提供虚假资料或隐瞒重要事实，可能或已经给乙方造成损失的；（九）甲方对其他债务有违约行为或因其他债务的履行，影响乙方债权实现的"。通知和送达的约定与借款合同一致。抵押人王某、李某（均系打印），乙方四川某某公司加盖公司合同专用章。

王某、李某（甲方）与四川某某公司（乙方）签订编号为BH2××××016的最高额保证合同一份约定："乙方与王某、李某（下称债务人）签订了编号为JH2××××016的《最高额借款合同》（下称主合同），为保证主合同履行，甲方同意为乙方在主合同项下所形成的债权提供保证担保。2.1被保证的主债权是指自2021年04月16日至2026年04月15日期间，乙方与债务人之间形成的一系列债权，其最高额度为人民币（大写）肆拾万元整（￥400 000.00）。第3条保证方式3.1甲方提供的保证为连带责任保证。3.2当债务人未按主合同约定履行其债务时，无论乙方对主合同项下的债权是否拥有其他担保（包括但不限于保证、抵押、质押、保函、备用信用证等担保方式），乙方均有权直接要求甲方在其保证范围内承担保证责任，无需先行对债务人提供的其他担保实现债权。"保证人王某、李某（均系打印），乙方四川某某公司加盖公司合同专用章。

2021年4月16日，沂南县自然资源和规划局颁发［2021］鲁沂南县不动产证明第0××0号证书载明："权利人（申请人）四川某某公司义务人王某、李某，以坐落沂南县城区某某道以北，正阳路以东望海上上城××号楼××-1403等2处不动产（不动产权证书号：沂房权证城区字第2××6号、沂房权证城区字第2××5号）设立债权数额为40万元的最高额抵押，债权确定期间：2021年4月16日起至2026年4月15日止。附记：顺位抵押。"

（3）合同履行情况。四川某某公司贷款借据载明："贷款合同编号：H2××××016，贷款期限60个月，首次还款日2021年5月22日，首次还款金额5793.54元，期末还款日2026年4月22日，期末还款金额5089.57元，每月还款日22日，每月还款金金额5089.57元。"

2021年4月16日，四川某某公司向王某发放贷款20万元。2021年5月22日，王某、李某还款5693元；2021年6月22日至2022年1月23日，王某、李某每月分别偿还5089.57元，2022年2月22日，王某、李某还款5075.75元；2022年3月22日至2022年9月24日，王某、李某每月分别偿还5075.27元；2022年10月30日，王某、李某还款5239.61元，以上共计还款92 251.81元。截至2022年10月22日，王某、李某共计偿还本金42 571.07元，偿还利息49 680.74元，尚欠本金157 428.93元。

另查明，2023年8月18日，四川某某公司作出债权转让确认函载明："致枣庄某某公司，根据四川某某公司（'转让方'）与枣庄某某公司（'受让方'）于2023年8月7日签订的《债权转让合同》，'转让方'已经将其于下述贷款债权项下拥有的全部权益，于2023年8月16日（交割日）依法转让给'受让方'。'转让方'特此确认该等贷款债权已向'受让方'转让的事实。借款人名称王某，借款合同编号（或合同签订时间）H2××××016，担保合同编号（或合同签订时间）BH2××××016，贷款人王某。"

2023年8月18日，四川某某公司分别制作债权转让通知书载明："我司与枣庄某某公司（以下简称'某某人'）达成债权转让合同，于2023年8月16日将下列合同项下的全部债权，包括本金、利息、罚息、复利、违约金、实现债权和担保权利的费用（包括但不限于诉讼费、律师代理费、执行费等）

及相关从权利一并转让给某某人。具体合同信息如下：王某作为借款人与我司签订的合同编号为 H2×××016、李某作为借款人与我司签订的合同编号为 H2×××015 的《四川某某公司个人消费贷款合同（最高额类）》；王某、李某作为借款人与我司签订的合同编号为 JH2×××016 的《四川某某公司最高额借款合同》；王某、李某作为保证人与我司签订的合同编号为 BH2×××016、H2×××015 的《四川某某公司最高额保证合同》；王某、李某作为抵押人分别与我司签订的合同编号为 DH2×××016、H2×××015 的《四川某某公司最高额抵押合同》；截至本通知书发出之日，如前述债权已有生效的法律文书（案号：[2023]川 0191 民初 11283 号），则债权金额以生效法律文书最终裁决为准。现我司根据相关法律规定特向您告知上述债权转让的事实，请您继续向某某让人履行上述合同义务，我司会如实将债权转让信息报送至中国人民银行金融信用信息基础数据库。"

2023 年 8 月 22 日，四川某某公司分别向王某、李某邮寄送达了上述债权转让通知书。快件于 2023 年 8 月 26 日签收。2023 年 9 月 7 日，枣庄某某公司分别向李某、王某发送短信："我是枣庄某某公司员工，因你没有按时归还四川某某公司贷款，四川某某公司于 2023 年 8 月 16 日将对你享有的债权及相关权利已经转让给我公司，并已经通知你。现我公司再次通知，该债权及相关权利已经转让给我公司，为我公司享有，请你于三日内直接向我公司偿还。特此通知！账户名称：枣庄某某公司账户号码：1526××××开户银行：中国某某股份有限公司滕州汇源支行。2023 年 10 月 2 日，枣庄某某公司与北京市冠衡（枣庄）律师事务所签订委托代理合同一份约定枣庄某某公司与王某、李某金融借款合同纠纷一案，委北京市冠衡（枣庄）律师事务所代理该案件及相关事宜，枣庄某某公司向北京市冠衡（枣庄）律师事务所交纳律师代理费 1300 元。北京市冠衡（枣庄）律师事务所为枣庄某某公司开具了 1300 元的山东增值税发票。"

另查明，枣庄某某公司系自然人投资或控股的有限责任公司，经营自由资金投资的资产管理服务等。

王某、李某名下坐落于沂南县城区××道以北，正阳路以东望海上上城××号楼××-1403、-2 层 4-××号××处不动产（不动产权证书号：沂房权证城区字第 2××6 号、沂房权证城区字第 2××5 号）第一顺位抵押权人为中国某某银行股份有限公司沂南支行，被担保主债权数额为 35 万元，债务履行期限为

2015 年 10 月 20 日至 2034 年 3 月 24 日，权利未注销。

三、争议问题与判决

（一）争议问题

1. 案由是否适当？

2. 枣庄某某公司诉请张王某、李某支付剩余借款本金 157 428.93 元及利息、罚息、违约金、律师代理费 1300 元是否成立？

（二）法院判决

法院判决：①王某、李某于本判决生效后 10 日内支付枣庄某某公司剩余本金 157 428.93 元及利息、罚息、违约金（利息、罚息、违约金以 157 428.93 元为基数，自 2022 年 10 月 23 日起按照全国银行同业拆借中心公布的一年期贷款市场报价利率的四倍计算至实际履行完毕之日）；②王某、李某于本判决生效后 10 日内支付枣庄某某公司律师代理费 1300 元；③枣庄某某公司对王某、李某名下坐落于沂南县城区××道以北，正阳路以东望海上上城××号楼××－1403 号、－2 层 4－××号××处不动产拍卖、变卖、折价所得价款超出在某某银行股份有限公司沂南支行担保债权的部分在最高额抵押范围内享有优先受偿权；④驳回枣庄某某公司的其他诉讼请求。

四、关联法条

《民法典》第 555 条

当事人一方经对方同意，可以将自己在合同中的权利和义务一并转让给第三人。

《民法典》第 556 条

合同的权利和义务一并转让的，适用债权转让、债务转移的有关规定。

五、学理分析

原告以金融借款合同纠纷为由诉至法院，但其非实际借款合同相对方，系经债权转让取得的权利，故本案案由应为债权债务概括转移合同纠纷。

《民法典》第 545 条规定，"债权人可以将债权的全部或者部分转让给第三人"。本案中，四川某某公司与枣庄某某公司于 2023 年 8 月 7 日签订《债权转让合同》，于 2023 年 8 月 16 日进行了债权转让，将借款合同项下的全部债权，包括本金、利息、罚息、复利、违约金、实现债权和担保权利的费用（包括但不限于诉讼费、律师代理费、执行费等）等及相关从权利一并转让给某某让人枣庄某某公司。

2023 年 8 月 22 日，四川某某公司分别向王某、李某邮寄送达了上述债权转让通知书。2023 年 8 月 26 日，王某、李某签收了上述债权转让通知书。四川某某公司已通过邮寄送达方式通知了债务人王某、李某，债权转让合同对王某、李某发生效力，王某、李某应按合同约定向枣庄某某公司支付剩余本金 157 428.93 元及利息、罚息、违约金。

六、思考问题

债权债务概括承受时，受让方应如何防范风险？

第七章

合同的权利义务终止

王某某诉某银行河西支行储蓄合同纠纷案[1]

一、知识点介绍

所谓受领清偿人，是指受领清偿利益的人。债务人或第三人的清偿，必须经有受领权限之人的受领，才发生债的关系消灭的效果，即便债的标的为不作为亦然。原则上债权人具有受领权限，但在债权人为无行为能力人或限制行为能力人、债权已出质且通知债务人、债权被保全或被强制执行、债权人破产等场合，债权人的受领权限受到限制或被剥夺。经债权人授权或基于法律规定，第三人亦可具有受领权限，比如获得授权的第三人、破产管理人、质权人、代位权人、对债权申请保全或强制执行的第三人等。债务人或第三人的清偿若由无受领权限的第三人受领，原则上不发生债的关系消灭的效果，除非该第三人构成表见受领人。所谓表见受领人，是指具有受领权限外观的人。债务人或第三人向表见受领人的清偿之所以产生债的关系消灭的效果，并非因表见受领人具有受领权限，而在于信赖法理。

二、基本案情

2007年10月9日，原告王某某在被告某银行河西支行办理长城电子借记卡（以下简称"借记卡"）1张，卡号为××××。该借记卡为无存折卡，王某

---

[1] 案件来源：《中华人民共和国最高人民法院公报》2009年第2期。

某在业务登记表中进行了签名，业务登记表背面附有管理协议书及借记卡章程，载有持卡人应妥善保管密码，因密码泄露而造成的风险及损失由持卡人本人承担。

2007 年 12 月 2 日晚，汤某某等 5 人到某银行热河南路支行的自助银行网点，在门口刷卡处安装读卡器，在柜员机上部安装了 MP4 以窃取取款者的银行卡号与密码。19：05 王某某持借记卡到该自助银行柜员机取款。其借记卡的卡号、密码被汤某某等 5 人窃取。汤某某等 5 人据此复制 2 张银行卡，3 人持其中 1 张卡到南昌，其余 2 人持另 1 张卡到北京。2007 年 12 月 4 日、5 日，汤某某等人以复制的银行卡在南昌、余干等地刷卡消费及取款合计 428 709.50 元。

2007 年 12 月 6 日，王某某发现其借记卡内存款短少后，即到某银行下关支行打印交易明细并向南京市公安局鼓楼分局（以下简称"鼓楼公安分局"）报案。鼓楼公安分局立案后，于 2008 年 1 月 11 日将汤某某抓获并于当天对其实施刑事拘留。2008 年 5 月 22 日，南京市鼓楼区人民检察院以汤某某犯信用卡诈骗罪向南京市鼓楼区人民法院提起公诉，法院判决汤某某犯信用卡诈骗罪，判处有期徒刑 10 年 6 个月；并处罚金人民币 10 万元，该刑事判决已发生法律效力。卡号为××××的借记卡于 2007 年 12 月 3 日 22：22：09 至 2007 年 12 月 4 日 00：33：53 期间，在北京天缘公寓支行所管理的自助银行柜员机上 14 次取款共计 35 000 元及异地取款手续费 140 元，在本刑事判决中未被确认为犯罪金额。

2008 年 1 月 24 日，王某某与某银行下关支行签订一份协议，约定某银行下关支行先借给王某某 232 000 元帮助王某某解决民工工资发放；如王某某对某银行下关支行提起民事诉讼且法院判决某银行下关支行对王某某进行赔偿，则某银行下关支行有权以本协议项下对王某某的债权进行抵偿。协议签订当天，某银行下关支行即支付王某某 232 000 元。本案审理中，某银行下关支行向法院出具申请一份，同意其出借给王某某的 232 000 元作为某银行河西支行的出借款在本案中予以抵扣。

原告王某某认为，原、被告之间系储蓄合同关系，被告有义务保护原告的资金安全。原告借记卡中资金被盗系因被告在安全管理上存在疏忽而被犯罪分子利用所致，原告并无过错。故原告诉至南京市鼓楼区人民法院，请求法院判令被告支付原告存款 463 942.2 元及自 2007 年 12 月 4 日至实际支付之日止的利息。

被告某银行河西支行辩称，①被告在为原告提供服务的过程中严格遵守相关监管部门的规定，通过多种形式提醒原告妥善保管借记卡密码，自助银行网点的安全防范设施亦符合规范，原告借记卡的存款被盗是因原告没有妥善保管密码所致，其自身具有过错。②原告借记卡内的资金短少是由于犯罪行为所致，就犯罪行为给原告造成的资金损失，被告不应承担民事责任。③法院的刑事判决中仅确认犯罪金额为 428 709.50 元，被告对此予以认可。但是刑事判决对在北京被支取的 35 140 元未予认定，不排除原告自身支取的可能。综上，被告请求法院在查明事实的基础上依法判决。被告同时提供南京市公安局 2007 年 12 月 24 日颁发的安全防范设施合格证、取款机操作指南、柜员机界面提示等予以佐证。

三、争议问题与判决

（一）争议问题

某银行河西支行应否对被犯罪分子支取及消费的款项承担支付责任？

（二）法院判决

原告王某某在被告某银行河西支行办理了无存折借记卡，即与某银行河西支行建立了储蓄合同关系。根据储蓄合同的性质，某银行河西支行负有按照原告的指示，将存款支付给原告或者原告指定的代理人，并保证原告借记卡内存款安全的义务。《商业银行法》第 29 条第 1 款规定："商业银行办理个人储蓄存款业务，应当遵循存款自愿、取款自由、存款有息、为存款人保密的原则。"为存款人保密，保障存款人的合法权益不受任何单位和个人的侵犯，是商业银行的法定义务。商业银行的保密义务不仅是指银行对储户已经提供的个人信息保密，也包括为到银行办理交易的储户提供必要的安全、保密的环境。商业银行设置自助银行柜员机，是一项既能方便储户取款，又能提高自身工作效率并增加市场竞争力的重要举措，银行亦能从中获取经营收益。对自助银行柜员机进行日常维护、管理，为在自助银行柜员机办理交易的储户提供必要的安全、保密环境，也是银行履行安全、保密义务的一项重要内容，这项义务应当由设置自助银行柜员机的银行承担。根据本案查明的事实，案外人汤某某等五人通过在某银行热河南路支行自助银行网点门口刷卡处安装读卡器、在柜员机上部安装具有摄像功能的 MP4 的方式，窃取了王某某借记卡的卡号、信息及密码，复制了假的银行卡，并从原告借记卡账户内支取、消费 428 709.50 元。上述事实说明，涉案某银行热河南路支行自助银行柜员机存在重大安全漏洞。由于具备专业知识的银行工作人员对自助银行柜员机疏于管理、维护，未能及时检查、清理，没有及时发现、拆除犯罪分子安装的读卡器及摄像装置，致使自助银行柜员机反而成了隐藏犯罪分子作案工具的处所，给储户造成安全隐患，为犯罪留下可乘之机。综上，原告借记卡密码被犯罪分子所窃取，是银行未能履行其为储户提供必要的安全、保密环境的义务所致。

被告某银行河西支行认为，被告与原告王某某在借记卡管理协议书及章程中已经约定"持卡人应妥善保管密码，因密码泄露而造成的风险及损失由持卡人本人承担"。本案中，原告借记卡的存款被盗是因原告没有妥善保管密码所致，原告自身具有过错。因此，涉案借记卡的资金损失应由持卡人即原告本人承担。对此法院认为，原、被告双方在借记卡管理协议书及章程中的约定，应当是指在银行为持卡人提供了必要的安全、保密条件的情况下，完全由于持卡人自己的过失使借记卡遗失或密码失密造成的风险及损失，由持卡人本人自行承担。而本案中原告借记卡失密，是银行违反安全保密义务所致。储户大多缺乏专业知识，在使用自助柜员机进行交易时，难以辨别门禁识别装置是否正常，是否安装了其他不明识别器，也难以发现柜员机上方是否安装了非法摄像装置。银行无权单方面增加储户的义务。银行未对自助柜员机进行必要的维护、未能给储户提供安全、保密的环境，导致持卡人借记卡密码泄露，并且在借记卡还在储户本人手中的情况下，未能准确识别被犯罪分子复制的假卡，最终导致储户借记卡账户内的资金被犯罪分子骗走，又错误解释借记卡管理协议书及章程约定的含义，主张风险一律由持卡人本人承担，没有法律依据，不予支持。

被告某银行河西支行认为，原告王某某借记卡内的资金短少是由于犯罪行为所致，对犯罪行为给原告造成的资金损失，被告不应承担民事责任。对此法院认为，首先，信用卡诈骗罪是指以非法占有为目的，违反信用卡管理法规，利用信用卡进行诈骗活动，骗取数额较大的财物的行为。根据本案查明的事实，案外人汤某某等人利用被告未尽保密义务、对自助柜员机疏于管理的安全漏洞，窃得原告借记卡的密码，而后使用复制的假卡进行支取和消费。银行未能准确地识别该复制的假卡，从而将原告借记卡账户中的存款错误地交付给假卡持有人。因此，在真借记卡尚由原告持有的情况下，汤某某等人的行为并非直接侵害了原告的财产所有权，而是侵犯了银行的财产所有权。原告与被告建立的储蓄合同关系合法有效，双方的债权债务关系仍然存在。被告认为原告借记卡内的资金短少属于犯罪行为给原告造成的资金损失，被告不应承担民事责任的主张，没有事实根据和法律依据，不予支持。其次，《商业银行法》第33条规定："商业银行应当保证存款本金和利息的支付，不得拖延、拒绝支付存款本金和利息。"该条规定了商业银行的保证支付义务，被告错误地将原告借记卡账户内的存款交付给假卡持有人，未适当完成自己的支付义务，故原告要求某银行河西支行支付相应存款及相应利息的主张合法，应予以支持。

被告某银行河西支行认为，南京市鼓楼区人民法院［2008］鼓刑初字第241号刑事判决中确认犯罪金额为428 709.50元，对涉案借记卡账户在北京被支取的35 140元未予认定，该款项不排除原告王某某自行支取的可能，被告只认可刑事判决中所认定的犯罪金额。对此法院认为，首先，前述35 140元款项在［2008］鼓刑初字第241号刑事判决中未被确认为案外人汤某某的犯罪金额，但并不能证明被告所称的系原告自行支取的主张。其次，根据鼓楼公安分局对案外人汤某某的询问笔录，汤某某等人2007年12月2日晚复制原告的借记卡后即离开南京到江西南昌、余干和北京等地，这说明2007年12月3日19：58在某银行光华路自助柜员机从涉案借记卡账户中支取的5000元并非汤某某等人利用复制的假银行卡所支取，原告亦认可其于2007年12月3日19：58在光华路自助柜员机取款5000元的事实。这一事实同时证明2007年12月3日晚8时左右原告尚在南京市区。某银行北京天缘公寓支行提供的交易明细所显示的前述35 140元被支取的时间为2007年12月3日22：22：09至2007年12月4日0：33：53，这个时间段离原告在光华路自助柜员机取款的时间不足两个半小时。根据常理推断，在如此短的时间内，原告不可能从南京到北京取款。因此，某银行河西支行不能证明该35 140元系按原告的指示予以支取，仍应就该35 140元向王某某承担给付责任。

某银行下关支行基于原告王某某借记卡内存款被犯罪分子所支取及消费的事实，于2008年1月24日出借给原告232 000元，现其同意在本案中作为被告某银行河西支行的出借款予以抵扣，符合双方签订协议的真实意思，某银行河西支行与原告在庭审中亦予以认可，对此予以准许。

综上，原告王某某借记卡账户内资金短少系因被告某银行河西支行未履行其应尽的安全、保密义务所致，原告要求某银行河西支行支付存款及相应利息的诉讼请求予以支持，但应扣除某银行下关支行已出借的 232 000 元。据此，南京市鼓楼区人民法院于 2008 年 11 月 26 日判决：被告某银行河西支行于本判决生效之日起 10 日内一次性支付原告王某某存款人民币 231 849.2 元及相应利息。

四、关联法条

《商业银行法》第 29 条第 1 款

商业银行办理个人储蓄存款业务，应当遵循存款自愿、取款自由、存款有息、为存款人保密的原则。

《商业银行法》第 33 条

商业银行应当保证存款本金和利息的支付，不得拖延、拒绝支付存款本金和利息。

《最高人民法院关于审理银行卡民事纠纷案件若干问题的规定》第 7 条

发生伪卡盗刷交易或者网络盗刷交易，借记卡持卡人基于借记卡合同法律关系请求发卡行支付被盗刷存款本息并赔偿损失的，人民法院依法予以支持。

发生伪卡盗刷交易或者网络盗刷交易，信用卡持卡人基于信用卡合同法律关系请求发卡行返还扣划的透支款本息、违约金并赔偿损失的，人民法院依法予以支持；发卡行请求信用卡持卡人偿还透支款本息、违约金等的，人民法院不予支持。

前两款情形，持卡人对银行卡、密码、验证码等身份识别信息、交易验证信息未尽妥善保管义务具有过错，发卡行主张持卡人承担相应责任的，人民法院应予支持。

持卡人未及时采取挂失等措施防止损失扩大，发卡行主张持卡人自行承担扩大损失责任的，人民法院应予支持。

五、学理分析

本案中，法院的论证思路是，因为被告某银行河西支行违反保密义务，所以应就犯罪分子支取及消费的款项向原告王某某承担支付责任。针对这一论证思路，分析如下：

1. 被告某银行河西支行是否违反保密义务？根据《商业银行法》第29条第1款的规定，商业银行对存款人负担保密义务。该款未明确规定保密义务的客体，因此对于一切应当保密的信息，商业银行均具有保密义务。借记卡的卡号、密码以及其他信息对存款人意义重大，关乎存款合同关系的存续，属于应当保密的信息，商业银行应当采取有效措施确保此等信息不被泄露，包括存款人与其交易过程中不被他人非法获取。本案中，银行工作人员对自助银行柜员机疏于管理、维护，未能及时检查、清理，没有及时发现、拆除汤某某等五人安装的读卡器及摄像装置，导致王某某借记卡的卡号、密码以及其他信息被窃取。因此，某银行河西支行的不作为构成保密义务违反。

与保密义务不同，商业银行对存款人存入银行账户内的存款不负担保护义务。储蓄合同为一种消费保管合同，商业银行的返还义务指向的是相同种类和数量的货币，而非返还存款人存入货币的原物。自商业银行受领存款时起，储蓄合同准用借款合同的规定。本案中，法院认为某银行河西支行基于储蓄合同关系负担保证王某某借记卡内存款安全的义务，属于错误论断。

2. 被告某银行河西支行违反保密义务的法律后果。保密义务属于保护义务的范畴，指向的是债权人的固有利益，债务人违反保护义务，须对债权人承担违约损害赔偿责任。本案中，法院将被告某银行河西支行违反保密义务的法律后果理解为就犯罪分子支取及消费的款项向原告王某某承担支付责任，所谓支付责任，实际上是被告某银行河西支行继续向原告王某某履行其基于储蓄合同负担的返还存款义务，被告某银行河西支行的该项义务源自储蓄合同，与其是否违反该合同无关。因此，在本案中，法院的论证存在逻辑上的断裂，强行将不具有规范上联系的构成要件和法律效果嫁接在一起。实际上，被强行嫁接的构成要件和法律效果，体现了我国司法实践处理伪卡盗刷交易或者网络盗刷交易的两种不同思路：一是考察商业银行是否构成义务违反以及是否存在可归责事由，从而依据损害赔偿的法则救济持卡人，如果持卡人存在过错，则持卡人应向银行承担损害赔偿责任。二是考察商业银行返还存款义务或提供借款义务是否消灭，从而依据债务履行的法则救济持卡人。《最高人民法院关于审理银行卡民事纠纷案件若干问题的规定》第7条采纳了第一种思路。不过，该思路能够成立的前提是商业银行对持卡人的资金安全承担保护义务，如前文所述，在储蓄合同中，商业银行对存款人存入账户的金钱不负担保护义务，在信用卡合同中，更不存在商业银行保护持卡人资金安全的问题。因此，本书赞同第二种思路。

3. 商业银行向存款人之外的第三人清偿是否构成有效清偿，是判断商业银行返还存款的义务是否消灭的关键。向第三人清偿原则上不构成有效清偿，但若第三人获得了债权人的授权，可构成有效清偿。另外，如果第三人具有受领权限的外观，基于信赖保护的法理，也可构成有效清偿。在此场合，有效清偿的构成需要具备三个要件：一是第三人具备受领权限的外观；二是债务人善意，即债务人不知道且不应当知道第三人不具有受领权限；三是债权人对受领权限外观的形成具有可归责性。下面分别分析。

首先，汤某某等5人窃取了王某某所持借记卡的卡号、密码等信息，并凭借该信息伪造借记卡取款，借记卡卡片和密码是进行取款活动的主要依据，因此，汤某某等在取款活动中具有受领权限的外观。

其次，本案中某银行热河南路支行以及汤某某等人实际取款的银行均为被告某银行河西支行的履行辅助人，履行辅助人主观的信息状态可归入债务人。本案中某银行热河南路支行对其设置的自助银行柜员机疏于管理，导致汤某某等五人通过在自助银行网点门口刷卡处安装读卡器、在柜员机上部安装具有摄像功能的 MP4 的方式，窃取了王某某借记卡的卡号、密码等信息，因此，某银行热河南路支行应当知道王某某借记卡卡号、密码等信息被盗的情况，相应地被告某银行河西支行也应当知道这种情况。申言之，被告某银行河西支行应当知道汤某某等人不具有受领权限。在这种情况下，即便汤某某等人实际取款的银行不知道且不应当知道汤某某等人不具有受领权限，也不能认为被告某银行河西支行构成善意，否则后者将以此获得不当利益。总之，被告某银行河西支行不构成善意。

最后，债权人可归责性的判断具有不同理论构成，主要有过错归责和风险归责两种学说，其中风险归责为有力说。风险归责的判断标准是参加者的最佳行为要求，考察重点是在债权人和债务人之间进行比较，划定债权人的风险领域，判断受领权限外观的风险是否属于债权人的风险领域。风险归责并非仅考虑一种因素的单一化和绝对化的思考方式，而是划定多种可能的考量因素，包括风险现实化前谁更可能控制此风险以及在风险现实化后谁更应承担风险，以及谁开启了风险、谁提升了风险、谁更有能力控制风险的发生和提升、谁更有能力转嫁风险、谁根据此风险而获益等，这就涉及对责任承担者和相对人的控制权利外观风险的成本（包括信息的获知成本、防免成本）、救济成本和获益等。在本案中，受领权限外观是因汤某某等五人在自助银行门口刷卡处安装读卡器和在自助柜员机上部安装具有摄像功能的 MP4 的方式形成的，自助银行和自助柜员机均处于某银行热河南路支行的控制之下，与原告王某某相比，前者更有能力控制王某某借记卡卡号、密码等信息被窃取的风险。因此，原告王某某不具有可归责性。

综上所述，被告某银行河西支行向汤某某等 5 人的清偿不构成有效清偿，其对原告王某某负担的返还存款的义务并未消灭，仍应向原告王某某承担支付责任。

六、思考问题

1. 有观点认为，在表见受领的构成中无须债权人可归责性要件，债权人可归责性要件的意义是什么？

2. 司法实务中采用损害赔偿的思路处理伪卡盗刷交易或者网络盗刷交易案件，请对这种处理思路进行评价？

通州某集团有限公司与内蒙古某房地产有限责任公司建设工程施工合同纠纷案^[1]

一、知识点介绍

代物清偿，是指清偿当事人约定以他种给付方式清偿债务的合同。代物清偿导致债之关系消灭的原因在于债权人的满足，而非债务人履行了给付义务。正如法谚所云"不能强迫债权人接受他种给付"，当事人必须就代物清偿达成合意。代物清偿的性质为清偿协议，是一种以清偿效果的实现为目的的合同。代物清偿的效果为债务人因此而享有替代给付权，替代给付权可以即时行使也可以在将来行使，它可以对抗债权人的原给付请求权，只有通过履行他种给付满足债权人后，原债之关系才消灭。代物清偿协议为诺成合同和有偿合同。如果债务人提供的他种给付有瑕疵，则类推适用买卖合同中的瑕疵担保规则。

为清偿的给付，亦称间接给付、间接清偿、新债清偿、半履行给付、新债抵旧，是指债务人为清偿债务而负担新给付，债权人受领该不合债之本旨的给付后，负有变价之义务，取得变价而生之利益，进而发生债务清偿的效力。在为清偿的给付中，债务人与债权人之间并没有变更原定债之关系的内容，只是在债务人所负原定给付仍不消灭的情形下，额外为债权人创设实现符合债之本旨的履行的另一途径，即债权人同意承担先就该新债权的给付标的予以变价而受满足的义务。只要变价的尝试对债权人仍然是可能和可期待

---

〔1〕 案件来源：《中华人民共和国最高人民法院公报》2017 年第 9 期。

的，他就不能从原来的债权中向债务人提出请求。所谓变价，不仅表现为出卖债务人给付的标的物，如果债务人给付的标的为债权，变价还表现为请求该债权的债务人给付并受领。变价所得超过债权人的债权的，债权人对超过额负有返还义务。如果债权人的变价行为未获任何结果，则其负有返还其受领的新给付之义务。

债的更新，亦称债务更改或债务更替，经由此种合意，当事人将原债之关系消灭，而以新的债之关系替代之。更新以个别债务的消灭及成立为目的。

二、基本案情

2005 年 6 月 28 日，内蒙古某房地产有限责任公司（以下简称"某房地产公司"）与通州某集团有限公司（以下简称"某集团公司"）签订《建设工程施工合同》，某房地产公司将呼和浩特市供水大厦（此后也被当事人称为"供水财富大厦"或"财富大厦"）工程的施工任务发包给某集团公司。某集团公司进场施工完毕后，涉案工程没有进行竣工验收，但某房地产公司于 2010 年底投入使用。

2012 年 1 月 13 日，某房地产公司（甲方）与某集团公司呼和浩特分公司第二工程处（乙方）签订《房屋抵顶工程款协议书》一份，约定："就乙方承揽施工甲方的供水财富大厦工程，将协商用该楼盘 A 座 9 层房屋抵顶工程款一事达成协议如下：一、抵顶房屋位置：呼和浩特市新华东街以南/丰州路以西路口转角处，财富大厦 A 座 9 层。……双方抵顶房屋协议价为 7500 元/平方米，计 10 950 000 元。二、乙方用某集团公司呼和浩特分公司拥有的产权房，坐落在呼和浩特市东洪桥蒙荣中心嘉园 2 号楼 2 单元的 3 套住宅进行置换，……总价合计 1 527 450 元，……乙方扣除置换住宅楼价 1 527 450 元，抵顶工程款计 9 422 550 元，结算时互相补办手续并签订正式合同等。"但是，财富大厦 A 座 9 层尚未办理房屋所有权首次登记及任何转移登记。

三、争议问题与判决

（一）争议问题

供水财富大厦 A 座 9 层抵顶工程款是否应计入已付工程款中？

（二）法院判决

1. 以物抵债，系债务清偿的方式之一，是当事人之间对于如何清偿债务作出的安排，故对以物抵债协议的效力、履行等问题的认定，应以尊重当事人的意思自治为基本原则。一般而言，除当事人明确约定外，当事人于债务清偿期届满后签订的以物抵债协议，并不以债权人现实地受领抵债物，或取得抵债物所有权、使用权等财产权利，为成立或生效要件。只要双方当事人的意思表示真实，合同内容不违反法律、行政法规的强制性规定，合同即为有效。本案中，某房地产公司与某集团公司呼和浩特分公司第二工程处2012年1月13日签订的《房屋抵顶工程款协议书》，是双方当事人的真实意思表示，不存在违反法律、行政法规规定的情形，故该协议书有效。

2. 当事人于债务清偿期届满后达成的以物抵债协议，可能构成债的更改，即成立新债务，同时消灭旧债务；亦可能属于新债清偿，即成立新债务，与旧债务并存。基于保护债权的理念，债的更改一般需有当事人明确消灭旧债的合意，否则，当事人于债务清偿期届满后达成的以物抵债协议，性质一般应为新债清偿。换言之，债务清偿期届满后，债权人与债务人所签订的以物抵债协议，如未约定消灭原有的金钱给付债务，应认定系双方当事人另行增加一种清偿债务的履行方式，而非原金钱给付债务的消灭。本案中，双方当事人签订了《房屋抵顶工程款协议书》，但并未约定因此而消灭相应金额的工程款债务，故该协议在性质上应属于新债清偿协议。

3. 所谓清偿，是指依照债之本旨实现债务内容的给付行为，其本义在于按约履行。若债务人未实际履行以物抵债协议，则债权人与债务人之间的旧债务并未消灭。也就是说，在新债清偿，旧债务于新债务履行之前不消灭，旧债务和新债务处于衔接并存的状态；在新债务合法有效并得以履行完毕后，因完成了债务清偿义务，旧债务才归于消灭。据此，本案中，仅凭当事人签订《房屋抵顶工程款协议书》的事实，尚不足以认定该协议书约定的供水财富大厦A座9层房屋抵顶工程款应计入已付工程款，从而消灭相应金额的工程款债务，是否应计为已付工程款并在欠付工程款金额中予以相应扣除，还应根据该协议书的实际履行情况加以判定。对此，一方面，《物权法》第9条第1款规定："不动产物权的设立、变更、转让和消灭，经依法登记，发生效力；未经登记，不发生效力，但法律另有规定的除外。"据此，除法律另有规定的以外，房屋所有权的转移，于依法办理房屋所有权转移登记之日发生效力。而本案中，《房屋抵顶工程款协议书》签订后，供水财富大厦A座9层房屋的所有权并未登记在某集团公司名下，故某集团公司未取得供水财富大厦

A座9层房屋的所有权。另一方面，某房地产公司已经于2010年底将涉案房屋投入使用，故某集团公司在事实上已交付了包括供水财富大厦A座9层在内的房屋。某房地产公司并无充分证据推翻这一事实，也没有证据证明供水财富大厦A座9层房屋目前在某集团公司的实际控制或使用中，故亦不能认定供水财富大厦A座9层房屋实际交付给了某集团公司。可见，供水财富大厦A座9层房屋既未交付某集团公司实际占有使用，亦未办理所有权转移登记于某集团公司名下，某房地产公司并未履行《房屋抵顶工程款协议书》约定的义务，故某集团公司对于该协议书约定的拟以房抵顶的相应工程款债权并未消灭。

4. 当事人应当遵循诚实信用原则，按照约定全面履行自己的义务，这是合同履行所应遵循的基本原则，也是人民法院处理合同履行纠纷时所应秉承的基本理念。据此，债务人于债务已届清偿期时，应依约按时足额清偿债务。在债权人与债务人达成以物抵债协议、新债务与旧债务并存时，确定债权人应通过主张新债务抑或旧债务履行以实现债权，亦应以此作为出发点和立足点。若新债务届期不履行，致使以物抵债协议目的不能实现的，债权人有权请求债务人履行旧债务；而且，该请求权的行使，并不以以物抵债协议无效、被撤销或者被解除为前提。本案中，涉案工程于2010年底已交付，某房地产公司即应依约及时结算并支付工程款，但某房地产公司却未能依约履行该义务。相反，就其所欠的部分工程款，某房地产公司试图通过以部分房屋抵顶的方式加以履行，遂经与某集团公司协商后签订了《房屋抵顶工程款协议书》。对此，某房地产公司亦应按照该协议书的约定积极履行相应义务。但在《房屋抵顶工程款协议书》签订后，某房地产公司就曾欲变更协议约定的抵债房屋的位置，在未得到某集团公司同意的情况下，某房地产公司既未及时主动向某集团公司交付约定的抵债房屋，也未恢复对旧债务的履行即向某集团公司支付相应的工程欠款。某集团公司提起本案诉讼向某房地产公司主张工程款债权后，双方仍就如何履行《房屋抵顶工程款协议书》以抵顶相应工程款进行过协商，但亦未达成一致。而从涉案《房屋抵顶工程款协议书》的约定看，某集团公司签订该协议，意为接受某房地产公司交付的供水财富大厦A座9层房屋，取得房屋所有权，或者占有使用该房屋，从而实现其相应的工程款债权。虽然该协议书未明确约定履行期限，但自协议签订之日至今已四年多，某房地产公司的工程款债务早已届清偿期，某房地产公司却仍未向某集团公司交付该协议书所约定的房屋，亦无法为其办理房屋所有权登记。

综上所述，某房地产公司并未履行《房屋抵顶工程款协议书》约定的义务，其行为有违诚实信用原则，某集团公司签订《房屋抵顶工程款协议书》的目的无法实现。

综上，涉案《房屋抵顶工程款协议书》约定的供水财富大厦 A 座 9 层房屋抵顶工程款金额不应计入已付工程款金额。

四、关联法条

《最高人民法院关于适用〈中华人民共和国民法典〉合同编通则若干问题的解释》第 27 条

债务人或者第三人与债权人在债务履行期限届满后达成以物抵债协议，不存在影响合同效力情形的，人民法院应当认定该协议自当事人意思表示一致时生效。

债务人或者第三人履行以物抵债协议后，人民法院应当认定相应的原债务同时消灭；债务人或者第三人未按照约定履行以物抵债协议，经催告后在合理期限内仍不履行，债权人选择请求履行原债务或者以物抵债协议的，人民法院应予支持，但是法律另有规定或者当事人另有约定的除外。

前款规定的以物抵债协议经人民法院确认或者人民法院根据当事人达成的以物抵债协议制作成调解书，债权人主张财产权利自确认书、调解书生效时发生变动或者具有对抗善意第三人效力的，人民法院不予支持。

债务人或者第三人以自己不享有所有权或者处分权的财产权利订立以物抵债协议的，依据本解释第十九条的规定处理。

五、学理分析

1. 以物抵债作为一种交易形式，在现实经济生活中大量存在，对提高交易效率和稳定性、降低交易成本、加快要素资源流通、保护债权人合法权益等具有重要作用。但是以物抵债并非一个严格的法律概念，具体产生何种法律效果，取决于当事人的意思表示。如果当事人的意思为代物清偿，则以物抵债协议为代物清偿协议。如果当事人的意思为清偿的给付，则以物抵债协议为清偿的给付协议。如果当事人的意思为债的更新，则以物抵债协议为债的更新协议。本案法院在以物抵债协议的效力、履行等问题的认定上，强调尊重当事人的意思自治，值得肯定。

因债的更新导致旧债务消灭新债务产生的效果，债权人并未因此而获得任何满足，本案法院主张，基于保护债权的理念，债的更新须有当事人明确消灭旧债的合意，否则不构成债的更新。法院的这一主张实质上确立一项实体解释规则，如果在以物抵债协议中当事人的意思不明确，则不应当解释为债的更新，而应当解释为代物清偿或为清偿的给付。

2. 本案法院将某房地产公司与某集团公司呼和浩特分公司第二工程处签订的《房屋抵顶工程款协议书》理解为新债清偿，这是错误的。所谓新债清偿，即为清偿的给付，是指债务人为清偿债务而负担新给付，债权人受领该不合债之本旨的给付后，负有变价之义务，取得变价而生之利益，进而发生债务清偿的效力。换言之，在为清偿的给付中，债权人并不以不合债之本旨的给付获得满足，而是以该给付的变价款获得满足，即债权人仍以符合债之本旨的给付获得满足。在该协议中，双方当事人并未约定某集团公司在取得供水财富大厦 A 座 9 层房屋所有权后的变价义务。本书认为，当事人签订的《房屋抵顶工程款协议书》应解释为代物清偿协议。

3. 本案法院认为代物清偿协议为诺成合同，而非要物合同。这一裁判观点改变了最高人民法院在"武侯国土局与招商局公司、成都港招公司、海南民丰公司债权人代位权纠纷案"裁判摘要中的观点，最高人民法院在裁判摘要中指出，代物清偿协议为要物性合同，没有实际履行，双方的代物清偿协议不成立。事实上，将代物清偿协议认定为要物合同是错误的，因为要物合同是以标的物的交付为成立要件的合同，而代物清偿协议的标的不一定是标的物的交付，还可能是标的物所有权的移转、一定劳务的提供等，即便代物清偿协议指向的是标的物的交付，但标的物的交付不是导致一个合同的成立，而是消灭一个合同关系。在诺成合同的脉络下，只有债务人履行了代物清偿协议，债之关系才消灭。

4. 就代物清偿协议的效力，《最高人民法院关于适用〈中华人民共和国民法典〉合同编通则若干问题的解释》第 27 条第 2 款第二分句理解错了代物清偿的效力，不可不察。该分句的具体内容为，"债务人或者第三人未按照约定履行以物抵债协议，经催告后在合理期限内仍不履行，债权人选择请求履行原债务或者以物抵债协议的，人民法院应予支持，但是法律另有规定或者当事人另有约定的除外"。首先需要说明的是，在第三人清偿的情况下，债权人对第三人并无履行请求权，债权人只对债务人享有履行请求权，第二分句的文义包含债权人对第三人的履行请求权，不妥。根据第二分句，除非法律另有规定或者当事人另有约定，债务人经债权人催告后在合理期限内仍不履行代物清偿协议的，债权人可以选择请求履行原债务或者代物清偿协议。据此，代物清偿协议的效力分为前后相连的两个阶段。在第一个阶段，虽然债务人应当按照约定履行代物清偿协议，但债务人仍然可以履行原债务，在第二个阶段，债权人有权选择请求履行原债务或者代物清偿协议，一旦债权人行使了选择权，债务人只能按照债权人选定的给付履行，第一阶段向第二阶段的过渡条件为，债权人催告债务人履行代物清偿协议后债务人在合理期限内仍不履行。第二个阶段的效力设计背离了债务人缔结代物清偿协议的目的，债务人缔结代物清偿协议的目的在于有权以他种给付代替原定给付清偿债务，因此如果代物清偿协议产生强迫债务人必须以某种给付清偿债务的效果则与债务人的意思相悖。另外，即便承认第二阶段效力的正当性，第一阶段向第二阶段过渡的条件也不应当仅限于催告债务人履行代物清偿协议，只要债权人催告债务人履行，无论是代物清偿协议还是原债务，均应产生向第二阶段效力过渡的效果。

六、思考问题

1. 如果债务人依据代物清偿协议交付的标的物存在瑕疵，应当如何救济债权人？

2. 当事人在债务到期前缔结的以物抵债协议能否构成代物清偿？为什么？

张某某、徐某某诉启东市某置业有限公司
房屋买卖合同纠纷案[1]

一、知识点介绍

合同解除，是指在合同生效后，因一方或双方当事人的意思表示，使当事人摆脱被解除的合同关系拘束的制度。因一方的意思表示而使合同解除的场合，以该方当事人具有解除合同的权利（解除权）为必要。依解除权发生根据的差异，亦即依合同保留解除权抑或依法律规定发生的解除权，可以将解除区分为约定解除和法定解除两类。《民法典》第563条第2款就未定期限的继续性合同规定了预告解除，预告解除为法定解除的一种类型，只是该法定解除权的构成不需要任何条件，第1款规定了其他类型合同中法定解除权的事实构成。

法定解除权的事实构成规范存在两种典型模式：一种是针对不同的违约形态辅以一定宽限期的模式，即宽限期模式；另一种是根本违约模式，即以违约的严重程度判断法定解除权条件是否具备。两种模式的区别主要体现在，宽限期模式比较容易判断，而根本违约模式则采用一般化的实质性判断标准，不易判断。《民法典》第563条第1款混合继受了根本违约模式和宽限期模式，根本违约模式表现在第1项和第4项解除条件中"不能实现合同目的"的要件，宽限期模式表现在第2项和第3项分别规定了预期违约和给付拖延两种义务违反类型场合的解除条件。但第563条第1款与两者又都有一定差

---

〔1〕 案例来源：《中华人民共和国最高人民法院公报》2017年第9期。

异，体现在两个方面：一是与根本违约模式比较，并未包含根本违约的一般条款，也没有对根本违约做出界定；二是与宽限期模式比较，仅在预期违约和给付拖延两种义务违反的场合中采纳了宽限期模式，而对实践中极为重要的瑕疵给付并未明确采用宽限期模式。在解释论上，应以根本违约模式解释《民法典》第 563 条第 1 款。所谓宽限期应被解释为根本违约认定的一种方法，如果债权人为债务人指定了宽限期后，债务人在宽限期届满后仍然处于违约状态的，债务人构成根本违约。对于未规定宽限期的场合，根本违约的判断应回归合同目的不能实现的判断。

二、基本案情

张某某、徐某某系夫妻关系，2014 年 2 月 7 日，张某某（买受人）与启东市某置业有限公司（以下简称某置业，出卖人）签订《商品房买卖合同》一份，约定买受由某置业开发的位于启东市汇龙镇港西北路 807 号凯旋华府小区 12 幢 10 单元 1107 号商品房（在建），合同记载该房建筑面积为 87.88 平方米，单价为 7168.87 元/平方米，房屋总价为人民币 630 000 元。该合同附件一为张某某、徐某某买受房屋的平面图。签订合同当日，张某某、徐某某一次性支付房款 630 000 元，某置业开具销售不动产统一发票。2015 年 6 月，某置业向张某某、徐某某发出交房通知，7 月初，张某某、徐某某前去验房，在验房过程中，张某某、徐某某发现，虽然他们购买的房屋与某置业的房型宣传图以及双方购房合同附件一载明的房型图户型一致，但实际房间的方位却与房型宣传图及合同附件一载明的房型图相反。某置业的房型宣传图及合同附件一载明的房型图的方位为：以人员站立于门口面向房内为准，主卧、次卧、卫生间位于右侧；餐厅、客厅、厨房位于左侧，实际方位为：主卧、次卧、卫生间位于左侧；餐厅、客厅、厨房位于右侧。随后，张某某、徐某某多次与某置业进行交涉沟通。

三、争议问题与判决

（一）争议问题

张某某、徐某某能否以合同目的不能实现为由解除案涉购房合同？

（二）法院判决

根据《合同法》第 94 条第 4 项规定，当事人一方迟延履行债务或者有其他违约行为致使不能实现合同目的，当事人可以解除合同。该条赋予合同目的不能实现时非违约方的法定解除权，案涉房屋内部布局左右相反导致张某某、徐某某合同目的不能实现，其有权解除购房合同。

1. 合同目的包括客观目的和主观目的。客观目的即典型交易目的，当事人购房的客观目的在于取得房屋所有权并用于居住、孩子入学、投资等，影响合同客观目的实现的因素有房屋位置、面积、楼层、采光、质量、小区配套设施等，客观目的可通过社会大众的普遍认知标准予以判断。主观目的为某些特定情况下当事人的动机和本意。一般而言，《合同法》第94条第4项中的合同目的不包括主观目的，但当事人将特定的主观目的作为合同的条件或成交的基础，则该特定的主观目的客观化，属于《合同法》第94条的规制范围。

2. 本案中，双方当事人对于房屋的内部左右布局约定明确。无论是某置业的宣传图片还是购房合同附件中的房屋平面图，均明确了房屋进门后的左右布局。某置业在购房合同附件中的房屋平面图上加盖合同专用章，该附件并未提醒购房者，实际交付房屋的内部左右布局可能与平面图相反。张某某、徐某某所购房屋为期房，在购房时参观的样板房也与实际交付的房屋不一致，无法据此推断张某某、徐某某明知所购房屋的内部左右布局与合同约定相反。

3. 张某某、徐某某对于房屋内部左右布局明确约定并作为特定的合同目的，并不违反法律、行政法规的禁止性规定，亦未侵害第三人权益，属于当事人意思自治的范畴，法律尊重和保护个体通过自身价值判断自由选择合适房屋的合法权利。房屋并非普通商品，购房者对所购房屋的谨慎选择符合生活常理。由于某置业并未交付符合合同约定布局的房屋且无法调换，致使张某某、徐某某购买符合购房合同附件中约定布局房屋的合同目的落空，张某某、徐某某要求解除合同于法有据，法院予以确认。

四、关联法条

《民法典》第 563 条第 1 款

有下列情形之一的，当事人可以解除合同：

（一）因不可抗力致使不能实现合同目的；

（二）在履行期限届满前，当事人一方明确表示或者以自己的行为表明不履行主要债务；

（三）当事人一方迟延履行主要债务，经催告后在合理期限内仍未履行；

（四）当事人一方迟延履行债务或者有其他违约行为致使不能实现合同目的；

（五）法律规定的其他情形。

五、学理分析

1. 本案中，虽然某置业交付张某某、徐某某的房屋与某置业的房型宣传图以及双方购房合同附件一载明的房型图户型一致，实际房间的方位却与房型宣传图及合同附件一载明的房型图相反，换言之，某置业实际交付房屋的品质与房屋买卖合同约定的品质不一致，构成物的瑕疵，某置业的违约行为属于物的瑕疵给付。张某某、徐某某在验房过程中发现不一致后与某置业的沟通行为构成瑕疵异议通知。总之，某置业应当承担瑕疵责任。

2. 瑕疵给付场合的法定解除权构造，《民法典》第563条第1款第4项未采宽限期构造，而是采不能实现合同目的的构造，即直接采用根本违约的标准判断债权人是否享有法定解除权。我国通说认为合同目的不能实现的判断标准为违约结果的客观严重性，即是否实际剥夺了债权人期待通过合同获得的利益。总的来说，债权人期待通过合同获得利益应根据合同的内容认定，从类型上看，债权人期待的利益不仅包括合同所具备的客观的、典型化的利益，还包括通过合同可以确定（包括补充解释）的债权人意图实现的其他利益，但仅债权人内心所追求的利益不包括在内。本案中，虽然某置业所交付房屋的房型与合同约定一致，张某某、徐某某缔结房屋买卖合同的客观目的能够实现，房屋中房间的方位构成张某某、徐某某缔结房屋买卖合同的主观目的，因交付房屋中房间的方位与合同约定不一致，导致张某某、徐某某的主观目的落空。因此，某置业的交付室内房间方位不一致房屋的行为构成根本违约，张某某、徐某某享有法定解除权。

值得注意的是，法院在论证某置业是否构成根本违约时，将某置业不能更换符合合同约定的房屋作为理由。更换为补救履行的一种方式，属于宽限期构造中存在的现象，即债务人构成瑕疵给付后，债权人为债务人指定补救履行期间，期间届满未补救的，债权人享有法定解除权。法院用不能更换作为某置业构成根本违约的证据，说明法定解除权构成的宽限期构造可以纳入根本违约构造之中，作为判断债务人是否构成根本违约的辅助手段。

3. 法院在论证某置业是否构成瑕疵给付时，强调某置业交付的房屋与张某某、徐某某参观的样板房不一致。本书认为，这一强调并无意义，甚至是错误的。因为张某某、徐某某与某置业缔结的房屋买卖合同并不构成凭样品买卖。所谓凭样品买卖，又称货样买卖，其核心特征在于，依样品而定买卖标的物的品质，换言之，在凭样品买卖中，出卖人担保其交付的标的物与样品有同一品质。在本案中，当事人并未以样板房确定买卖房屋的品质。实际上，某置业设置的样板房仅为吸引购买者购买房屋的手段，并无其他意义。

六、思考问题

1. 就法定解除权的构成而言，根本违约模式相对于宽限期模式有什么优势？

2. 法定解除权的正当性基础是什么？

新泰市某化工科技有限公司与新疆某化工有限公司
买卖合同纠纷案[1]

一、知识点介绍

清偿抵充，是指债务人对于同一债权人负担数项债务，而其给付之种类相同，如为清偿提出之给付不足以清偿全部债务时，由当事人约定或由某一方指定或根据法律规定确定其给付应抵充哪一项债务。发生清偿抵充的条件有三：第一，须债务人对于同一债权人负担数项债务；第二，须数项债务标的的种类和品质相同；第三，须为清偿所提出的给付不足以清偿全部债务。

关于清偿抵充的方法有三种，分别为约定抵充、指定抵充和法定抵充。约定抵充，即当事人通过合同的方式约定债务人的给付应清偿何项债务。抵充合意无需采用特定的方式，除了明示的抵充合意外，还可根据当事人的行为推定存在抵充的合意。抵充合意应在债务人给付之前或在给付时达成。在不存在约定抵充或约定抵充无效时，适用指定抵充。债务人享有指定抵充权，不过在第三人清偿的场合，第三人亦可为有效的指定抵充。指定抵充权在性质上属于形成权，债务人单方的意思表示即发生债务抵充的效果。指定抵充权的行使行为无须采用特定的形式，也不以明示为必要，债务人可以默示的方式指定抵充。债务人须于给付时行使抵充指定权，不得于给付前或给付后为之。债务人于行使指定抵充权后，抵充的指定不得单方变更或撤销，即便债权人和债务人合意变更或撤销，也不得害及担保人等利害关系人的利益。

---

〔1〕 案例来源：新疆维吾尔自治区乌鲁木齐市米东区人民法院民事判决书〔2022〕新 0109 民初 1053 号。

债务人在给付时不行使指定抵充权的，适用法定抵充，根据法定抵充顺序确定受清偿的债务。

二、基本案情

新泰市某化工科技有限公司（以下简称"新泰某公司"）与新疆某化工有限公司（以下简称"新疆某公司"）均为化工企业，新泰某公司主要生产三氮唑，水合肼为生产三氮唑的原材料，新疆某公司主要生产水合肼，两公司长期存在买卖合同关系。

2021 年 9 月 3 日，新泰某公司与新疆某公司处订购 60 吨水合肼，单价 25 300 元，总价款 1 518 000 元（含税），未约定发货期。

2021 年 9 月 15 日，新泰某公司与新疆某公司签订《产品购销合同》，合同约定新疆某公司给新泰某公司供应 120 吨水合肼，60 吨水合肼单价为 25 200 元，含税总价款为 1 512 000 元，2021 年 9 月 21 日发两车，60 吨水合肼单价为 26 200 元，含税总价款为 1 572 000 元，2021 年 9 月 28 日前发两车。违约责任：若供方延迟交货（除不可抗力因素外），供方逾期每日应支付货款的 5‰ 违约金，如供方拒绝履行合同（不可抗力因素除外），需方有权在供货逾期的情况下提前终止合同，且供方应向需方支付不低于标的总金额的 5‰ 的违约赔偿金，如需方在供方按质按量确保供应的情况下未按要求或迟延付款，逾期每日应支付货款的 5‰违约金。

2021 年 9 月 22 日，新泰某公司在新疆某公司处订购 60 吨水合肼，单价 28 600 元，总价款 1 716 000 元（含税），发货期为 2021 年 9 月 28 日前。2021 年 10 月 11 日，新疆某公司开具金额为 858 000 元增值税发票。2021 年 11 月 8 日，被告开具金额为 858 000 元增值税发票。

2021 年 9 月 28 日，新泰某公司与新疆某公司签订《产品购销合同》，合同约定新疆某公司给新泰某公司供应 60 吨水合肼，单价为 37 300 元，含税总价款为 2 238 000 元。2021 年 10 月 4 日前发车。违约责任与之前合同内容一致。2021 年 10 月 12 日，新疆某公司开具两张金额为 1 119 000 元增值税发票。

2021 年 10 月 8 日，新泰某公司与新疆某公司签订《产品购销合同》合同一份，新疆某公司给新泰某公司供应 60 吨水合肼，单价为 38 700 元，含税总价款为 2 322 000 元，2021 年 10 月 12 日前发两车。违约责任与之前合同内容一致。2021 年 10 月 13 日，新疆某公司开具两张金额为 580 500 元发票一份，2021 年 11 月 8 日，新疆某公司开具两张金额为 580 500 元发票一份。

2021 年 10 月 12 日，新泰某公司与新疆某公司签订《产品购销合同》合同一份，新疆某公司给新泰某公司供应 60 吨水合肼，单价为 42 400 元，含税总价款为 2 544 000 元，2021 年 10 月 22 日前发两车。违约责任与之前合同内容一致。2021 年 10 月 19 日，新疆某公司开具三张总金额为 848 000 元发票一份。

以上六份合同，新泰某公司已全额支付货款。2021 年 9 月 26 日、9 月 29 日、10 月 2 日、10 月 10 日、10 月 12 日、10 月 23 日、10 月底、11 月 9 日，新泰某公司共收到新疆某公司每次 30 吨水合肼，共计 240 吨。

三、争议问题与判决

（一）争议问题

新疆某公司实际履行的是哪几份合同？

（二）法院判决

《民法典》第 560 条第 1 款规定："债务人对同一债权人负担的数项债务种类相同，债务人的给付不足以清偿全部债务的，除当事人另有约定外，由债务人在清偿时指定其履行的债务。"第 2 款规定："债务人未作指定的，应当优先履行已经到期的债务；数项债务均到期的，优先履行对债权人缺乏担保或者担保最少的债务；均无担保或者担保相等的，优先履行债务人负担较重的债务；负担相同的，按照债务到期的先后顺序履行；到期时间相同的，按照债务比例履行。"上述法条就债务人的给付不足以清偿其对同一债权人所负担的数项相同种类的全部债务时，就债的清偿抵充方法和清偿抵充顺序进行了规定。第 1 款规定了约定抵充和指定抵充两种抵充方法，第 2 款是关于法定抵充的规定。在适用抵充顺序上应是约定抵充优先，指定抵充次之，最后是法定抵充。适用指定抵充时，债务人可以选择单方默示方式行使指定抵充权。结合本案，双方在 2021 年 9 月 3 日至 10 月 12 日期间共签订 6 份购销合同，且每一份合同货物种类、数量均相同，仅单价不同、发货时间不同。新疆某公司在双方签订第三份合同 2021 年 9 月 22 日之后，即 2021 年 9 月 26 日开始履行合同，向新泰某公司供应水合肼 240 吨，后向新泰某公司开具 2021 年 9 月 22 日、2021 年 9 月 28 日、2021 年 10 月 8 日、2021 年 10 月 12 日签订的四份合同发票，在双方没有明确约定履行哪一份合同时，新疆某公司可行使指定抵充权，即以开具发票的默示方式选择履行后四份合同。新泰某公司述称，应按照双方签订合同的时间先后顺序履行合同，此种履行方式属法定抵充，在双方没有约定抵充，债务人也未选择指定抵充时，才能适用法定抵充，故本案中新疆某公司以默示方式行使指定抵充权，不具备适用法定抵充条件。综上，本案中新疆某公司实际履行的是 2021 年 9 月 22 日、2021 年 9 月 28 日、2021 年 10 月 8 日、2021 年 10 月 12 日签订的四份合同，未履行 2021 年 9 月 3 日、2021 年 9 月 15 日签订的两份合同。

四、关联法条

《民法典》第 560 条

债务人对同一债权人负担的数项债务种类相同，债务人的给付不足以清偿全部债务的，除当事人另有约定外，由债务人在清偿时指定其履行的债务。

债务人未作指定的，应当优先履行已经到期的债务；数项债务均到期的，优先履行对债权人缺乏担保或者担保最少的债务；均无担保或者担保相等的，优先履行债务人负担较重的债务；负担相同的，按照债务到期的先后顺序履行；到期时间相同的，按照债务比例履行。

《民法典》第 561 条

债务人在履行主债务外还应当支付利息和实现债权的有关费用，其给付不足以清偿全部债务的，除当事人另有约定外，应当按照下列顺序履行：

（一）实现债权的有关费用；

（二）利息；

（三）主债务。

五、学理分析

1.《最高人民法院关于适用〈中华人民共和国合同法〉若干问题的解释（二）》（已失效）第 20 条未规定指定抵充，这一法政策上的失误被《民法典》第 560 条第 1 款纠正，后者明确规定了指定抵充制度。指定抵充制度滥觞于罗马法。关于指定抵充的主体，有两种立法例。一种以罗马法或继承罗马法传统的日本民法和韩国民法为代表。罗马法明确赋予了债务人的指定抵充权，在债务人没有指定抵充何项债务的情形下，债权人可以进行指定，但应推测债务人的意思并以有利于债务人的方式为之。《日本民法典》第 488 条第 2 款规定，清偿人不做前款规定的指定的，清偿受领人在受领时可以进行清偿抵充。但是，清偿人对其抵充随即表示异议的，不在此限。《韩国民法典》第 476 条第 2 款与《日本民法典》的规定完全一致。该立法例虽然赋予债权人或清偿受领人指定抵充权，但为防范清偿受领人滥用抵充的指定权使债务人陷于不利境地，其权利的行使较债务人受到较大的限制。为此，《德国民法典》第 366 条第 2 款改变了罗马法的传统，不赋予债权人指定抵充权，规定债务人不进行指定抵充时，直接适用法定抵充，从而开创了另外一种立法体例。《民法典》第 560 条第 1 款亦仅赋予了债务人指定抵充权。本案中，新疆某公司作为水合肼购销合同的出卖人，有权就其交付的水合肼行使指定抵充权。

指定抵充权的行使行为既可以为明示方式，也可以为默示方式。本案中，法院认为，新疆某公司开具增值税发票的行为可以被理解为以默示的方式行使指定抵充权。根据《增值税暂行条例》第 1 条规定，在中华人民共和国境内销售货物或者加工、修理修配劳务，销售服务、无形资产、不动产以及进口货物的单位和个人，为增值税的纳税人。该条例第 21 条规定，纳税人发生应税销售行为，应当向索取增值税专用发票的购买方开具增值税专用发票。因此，可以从新疆某公司就 2021 年 9 月 22 日、2021 年 9 月 28 日、2021 年 10 月 8 日、2021 年 10 月 12 日四份合同开具增值税发票的行为中推断出新疆某公司交付的水合肼意在履行这四份合同。

指定抵充权的行使时间为给付时，不得于给付以前或以后为之。本案中，针对 2021 年 9 月 22 日合同，新疆某公司的开票时间为 2021 年 10 月 11 日和 2021 年 11 月 8 日，针对 2021 年 9 月 28 日合同，新疆某公司的开票时间为 2021 年 10 月 12 日，针对 2021 年 10 月 8 日合同，新疆某公司的开票时间为 2021 年 10 月 13 日和 2021 年 11 月 8 日，针对 2021 年 10 月 12 日合同，新疆某公司的开票时间为 2021 年 10 月 19 日，而新疆某公司的给付时间分别为 2021 年 9 月 26 日、9 月 29 日、10 月 2 日、10 月 10 日、10 月 12 日、10 月 23 日、10 月底和 11 月 9 日。新疆某公司的开票时间与给付时间不存在对应关系，特别是新疆某公司在 2021 年 9 月 26 日、9 月 29 日、10 月 2 日以及 10 月 10 日给付时尚未开具任何一张增值税发票。就此而言，法院认为新疆某公司开具增值税发票的行为发生指定抵充的效果，并不妥当。

2. 当事人未约定抵充顺序，债务人也未在给付时指定抵充顺序的，适用法定抵充。根据《民法典》第 560 条第 2 款的规定，法定抵充顺序为：第一，如果债务中有的已届清偿期，有的未届清偿期，则先抵充已届清偿期的债务，第二，债务均届清偿期的，先抵充对债权人缺乏担保或者担保最少的债务，第三，债务均届清偿期，且均无担保或担保相等的，先抵充债务负担较重的债务，第四，债务的负担相同时，按照债务清偿期的先后顺序抵充，第五，债务的清偿期和债务负担相同的，按比例抵充。本案中，法院认为按照合同签订时间先后顺序履行合同的方式为法定抵充，这一观点是错误的，在法定抵充中，不存在这一抵充顺序。

六、思考问题

1. 为什么债务人必须在给付时行使指定抵充权，不得于给付前或给付后行使？

2. 债务人指定抵充权的行使是否应受到限制？如何限制？

厦门某房地产开发有限公司与海南某集团有限公司委托合同纠纷案[1]

一、知识点介绍

法定抵销，又称法律上的抵销，是符合法律规定的构成要件时，依一方当事人的意思表示而使当事人互负的债务归于消灭。其中，依单方意思表示即可发生抵销效果的权利称抵销权，是一种形成权。抵销人的债权，称为主动债权或抵销债权。被抵销的债权，称为被动债权或受动债权。

法定抵销的制度功能主要有二：第一，便利功能。通过抵销，双方当事人不必亲自履行各自的债务即可达到债权获偿的效果，同时也因此而节省了履行费用，降低了交易成本。第二，担保功能。相对于其他债权而言，主动债权在抵销范围内相当于优先受偿，如同设立了担保，称为抵销的担保功能。抵销的担保功能甚至比担保物权更为强大。首先，抵销权无须公示，而担保物权须公示，其次，抵销因无需拍卖变价而实现成本更低，再次，抵销权人不因担保财产难以变价等原因遭受风险。

二、基本案情

2005年，厦门某房地产开发有限公司（以下简称"厦门某公司"）向海南某集团有限公司（以下简称"海南某公司"）借款，2005年8月15日，海南某公司向厦门某公司账户汇入借款2800万元，后厦门某公司于2005年

---

[1] 案例来源：最高人民法院民事判决书［2018］最高法民再51号。

10 月 26 日退还海南某公司借款 800 万元。厦门某公司 2005 年 11 月 18 日的《股东会议纪要》承诺退还海南某公司 2000 万元。2005 年 11 月 18 日，海南某公司以承诺人的名义向厦门某公司出具《承诺函》，主要内容为：本司于 2005 年 4 月 1 日受贵司委托，负责办理厦门市"源昌山庄"项目南闽字第 2726A 号地块开发所需的部队手续〔具体委托事项为：本人应负责以委托人的名义向南京军区申办南京军区联勤部批转中国人民解放军总后勤部〔2003〕后营字第 339 号文的手续及文件（原件）并转交给贵司为止，以此办理上述委托事宜，委托人应支付其费用共计 3000 万元及两辆奔驰牌轿车〕；本司确认截至 2005 年 4 月 13 日，已经陆续收到贵司支付的委托费用 2000 万元；本司承诺于 2006 年 1 月 28 日之前完成委托事项，如不能在 2006 年 1 月 28 日之前完成委托事项的，本司将于 2006 年 2 月 18 日前将全部委托费用 2000 万元全额退还厦门某公司。2011 年 11 月 29 日，海南某公司向厦门某公司请求返还剩余的 2000 万元借款，厦门某公司提出债务抵销之主张。

三、争议问题与判决

（一）争议问题

1. 厦门某公司针对海南某公司的 2000 万元债权是否已超过诉讼时效？

2. 厦门某公司能否主张与海南某公司债务抵销？

（二）法院判决

1. 关于针对海南某公司的 2000 万元债权是否已超过诉讼时效问题

本案中，厦门某公司与海南某公司实际已经就委托事项如不能完成则海南某公司应在一定期限前退还有关委托费用事宜达成共识，故厦门某公司在该期限于 2006 年 2 月 18 日届至时即有权向海南某公司主张权利，诉讼时效亦自此起算。2011 年 11 月 29 日，厦门某公司向海南某公司提出债务抵销之主张时，厦门某公司针对海南某公司的 2000 万元债权已超过诉讼时效。

2. 关于厦门某公司能否主张与海南某公司债务抵销的问题

虽然厦门某公司对海南某公司享有的主动债权已超过诉讼时效，但对已经超过诉讼时效的主动债权是否能主张抵销，有赖于对以下问题的分析：一是厦门某公司抵销权的形成，二是厦门某公司抵销权的行使。

（1）关于厦门某公司抵销权形成的问题。法定抵销权作为形成权，只要符合法律规定的条件即可产生。《合同法》第 99 条第 1 款规定了法定抵销权的形成条件，即当事人互负到期债务，该债务的标的物种类、品质相同的，任何一方可以将自己的债务与对方的债务抵销，但依照法律规定或者按照合同性质不得抵销的除外。

第一，就权利形成的积极条件而言，法定抵销权要求双方互负债务，双方债务均已到期，且标的物种类、品质相同。其中，双方债务均已到期之条件应当作如下理解：首先，双方债务均已届至履行期即进入得为履行之状态。其次，双方债务各自从履行期届至，到诉讼时效期间届满的时间段，应当存在重合的部分。亦即，就诉讼时效在先届满的债权而言，其诉讼时效届满之前，对方的债权当已届至履行期；就诉讼时效在后届满的债权而言，其履行期届至之时，对方债权诉讼时效期间尚未届满。在上述时间段的重合部分，双方债权均处于没有时效抗辩的可履行状态，"双方债务均已到期"之条件即已成就，即使此后抵销权行使之时主债权已经超过诉讼时效，亦不影响该条件的成立。反之，上述时间段若无重合部分，即一方债权的诉讼时效期间届满时对方之债权尚未进入履行期，则在前债权可履行时，对方可以己方债权尚未进入履行期为由抗辩；在后债权可履行时，对方可以己方债权已过诉讼时效期间为由抗辩。如此，则双方债权并未同时处于无上述抗辩之可履行状态。即使在此后抵销权行使之时在后债务已进入履行期，亦难谓满足该条件。因被动债权诉讼时效的抗辩可由当事人自主放弃，故可认定，在审查抵销权形成的积极条件时，当重点考察主动债权的诉讼时效，即主动债权的诉讼时效届满之前，被动债权进入履行期的，当认为满足双方债务均已到期之条件；反之则不得认定该条件已经成就。

本案中厦门某公司与海南某公司互负金钱债务。就双方债务均已到期的问题，厦门某公司因海南某公司未完成委托事项而对其享有 2000 万元的债权，2006 年 2 月 18 日届至履行期；海南某公司对厦门某公司享有的债权，厦门某公司按照 2005 年 11 月 18 日的《股东会议纪要》承诺退还海南某公司 2000 万元，因该纪要并未明确退还时间，故根据《合同法》第 62 条第 4 项的规定，海南某公司可随时要求厦门某公司退还。由此可认定，在厦门某公司对海南某公司 2000 万元债权于 2006 年 2 月 18 日履行期届至，到 2008 年 2 月 17 日诉讼时效期间届满的时间内，海南某公司对厦门某公司的 2000 万元债权亦处于可履行之状态，故双方债务均已到期。综上，厦门某公司与海南某公司互负到期金钱债务，本案法定抵销权形成的积极条件已经成立。

第二，就权利形成的消极条件而言，《合同法》第 99 条第 1 款明确，依照法律规定或者按照合同性质不得抵销的除外。本案双方当事人因委托合同和借款合同互负金钱债务，双方债务并非依据法律规定或者按照合同性质不得抵销之债务。

综上，根据《合同法》第 99 条第 1 款之规定，在厦门某公司对海南某公司享有的 2000 万元委托费用债权之诉讼时效届满前，厦门某公司与海南某公司即已互负到期金钱债务，具备法定抵销要件，厦门某公司抵销权成立。

（2）关于厦门某公司抵销权行使的问题。《合同法》第 99 条第 2 款规定了法定抵销权的行使，即当事人主张抵销的，应当通知对方。通知自到达对方时生效。抵销不得附条件或者附期限。故可认定，通知仅系法定抵销权的行使方式，抵销权成立后当事人是否及时行使抵销权通知对方，并不影响抵销权的成立。本案中，厦门某公司行使抵销权之时虽已超出诉讼时效，但并不妨碍此前抵销权的成立。抵销通知亦为单方意思表示，意思表示只要到达对方，无需其同意即可发生抵销的法律后果，作为形成权抵销权的行使不受诉讼时效限制。此外，因抵销关系之双方均对对方承担债务，在某种程度上对己方之债权具有担保作用，故《合同法》未对抵销权的行使设置除斥期间，而是规定抵销权人行使抵销权后，对方可以在一定期间内提出异议。但即使如此，抵销权的行使亦不应不合理迟延。本案中，海南某公司与厦门某公司在 2005 年末几乎同时发生数额相同的金钱债务。在长达六年的时间里，双方均未提出相应主张。2011 年 11 月 29 日，厦门某公司向海南某公司提出债务抵销之主张，当属在合理期限内主张权利，自难谓其怠于行使抵销权。此外，从实体公平的角度看若以厦门某公司诉讼时效届满为由认定其不能行使抵销权，不仅违背抵销权的立法意旨，且有悖于民法之公平原则。

综上所述，厦门某公司有关其与海南某公司互负的 2000 万元到期债权主张抵销的行为成立，厦门某公司与海南某公司互负的 2000 万元债务均因抵销而消灭。

四、关联法条

《民法典》第 568 条

当事人互负债务，该债务的标的物种类、品质相同的，任何一方可以将自己的债务与对方的到期债务抵销；但是，根据债务性质、按照当事人约定或者依照法律规定不得抵销的除外。

当事人主张抵销的，应当通知对方。通知自到达对方时生效。抵销不得附条件或者附期限。

《最高人民法院关于适用〈中华人民共和国民法典〉合同编通则若干问题的解释》第58条

当事人互负债务，一方以其诉讼时效期间已经届满的债权通知对方主张抵销，对方提出诉讼时效抗辩的，人民法院对该抗辩应予支持。一方的债权诉讼时效期间已经届满，对方主张抵销的，人民法院应予支持。

五、学理分析

第一，关于法定抵销权的构成，《合同法》第99条第1款主文规定了"当事人互负到期债务"的要件。本案中，法院认为，该要件的含义不仅包括抵销权人和相对人负担的债务均到期，还要求双方负担的债务的诉讼时效均未经过，2006年2月18日至2008年2月17日之间，海南某公司对厦门某公司负担的债务以及厦门某公司对海南某公司负担的债务均处于到期且诉讼时效未经过的状态，因此，在这段时间出现了抵销适状，厦门某公司对海南某公司享有法定抵销权。本案法院对"当事人互负到期债务"要件的解释显然超出了文义的射程，不过，法定抵销的效果是主动债权和被动债权均因抵销而实现，因此在学理上应从主动债权和被动债权可实现性的角度理解"当事人互负到期债务"要件，就此而言，本案法院对"当事人互负到期债务"要件的解释不拘泥于文字，直指法定抵销权构成的本质，具有妥当性。

在法定抵销权的构成中，是否需要受动债权具有可实现性？不可不察。如果法定抵销权人就受动债权享有抗辩权，比如时效抗辩权，法定抵销权人可抛弃抗辩权而主张抵销，法定抵销权人实施抵销就意味着以默示的方式抛弃抗辩权，因此，可以说在法定抵销权人针对受动债权享有抗辩权的场合，不影响法定抵销权的构成。如果法定抵销权人就受动债权享有无须主张的抗辩，法定抵销权人能否主张抵销，须分情形讨论。若法定抵销权人享有权利消灭抗辩和权利阻却抗辩，则因受动债权不存在而无从抵销，例外是，法定抵销权人享有可撤销抗辩，与法定抵销权人享有抗辩权相同，法定抵销权人可抛弃撤销权而主张抵销。若法定抵销权人享有权利未到期的抗辩，即被动债权未到期，法定抵销权人提前清偿不损害相对人利益的，则可主张抵销，提前清偿损害相对人利益的，不可主张抵销。因此，在法定抵销权的构成上，原则上不需要考虑受动债权的可实现性，仅需在受动债权未到期且法定抵销权人不可提前清偿的场合排除抵销权人的法定抵销权。《合同法》第99条第1款主文要求主动债权和受动债权均到期，不当剥夺了当事人的法定抵销权。基于此，《民法典》第568条第1款主文删除了受动债权到期的要件。不过在解释论上还应当对《民法典》第568条第1款主文作目的性限缩作业，若受动债权未到期且抵销权人不可提前清偿的场合，排除法定抵销权。

虽然法定抵销权的构成中需要主动债权具有可实现性，但在相对人就主动债权享有抗辩权的场合，须作进一步讨论。如果债务人就主动债权享有抗辩权，比如债务人享有时效抗辩权等，对主动债权人来说，是否存在抵销适状？因抵销权为形成权，其效力的发生不需要考虑债务人的意思，若允许主动债权人主张抵销则剥夺了债务人主张抗辩权的机会，就此而言，认为债务人就主动债权享有抗辩权时主动债权人不享有法定抵销权的观点具有合理性。不过如果对抵销效力的发生作"软化"处理，即在抵销效力的发生上考虑债务人是否主张抗辩权的意思，则附有抗辩权的债权亦可作为主动债权进行抵销。换言之，虽然主动债权人享有法定抵销权，并且可行使其抵销权，但若债务人主张抗辩权，则不发生抵销的效力。《国际商事合同通则》第十章第10条、《欧洲合同法原则》第十四章第503条采纳了后一思路，允许附有时效抗辩权的债权作为主动债权主张抵销。《最高人民法院关于适用〈中华人民共和国民法典〉合同编通则若干问题的解释》第58条第一句也采纳了这一思路，该句规定主动债权诉讼时效经过后，主动债权人仍然享有法定抵销权，主动债权人行使其抵销权时债务人主张时效抗辩权的，法院不支持法定抵销权而支持抗辩权。须注意，如果债务人针对主动债权享有同时履行抗辩权，债务人针对抵销不得主张同时履行抗辩权，因为抵销的效果并不会损及同时履行抗辩权确保债权实现的功能。

综上所述，本案审理法院在法定抵销权的构成上要求作为主动债权的厦门某公司针对海南某公司享有的债权和作为受动债权的海南某公司针对厦门某公司享有的债权均未经过诉讼时效的观点与当下的实证法不符。本案中，厦门某公司主张抵销时，作为受动债权的海南某公司对厦门某公司享有的债权已经到期，因该债权为返还借款债权，借款合同终止该债权成立，成立即到期，所以本案审理法院将受动债权到期作为法定抵销权的构成要件之一实为将受动债权存在作为法定抵销权的构成要件之一，这是完全正确的。

第二，法定抵销权的行使期间。法定抵销权虽为形成权，但无论《合同法》第 99 条还是《民法典》第 568 条均未规定除斥期间。本案中，厦门某公司在其法定抵销权产生六年后才行使权利，本案审理法院从权利滥用的角度展开论证，认为法定抵销权的行使不应不合理地迟延，但厦门某公司行使权利的时间仍在合理期限内，否则，从实体公平的角度看，不仅违背法定抵销权的立法意旨，且有悖于民法之公平原则。除斥期间制度的规范目的在于避免形成权相对人长期处于法律关系不确定的状态，而无论法定抵销权人是否行使权利，受动债权到期后，相对人均可向法定抵销权人主张受动债权，法定抵销权人应选择履行债务或主张法定抵销权，进而消灭法定抵销权所制造的相对人法律关系不确定状态，换言之，相对人享有消灭法律关系不确定状态的法律手段，无须除斥期间的介入。本案审理法院强行从权利滥用的角度为法定抵销权创设一个行使期限，但仍然认为厦门某公司在法定抵销权产生六年后行使权利属于在合理期限内行使权利，这一论证逻辑存在自我设限和自欺欺人之嫌。

本案的核心问题是，主动债权经过诉讼时效后，主动债权人是否仍然享有法定抵销权？若享有法定抵销权，其法定抵销权是否能够行使？就前一问题而言，如前文分析，主动债权的诉讼时效经过并不影响抵销适状，换言之，主动债权的诉讼时效经过后，主动债权人仍然享有法定抵销权。本案审理法院的结论与本书所持观点相同，但分析思路完全不同。本案审理法院认为，主动债权的诉讼时效经过后抵销适状消灭，但若主动债权诉讼时效经过前已经产生的法定抵销权并不因抵销适状的消灭而消灭，法定抵销权继续存在。这一分析思路是奇怪的，为什么法定抵销权在构成要件已经不具备的情况下仍然存在？在本书的思路下，虽然主动债权的诉讼时效经过不影响抵销适状，但法定抵销权人行使权利可能因相对人主张诉讼时效期间届满的抗辩权而不产生抵销的效果，这事实上构成了对法定抵销权行使时间的一种限制。

六、思考问题

法定抵销的溯及力主义和非溯及力主义有什么区别？哪种模式更为公平？

江苏省南京某房产开发有限公司诉
冯某某商铺买卖合同纠纷案[1]

一、知识点介绍

给付不能，是指债务人已依诚信原则、按交易习惯尽其应尽之准备给付的努力后，还是不能依债务的本旨履行债务的状态。在债的关系中，债权必须具有可实现性，否则就丧失了存在的价值和意义，因此《民法典》第580条第1款在给付不能的场合排除债权人的履行请求权属于债的理论的先天基础。金钱债务一般不存在给付不能的问题，首先，债务人无支付能力（主观不能），并不免给付义务，其次，金钱债务中可存在客观不能，即不存在任何具有通用效力货币的情形，但该客观不能的构成实在难以想象。另外，种类债务也不存在给付不能的问题。

给付不能的类型包括事实上不能、法律上不能和规范性不能。事实不能又称物理不能，指履行因自然原因不能被执行，表现为标的物灭失、给付目的落空引起的不能、债务人拖延履行绝对定期债务等。法律不能，是指因法律原因而不能履行，即法律禁止某种履行行为，比如给付标的物为违禁物。规范性不能，亦称履行不可期待，即给付虽然可能，但出现了困难，不可期

---

〔1〕 案例来源：《中华人民共和国最高人民法院公报》2006年第6期。

待债务人给付，也即通常所说的要求债务人付出的努力超出了其牺牲的边界，包括履行费用过高和人身性不能两种情况。履行费用过高，是指虽然债务可以实际履行，但因履行费用过高，不能期待任何理智的债务人实施此种行为，申言之，给付在经济上对债务人具有不可苛求性。人身性不能，又称道德上不能，是指对于必须由债务人亲自实施给付的债务，若债务人实际履行债务，会给自己带来无法承受的人身上的不利后果，基于人身利益高于财产利益，不可期待债务人实际履行债务。

给付不能的法律效果是，排除原给付义务，相应地债权人的履行请求权也消灭，合同严守原则被突破。除规范性给付不能外，因给付不能而消灭给付请求权，属于消灭权利的无须主张的抗辩，法官须依职权予以考虑。

二、基本案情

江苏省南京某房产开发有限公司（以下简称"南京某公司"）将其开发的商业用房时代广场分割销售给 150 余家业主，其他建筑面积自有。1998 年 10 月 19 日，南京某公司与冯某某签订商铺买卖合同，约定以 16 363.73 元/平方米的价格将其中编号为 2B050 的商铺（22.50 平方米）卖给后者，同年 10 月 22 日交付，交付后三个月内办理过户手续，冯某某应按约支付总价款 368 184 元。同年 10 月 26 日，上述合同在南京市房地产市场管理处登记。合同签订后，冯某某支付了全部价款。同年 11 月 3 日，该商铺由南京某公司交付被告使用，但一直未办理产权过户手续。1998 年，南京某公司将时代广场内自有建筑面积出租给嘉和公司经营。1999 年 6 月，嘉和公司因经营不善而宣告停业。同年 12 月，购物中心又在时代广场原址开业。2002 年 1 月，购物中心宣布停业。这两次停业使购买商铺的小业主无法在时代广场内正常经营，部分小业主及嘉和公司的债权人集体上访，要求退房及偿还债务。其间，南京某公司历经两次股东变更，新股东为盘活资产，拟对时代广场的全部经营面积进行调整，重新规划布局，为此陆续与大部分小业主解除了商铺买卖合同，并开始在时代广场内施工。2003 年 3 月 17 日，南京某公司致函冯某某解除合同。3 月 27 日，南京某公司拆除了冯某某所购商铺的玻璃幕墙及部分管线设施。6 月 30 日，南京某公司再次向冯某某致函，冯某某表示不同意解除合同。由于冯某某与另一购买商铺的邵姓业主坚持不退商铺，施工不能继续，6 万平方米建筑闲置，同时冯、邵两家业主也不能在他们的约 70 平方米的商铺内经营。

三、争议问题与判决

（一）争议问题

商铺买卖合同应当继续履行还是应当解除？

（二）法院判决

一审法院认为：《合同法》第 8 条规定："依法成立的合同，对当事人具有法律约束力。当事人应当按照约定履行自己的义务，不得擅自变更或者解除合同。依法成立的合同，受法律保护。"南京某公司与冯某某签订的商铺买卖合同，是双方当事人的真实意思表示，该合同合法有效，依法对双方当事人都有约束力。合同签订后，冯某某履行了给付价款的义务，南京某公司也将商铺交付给冯某某使用。后由于他人经营不善，致使时代广场两次停业，该广场内的整体经营秩序一直不能建立，双方当事人通过签订合同想达到的营利目的无法实现，这是在签订合同时双方当事人无法预料也不希望出现的结局。

《合同法》第 5 条规定："当事人应当遵循公平原则确定各方的权利和义务。"第 6 条规定："当事人行使权利、履行义务应当遵循诚实信用原则。"南京某公司在回收了大部分业主的商铺后，拟对时代广场重新进行规划布局，争取再次开业。冯某某坚持南京某公司必须按 30 万元/平方米的高价回收其商铺，否则就要求继续履行商铺买卖合同。虽经调解，由于双方当事人互不信任，不能达成调解协议，以致南京某公司的 6 万平方米建筑和冯某某的 22.50 平方米商铺均处于闲置状态。考虑到冯某某所购商铺，只是南京某公司在时代广场里分割出售的 150 余间商铺中的一间。在以分割商铺为标的物的买卖合同中，买方对商铺享有的权利，不能等同于独立商铺。为有利于物业整体功能的发挥，买方行使权利必须符合其他商铺业主的整体意志。现在时代广场的大部分业主已经退回商铺，支持南京某公司对时代广场重新规划布局的工作，今后的时代广场内不再具有商铺经营的氛围条件。冯某某以其在时代广场中只占很小比例的商铺，要求南京某公司继续履行本案合同，不仅违背大多数商铺业主的意愿，影响时代广场物业整体功能的发挥，且由于时代广场内失去了精品商铺的经营条件，再难以通过经营商铺营利，继续履行实非其本意。考虑到时代广场位于闹市区，现在仅因双方当事人之间的互不信任而被闲置，这种状况不仅使双方当事人的利益受损，且造成社会财富的极大浪费，不利于社会经济发展。从衡平双方当事人目前利益受损状况和今后长远利益出发，依照公平和诚实信用原则，尽管双方当事人之间存在的商铺买卖合同关系合法有效，尽管冯某某在履行合同过程中没有任何违约行为，本案的商铺买卖合同也应当解除。

二审法院认为：冯某某与南京某公司签订的商铺买卖合同合法有效。南京某公司在合同约定的期限内未办理产权过户手续，已构成违约，又在合同未依法解除的情况下，将 2B050 商铺的玻璃幕墙及部分管线设施拆除，亦属不当。《合同法》第 107 条规定："当事人一方不履行合同义务或者履行合同义务不符合约定的，应当承担继续履行、采取补救措施或者赔偿损失等违约责任。"从这条规定看，当违约情况发生时，继续履行是令违约方承担责任的首选方式。法律之所以这样规定，是由于继续履行比采取补救措施、赔偿损失或者支付违约金，更有利于实现合同目的。但是，当继续履行也不能实现合同目的时，就不应再将其作为判令违约方承担责任的方式。《合同法》第 110 条规定："当事人一方不履行非金钱债务或者履行非金钱债务不符合约定的，对方可以要求履行，但有下列情形之一的除外：（一）法律上或者事实上不能履行；（二）债务的标的不适于强制履行或者履行费用过高；（三）债权人在合理期限内未要求履行。"此条规定了不适用继续履行的几种情形，其中第（二）项规定的"履行费用过高"，可以根据履约成本是否超过各方所获利益来进行判断。当违约方继续履约所需的财力、物力超过合同双方基于合同履行所能获得的利益时，应该允许违约方解除合同，用赔偿损失来代替继续履行。在本案中，如果让南京某公司继续履行合同，则南京某公司必须以其 6 万余平方米的建筑面积来为冯某某的 22.50 平方米商铺提供服务，支付的履行费用过高，而在 6 万余平方米已失去经商环境和氛围的建筑中经营 22.50 平方米的商铺，事实上也达不到冯某某要求继续履行合同的目的。一审衡平双方当事人利益，判决解除商铺买卖合同，符合法律规定，是正确的。

四、关联法条

《民法典》第 580 条

当事人一方不履行非金钱债务或者履行非金钱债务不符合约定的，对方可以请求履行，但是有下列情形之一的除外：

（一）法律上或者事实上不能履行；

（二）债务的标的不适于强制履行或者履行费用过高；

（三）债权人在合理期限内未请求履行。

有前款规定的除外情形之一，致使不能实现合同目的的，人民法院或者仲裁机构可以根据当事人的请求终止合同权利义务关系，但是不影响违约责任的承担。

五、学理分析

本案涉及的学理问题有二，一是履行费用过高的判断，二是南京某公司的合同解除权。本书仅针对履行费用过高的判断展开学理分析。

1. 履行费用过高的判断模式

履行费用过高的判断存在绝对判断模式和相对判断模式之别。在绝对判断模式中，只考虑履行费用本身的绝对大小来判断是否超过难以容忍的程度。在相对判断模式中，须通过比较履行费用与其他利益来判断是否超过难以容忍的程度。本案中，二审法院采纳了相对判断模式，即"根据履约成本是否超过各方所获利益来进行判断"。在相对判断模式中，债务人履行费用的比较对象有三种不同的观点，分别是债权人可以从债务人实际履行中获得的利益、债务人从债权人的对待给付中可以获得利益和合同双方当事人从债务人实际履行中可以获得的利益。本案二审法院采纳的是第三种观点。但第一种观点是正确的观点，只有债务人需支出的履行费用与债权人从债务人实际履行中获得的利益严重不成比例时，强制债务人实际履行债务会造成资源浪费，没有经济效益，因此法律允许债务人拒绝履行债务。如果债务人需支出的履行费用与其从债权人的对待给付中可以获得利益之间严重不成比例，适用情势变更制度，而非给付不能制度。在第三种观点中，债务需支出的履行费用须同时与债权人从债务人实际履行中获得的利益严重不成比例和与债务人从债权人的对待给付中可以获得的利益严重不成比例，才构成给付不能。这一方面增加了给付不能的门槛，另一方面也混淆了给付不能与情势变更制度。

2. 履行费用过高的具体判断

在履行费用过高的认定中，需处理三个问题。债务人履行费用的界定、债权人从债务人实际履行中可以获得的利益的界定以及审查二者是否达到严重不成比例的程度。如果二者达到严重不成比例的程度，则意味着履行费用过高。下面分别讨论。

（1）债务人的履行费用。第一，债务人的履行费用是指债务人为履行债务所需支付的全部费用，不仅是指债务人为克服给付障碍所需支付的额外费用。第二，须考察履行费用是否应由债务人承担，对此，履行费用原则上由债务人承担，除非当事人之间存在特别约定或法律有特别规定。第三，费用仅指经济上的费用，不包括非物质方面的费用，即不包括精神利益等非物质利益的支出。经济上的费用不仅包括金钱花费和物质投入，也涵盖履行所需的时间成本、劳力、脑力或类似的其他努力等可以转化为费用的部分。在本案中，南京某公司需支出的履行费用为6万余平方米的建筑面积无法开展经营活动。

（2）债权人从债务人实际履行中可以获得的利益。第一，债权人基于债务人实际履行债务可得期待的经济性或物质性利益，该利益在一定程度上取决于债权人对给付标的的使用计划。第二，债权人对债务人实际履行的非物质性利益，包括债权人对特定给付标的的特殊情感利益、债权人因对第三人违约而遭受的信誉损害等。在本案中，虽然若南京某公司实际履行，冯某某可以利用其22.50平方米的商铺开展经营活动，但从现实情况来看，即便南京某公司实际履行，冯某某也无法利用该商铺开展经营活动。

（3）严重不成比例。严重不成比例属于不确定概念，不存在一个具体的量化标准，应当根据个案的特殊性和全部相关因素，将双方当事人的利益状态进行全面的分析和整体性权衡后，方可作出判断。不过在学说上，亦可对主要考量因素进行整理，方便法律适用。

第一，合同内容。如果当事人就履行费用的升高风险做了特别约定，应当尊重当事人的约定，不可径直适用实际履行不能规则，除非当事人的特别约定无效或被撤销。如果当事人未做约定，则应考察是否存在法律的特别规定。若无法律的特别规定，则应在考量与合同有关的各种因素的基础上对合同做补充解释，确定履行费用升高风险的分配规则。

第二，债务人的可归责性。所谓债务人可归责性，不是指债务人对履行费用的畸高具有过错，而是指在规范评价上，债务人须承受畸高的履行费用。首先，如果债务人在订立合同时能够合理地预见到其应承受的畸高的履行费用，原则上不适用实际履行不能规则。如果债务人在订立合同时未能预见到其应承受的畸高的履行费用是由债权人造成的，比如债权人在合同缔结过程中违反告知义务，则应适用实际履行不能规则。其次，如果债务人就履行费

— 247 —

用的升高存在故意或重大过失，如长期拒不履行合同导致履行成本升高，则不应受到实际履行不能规则的保护。最后，如果债务人就履行费用的升高存在一般过失，原则上应受到实际履行不能规则的保护，除非债权人对实际履行存在特定利益，且通过损害赔偿无法补偿。

在本案中，因冯某某从南京某公司实际履行中可获得的利益几近于零，二审法院仅通过比较南京某公司的履行费用与冯某某可获得的利益，就得出了严重不成比例的结论，未考虑案件中的其他因素。

3. 履行费用过高规则的扩张适用。《国际商事合同通则》第七章第二节第2条第c项规定，如果债权人可以合理地从其他渠道获得履行，则排除债权人的履行请求权。我国民法无类似规定。若将债权人从事替代交易的成本理解为债权人就债务人实际履行债务享有的利益，《国际商事合同通则》第七章第二节第2条第c项的规定可纳入履行费用过高的范畴。债权人从事替代交易的成本，不仅包括债权人为实施替代交易需支出的费用，还包括债权人为实施替代交易所需承受的焦虑、辛劳和不便。如果债务人实际履行须支出的费用与债权人从事替代交易的成本严重不成比例，则排除债权人的履行请求权。

六、思考问题

在给付不能构成后，是否有必要赋予债权人合同解除权？

柴某与某管理公司房屋租赁合同纠纷案[1]

一、知识点介绍

减损规则，亦称减损义务，为限制加害人损害赔偿范围的规则之一。所谓减损规则，是指加害行为实施后，受害人应当采取适当措施防止损失的扩大，没有采取适当措施致使损失扩大的，不得就扩大的损失要求赔偿。减损规则适用的前提是防止损失扩大是可能的，如果不存在防止损失扩大的措施，则无减损规则的适用。减损规则系由英美普通法合同法发展出来的一项古老规则，如今减损规则同样适用于侵权案件，传统大陆法系国家的立法中没有减损规则，但现在也普遍引入了减损规则。《民法典》第591条在违约损害赔偿部分规定了减损规则，在侵权损害赔偿领域，应类推适用该规则。减损规则和与有过失的关系不宜混淆，可以将减损规则作为与有过失的特别规定，法律特别规定减损规则的意义在于，在一般的与有过失中不存在受害人须采取合理减损措施的问题。

替代交易为减损措施之一。所谓替代交易，是指在特定条件下，当合同的一方当事人违约时，另一方当事人通过另一交易来取代原合同的交易。在买卖合同中，替代交易不仅包括替代购买（补进），还包括替代销售（再卖）。替代交易的法律实质相当于债务人履行债务，债权人的合同目的通过替代交易获得满足。实施替代交易意味着债权人需缔结替代合同，替代合同的缔结并不导致原合同的自动解除。若债权人在未解除原合同的情形下实施替代交易，则面临着双重受领和履行的风险，因此只有在债权人就原合同享有

---

〔1〕 案例来源：2023年12月5日，《最高人民法院关于适用〈中华人民共和国民法典〉合同编通则若干问题的解释》相关典型案例。

法定解除权的情形下，才可期待债权人实施替代交易以减轻损害。

二、基本案情

2018 年 7 月 21 日，柴某与某管理公司签订《资产管理服务合同》，约定：柴某委托某管理公司管理运营涉案房屋，用于居住，管理期限自 2018 年 7 月 24 日起至 2021 年 10 月 16 日止。合同签订后，柴某依约向某管理公司交付了房屋。某管理公司向柴某支付了服务质量保证金，以及至 2020 年 10 月 16 日的租金。后某管理公司与柴某协商合同解除事宜，但未能达成一致，某管理公司向柴某邮寄解约通知函及该公司单方签章的结算协议，通知柴某该公司决定于 2020 年 11 月 3 日解除《资产管理服务合同》。柴某对某管理公司的单方解除行为不予认可。2020 年 12 月 29 日，某管理公司向柴某签约时留存并认可的手机号码发送解约完成通知及房屋密码锁的密码。2021 年 10 月 8 日，法院判决终止双方之间的合同权利义务关系。柴某起诉请求某管理公司支付 2020 年 10 月 17 日至 2021 年 10 月 16 日房屋租金 114 577.2 元及逾期利息、违约金 19 096.2 元、未履行租期年度对应的空置期部分折算金额 7956.75 元等。

三、争议问题与判决

（一）争议问题
柴某可主张的损害赔偿数额如何确定？

（二）法院判决
生效判决认为，当事人一方违约后，对方应当采取适当措施防止损失的扩大，没有采取适当措施致使损失扩大的，不得就扩大的损失请求赔偿。合同终止前，某管理公司应当依约向柴某支付租金。但鉴于某管理公司已经通过多种途径向柴某表达解除合同的意思表示，并向其发送房屋密码锁密码，而柴某一直拒绝接收房屋，造成涉案房屋的长期空置。因此，柴某应当对其扩大损失的行为承担相应责任。法院结合双方当事人陈述、合同实际履行情况、在案证据等因素，酌情支持柴某主张的房屋租金至某管理公司向其发送电子密码后一个月，即 2021 年 1 月 30 日，应付租金为 33 418.35 元。

四、关联法条

《民法典》第 584 条

当事人一方不履行合同义务或者履行合同义务不符合约定，造成对方损失的，损失赔偿额应当相当于因违约所造成的损失，包括合同履行后可以获得的利益；但是，不得超过违约一方订立合同时预见到或者应当预见到的因违约可能造成的损失。

《民法典》第 591 条

当事人一方违约后，对方应当采取适当措施防止损失的扩大；没有采取适当措施致使损失扩大的，不得就扩大的损失请求赔偿。

当事人因防止损失扩大而支出的合理费用，由违约方负担。

《最高人民法院关于适用〈中华人民共和国民法典〉合同编通则若干问题的解释》第 61 条

在以持续履行的债务为内容的定期合同中，一方不履行支付价款、租金等金钱债务，对方请求解除合同，人民法院经审理认为合同应当依法解除的，可以根据当事人的主张，参考合同主体、交易类型、市场价格变化、剩余履行期限等因素确定非违约方寻找替代交易的合理期限，并按照该期限对应的价款、租金等扣除非违约方应当支付的相应履约成本确定合同履行后可以获得的利益。

非违约方主张按照合同解除后剩余履行期限相应的价款、租金等扣除履约成本确定合同履行后可以获得的利益的，人民法院不予支持。但是，剩余履行期限少于寻找替代交易的合理期限的除外。

《最高人民法院关于适用〈中华人民共和国民法典〉合同编通则若干问题的解释》第 63 条第 3 款

在确定违约损失赔偿额时，违约方主张扣除非违约方未采取适当措施导致的扩大损失、非违约方也有过错造成的相应损失、非违约方因违约获得的额外利益或者减少的必要支出的，人民法院依法予以支持。

五、学理分析

1. 某管理公司就《资产管理服务合同》的法定解除权问题。本案生效判决就某管理公司的法定解除权模棱两可，导致说理不清。《资产管理服务合同》实质上为房屋租赁合同，某管理公司的经营模式为从柴某处租赁房屋，然后转租以获得利润。房屋租赁合同为继续性合同。对于继续性合同的解除而言，可将其分为存续期限确定的继续性合同与未定存续期限的继续性合同两类予以考虑，存续期限确定的继续性合同因存续期限届满而合同终止，未定存续期限的继续性合同则不存在这种终止的可能，对前者，法律允许当事人单方面基于与合同有关的重大事由而解除合同，对于后者，法律允许当事人单方面通过预先通知的方式解除。本案中的《资产管理服务合同》为有存续期限的房屋租赁合同，柴某和某管理公司均有权基于重大事由而解除合同，某管理公司的合同解除权只能从这个层面来理解。2020 年 12 月 29 日，某管理公司向柴某签约时留存并认可的手机号码发送解约完成通知及房屋密码锁的密码的行为系行使解除权的行为，自此《资产管理服务合同》因被解除而终止。最高人民法院在整理本案案情时，未正确认识某管理公司的合同解除权，未将作为该解除权构成的要件事实整理出来。另外，"2021 年 10 月 8 日，法院判决终止双方之间的合同权利义务关系"一句传达的信息是，《资产管理服务合同》的解除不是基于某管理公司依法定解除权的解除行为，而是基于法院的形成判决。该句也是未正确认识某管理公司合同解除权的结果。实际上，法院判决的意义在于确认某管理公司的法定解除权及在此基础上解除行为的效力，换言之，法院的判决在性质上为确认判决，而非形成判决。

2. 柴某的损害赔偿请求权问题。柴某的损害赔偿请求权并非基于某管理公司的违约行为，而是基于某管理公司的合同解除行为。某管理公司应对柴某因其在合同存续期限届满前解除合同而遭受的损害负责，法律赋予柴某损害赔偿请求权的目的在于矫正因赋予某管理公司基于重大事由的合同解除权而导致的利益失衡，其构成不以某管理公司具有可归责性为要件。虽然某管理公司应就其解除行为给柴某造成的全部损害负责，但柴某应采取积极措施减轻损害。本案中，涉案房屋以出租为目的，当某管理公司解除《资产管理服务合同》后，柴某应积极在租赁市场上寻求再次出租，避免损害的扩大，而柴某未实施再次出租行为，由此扩大的损害不应获得赔偿。问题是，柴某的可赔损害应该如何计算？对此，根据《最高人民法院关于适用〈中华人民共和国民法典〉合同编通则若干问题的解释》第 61 条第 1 款的规定，柴某可主张的损害赔偿范围为其寻找再次出租房屋的合理期限所对应的租金，这是替代交易作为一种损害赔偿的计算方法在继续性合同中的体现。另外，根据该款规定，合理期限应根据当事人的主张，参考合同主体、交易类型、市场价格变化、剩余履行期限等因素确定。本案生效判决将柴某寻找再次出租的合理期限判定为一个月。在柴某未实施再次出租行为的情况下，其可主张的损害赔偿为一个月的租金。当然，若柴某因某管理公司解除合同而节约的必要费用，应当在损害赔偿范围中予以扣除，这属于损益相抵规则的适用，本案不涉及这一问题。

六、思考问题

1. 如何判断替代交易是否为适当的减损措施？
2. 减损规则和与有过失的关系是什么？

安徽省某航运股份有限公司与
上海某重工集团有限公司航次租船合同纠纷案[1]

一、知识点介绍

可预见性规则是指违约应赔偿的损害应限于违反合同一方订立合同时预见或者应当预见到的因违反合同可能造成的损害。可预见性规则仅适用于因债务人违反约定义务而产生的损害赔偿。可预见性规则的目的是将违约方的赔偿责任限制在合理限度内，特别是对于可得利益损失，由于其范围具有弹性，难以准确计算，按照可预见性理论，只有在可能合理预见的损害范围内，违约当事人才应负赔偿责任。可预见性规则要求在确定损害赔偿范围时，应将不可预见的损害从赔偿范围中扣除，以可预见的损害作为赔偿责任的限制。这对于合理地确定赔偿范围和交易风险、鼓励当事人从事交易活动、维护当事人利益，具有十分重要的作用。

可预见性规则的基本内容包括四个方面。第一，预见主体。预见的主体是违约方而不是守约方。第二，预见时点。预见的时点为"订立合同时"，订立是指自合同磋商开始至最终成立之间的过程，基于尊重违约方承接责任风险意思之目的，应区分不同情形确定违约方最终作出决定并受拘束的时点。比如要约人违约的场合，所谓"订立合同时"是指要约生效且不可撤销时。第三，预见的内容。可预见性规则原则上仅要求违约方预见到损害的性质或类型，无须预见到损害的程度，除非损害的程度足以改变损害的类型。第四，

---

〔1〕 案例来源：上海市高级人民法院民事判决书［2020］沪民终 539 号。

预见的判断标准。预见的判断标准原则上应采客观说，即法官将自己置于当事人的缔约场景中，按照与违约方处于相同或类似情况的理性人标准来确定其预见能力。具体而言，可赔偿的损害是一个正常勤勉的人处在违约方的位置所能预见或应当预见的，即以社会一般人的预见能力为标准进行判断。由于当事人的身份、职业及相互之间的了解情况，决定了违约方可能比一般人更了解对方的订约目的以及从订约和履约中获得的利润，从而更了解在违约后受害人可能遭受的损害。因此，在以客观标准确定应预见的损害时，也应当考虑到违约方的特殊预见能力，如果违约方的预见能力高于一般人的预见能力的话，就应当按照实际的预见能力来确定应赔偿的范围。不过，对于违约方的特殊预见能力，守约方应承担证明责任。

二、基本案情

安徽省某航运股份有限公司（以下简称"安徽某公司"）与上海某重工集团有限公司（以下简称"上海某公司"）签署《运输合同》，约定托运人为上海某公司，承运人为安徽某公司，联系人为"刘某甲"，运输货物名称为钢管桩四根，航线为江苏长风海洋装备制造有限公司射阳码头到张家港港新码头，船名为"腾峰××"，运费包干价为27万元（含9%增值税发票）。在托运人责任中约定，托运人负责货物的码头装卸工作，安排由海事认可的安全泊位。在涉案四根钢管桩运抵张家港前，上海某公司与丝路船务签署《水路货物代理运输服务合同》，租用后者的"建扬××"轮将抱桩机及涉案四根钢管桩从张家港重装码头运至阳江风场——安全作业水域，运费为204万元，受载期为"计划2019年9月15日前后，准确时间双方提前确认"。合同第9条约定：如任何一方因违约取消合同，违约方须向另一方按合同运费的20%支付取消合同费。

2019年9月26日，刘某甲驾驶载有涉案四根钢管桩的"腾峰××"轮抵达张家港并停靠在张家港港新重装码头5某泊位。因"腾峰××"轮系套牌，实为"苏连云××"轮，张家港海事局指令张家港港务公司，在该轮违章违法行为处理结果出来前，不得对其进行装卸作业。10月15日该轮船违章违法行为处理完毕，于2019年10月16日卸货。2019年9月17日，"建扬××"轮抵达张家港港新重装码头。因涉案四根钢管桩仍装载于"苏连云××"轮上未能卸货，"建扬××"轮在装载抱桩机本体及其他设备后，于9月28日驶离张家港并于同年 10 月 6 日抵达阳江。2019 年 10 月 14 日，上海某公司为运输涉案四根钢管桩，再次与丝路船务签署《货物代理运输服务合同》，约定丝路船务以"大件××"轮为上海某公司将四根钢管桩从张家港重装码头运输到阳江风场——安全作业水域，运费为 80 万元。

三、争议问题与判决

（一）争议问题

1. "苏连云××"轮抵达目的港 20 天后才卸货，是否应承担违约责任？

2. 上海某公司因安徽某公司违约遭受的经济损失是多少以及安徽某公司应当承担的赔偿额是多少？

（二）法院判决

1. 关于"苏连云××"轮抵达目的港 20 天后才卸货是否应承担违约责任的问题

《运输合同》没有关于卸货港交付货物的时间约定，也无其他证据表明安徽某公司与上海某公司约定了船舶抵达目的港时间以及卸货时间。但根据《合同法》第 290 条的规定，承运人应当在约定期间或者合理期间内将旅客、货物安全运输到约定地点，且安徽某公司的运输合同义务在"苏连云××"轮卸货结束后才履行完毕。即使安徽某公司与上海某公司之间没有就抵港卸货时间进行约定，安徽某公司也应当在合理期限内履行卸货交付义务。现涉案船舶运抵目的港 20 天后才开始卸货，不符合通常的履行情况，超出了合理的履行期限，且"苏连云××"轮运抵目的港后无法卸货的原因是海事部门在处理该轮且在处理结果出来之前不允许该轮进行卸货作业，而非上海某公司作为托运人不能及时安排码头供卸货。故在"苏连云××"轮运抵目的港却不能于合理期限内履行卸货义务的责任在承运人安徽某公司一方的情况下，安徽某公司应当对上海某公司承担迟延卸货的违约责任。

2. 关于上海某公司因安徽某公司违约遭受的经济损失是多少以及安徽某公司应当承担的损失赔偿额是多少的问题

上海某公司提交了与丝路船务之间签订的两份运输合同以及"建扬××"轮与"大件××"轮实际履行了运输合同的证据、支付运费的凭证、丝路船务开具的发票以及确认收到运费的《证明》，据此可以证明因"苏连云××"轮运抵目的港后迟延卸货导致涉案四根钢管桩无法及时驳载于"建扬××"轮，上海某公司不得不另行租用"大件××"轮将四根钢管桩从江苏张家港运输至广东阳江，并为此额外支付了 80 万元运费的事实。

虽然上海某公司因安徽某公司违约遭受的经济损失为 80 万元，但依据《合同法》第 113 条第 1 款的规定，安徽某公司应承担的赔偿额不得超过其订立涉案航次租船合同时预见到或者应当预见到的因违反合同可能造成的损失。上海某公司认为，刘某甲经常运输涉案钢管桩类型的货物，应当知晓此类钢管桩系用于海上风电设备安装，不可能在内陆张家港地区使用，无需告知其也应当知道涉案货物必然转运，故可以推定安徽某公司在订立航次租船合同时对其迟延卸货，上海某公司需额外租用转运船舶并可能遭受运费损失的情况应当预见到。审理法院认为，安徽某公司使用一艘套牌的内河船舶履行涉案货物的沿海运输，违约故意明显，且对该套牌船舶在运输过程中随时可能因遭到海事部门处理而影响正常运输进程的情况应当能够预见，对托运人因此可能遭受的损失也应当有所预见，但可预见的损失应当属于通常情况下因船舶迟延卸货可能给托运人造成的损失。在托运人未告知的情况下，承运人一般不会知晓货物运抵目的港后是否需转运，但鉴于刘某甲经常为涉案钢管桩类型的货物安排运输的特定身份，上海某公司关于无需在订约时告知，刘某甲也应当知道涉案货物运抵目的港新码头后需要转运的观点可以成立。因为货物发生迟延到港、迟延卸货等情况，导致托运人无法履行其与转运船舶之间航次租船合同的，托运人通常采用的补救措施是向转运船舶支付违约金，再另行签订租船合同转运卸港后的货物，即承运人能预见到的因其违约行为可能导致托运人遭受违约金损失。而像本案这种托运人与转运船舶之间的合同正常履行，运费也未因为部分货物未实际装船运输而减少，托运人再另行租用他船运输迟延卸港的货物，且另行租船的运费金额远高于与前船之间合同项下的违约金金额的情况，承运人通常无法预见。故上海某公司因"苏连云××"轮迟延卸货遭受了 80 万元损失已经超出了安徽某公司在订立合同时可预见的损失。

上海某公司于案件审理过程中自愿将诉请金额调整为 40.80 万元。审理法院认为，如果上海某公司因涉案货物迟延卸港而解除了与丝路船务签订的租用"建扬××"轮的合同，因此需向丝路船务支付的违约金为 40.80 万元，现上海某公司就其遭受的 80 万元损失要求安徽某公司承担 40.80 万元赔偿额，该诉请可予支持。

四、关联法条

《民法典》第 584 条

当事人一方不履行合同义务或者履行合同义务不符合约定，造成对方损失的，损失赔偿额应当相当于因违约所造成的损失，包括合同履行后可以获得的利益；但是，不得超过违约一方订立合同时预见到或者应当预见到的因违约可能造成的损失。

《最高人民法院关于适用〈中华人民共和国民法典〉合同编通则若干问题的解释》第 63 条

在认定民法典第五百八十四条规定的"违约一方订立合同时预见到或者应当预见到的因违约可能造成的损失"时，人民法院应当根据当事人订立合同的目的，综合考虑合同主体、合同内容、交易类型、交易习惯、磋商过程等因素，按照与违约方处于相同或者类似情况的民事主体在订立合同时预见到或者应当预见到的损失予以确定。

除合同履行后可以获得的利益外，非违约方主张还有其向第三人承担违约责任应当支出的额外费用等其他因违约所造成的损失，并请求违约方赔偿，经审理认为该损失系违约一方订立合同时预见到或者应当预见到的，人民法院应予支持。

在确定违约损失赔偿额时，违约方主张扣除非违约方未采取适当措施导致的扩大损失、非违约方也有过错造成的相应损失、非违约方因违约获得的额外利益或者减少的必要支出的，人民法院依法予以支持。

五、学理分析

1. 关于可预见性的判断标准，由于上海某公司事先未告知安徽某公司四根钢管桩需要转运的事实，难以证明安徽某公司已预知上海某公司将因其违约行为遭受转运费损失，审理法院适用理性第三人标准对安徽某公司在此场景下的预见能力进行判断。由于涉案钢管桩系大型海上风电安装设备，作为安徽某公司员工的刘某甲经常运输涉案钢管桩类型的货物，应当知晓此类钢管桩系用于海上风电设备安装，因此安徽某公司作为理性第三人应有充分的理由判断，内河港口张家港并非其最终目的地，需及时进行转运，以满足海上工程所需，如四根钢管桩迟延卸货可能导致上海某公司转运租约无法履行，遭受损失。

2. 尽管上海某公司遭受转运损失应在安徽某公司的预见范围之内，但本案审理法院认为，安徽某公司应当预见到的是上海某公司因其违约行为遭受的违约金损失，而非上海某公司为再次运输涉案钢管桩而支出的运费。因为货物发生迟延到港、迟延卸货等情况，导致托运人无法履行其与转运船舶之间航次租船合同的，托运人通常采用的补救措施是向转运船舶支付违约金，再另行签订租船合同转运卸港后的货物，即承运人能预见到的因其违约行为可能导致托运人遭受违约金损失。而像本案这种托运人与转运船舶之间的合同正常履行，运费也未因为部分货物未实际装船运输而减少，托运人再另行租用他船运输迟延卸港的货物，且另行租船的运费金额远高于与前船之间合同项下的违约金金额的情况，承运人通常无法预见。对此，本书予以赞同。本案审理法院将上海某公司解除与丝路务务签署的《水路货物代理运输服务合同》的对价 40.80 万元界定为违约金是错误的，混淆了违约金和解约金。解约金，是当事人约定一方支付一定金额即可解除合同的条款，其功能不在于担保既有合同义务的履行，而是以解除合同关系为目标，赋予当事人摆脱合同关系的可能性。本案中，作为上海某公司解除合同对价的 40.80 万元为解约金，而非违约金。不过，这并不影响本案审理结果的正当性。

3. 债务人故意违约与可预见性规则的适用。《法国民法典》第 1231 条之 3 条将债务人的故意或重大过失违约排除于可预见性规则的适用，《意大利民法典》第 1225 条将债务人欺诈或恶意违约排除，《欧洲合同法原则》第九章第 503 条将故意或重大过失违约排除。与之相对，在英美法上，不论违约是出于故意、过失或无过失，原则上一律适用可预见规则，在例外的情况下，故意违约者会招致更为严厉的责任。造成这一区别的原因在于法国法和英美法理解的可预见性规则不同，法国法将可预见性要求以自治的方法对待，而在英美法上，该规则表现为与损害的直接性或间接性有关的一个因素。《民法典》第 584 条但书未对可预见性规则的适用范围予以限制，采纳了英美法中的可预见性规则模式，这意味着我国法中关于可预见性规则的正当性基础未采纳意思说。在本案中，由于我国民法典并未将故意违约作为可预见性规则适用的排除事由，尽管法院认定安徽某公司存在明显的违约故意，但仍不至于使其丧失援引可预见性规则的资格。

六、思考问题

1. 可预见性规则的正当性基础是什么？
2. 在适用可预见性规则时，法官应如何建构理性人标准？

北京某贸易有限公司诉北京某重工有限公司
合同纠纷案[1]

一、知识点介绍

违约金，是指由当事人约定或法律规定的，在一方当事人不履行或不完全履行合同时向另一方当事人支付的一笔金钱或其他给付。违约金有法定违约金与约定违约金之别。约定违约金是违约前预先约定的，针对嗣后违约情势的违约责任，具有预定性特征。违约金具有压力功能和赔偿功能。在违约事实发生前，基于违约金的预定性，能够在事实层面形成促使债务人履行债务的压力。在违约事实发生后，对债权人而言，违约金具有代替法定损害赔偿的作用。

约定违约金彰显合同自由，当事人都应严格遵守关于违约金的约定，这是合同严守原则的当然要求。但过分的合同自由，也会带来不适当的结果，会使违约金条款异化成为一方压榨另一方的工具，违反诚实信用原则，因而，对于赔偿性违约金的数额，不应完全放任。违约金司法调整的本质是在意思自治基础上协调实质正义、个案公平的司法技术，属于诚实信用原则的具体化。该本质决定了，司法调整不仅须严格把握，是否介入、如何介入、介入多少均应兼顾当事人自治的意旨。

二、基本案情

2016 年 3 月，北京某贸易有限公司（以下简称"北京某公司"）因与北

---

[1] 案例来源：最高人民法院指导案例 166 号。

京某重工有限公司（以下简称"北京某重工公司"）买卖合同纠纷向法院提起民事诉讼，法院于 2016 年 8 月作出［2016］京 0106 民初 6385 号民事判决，判决北京某重工公司给付北京某公司货款 5 284 648.68 元及相应利息。北京某重工公司对此判决提起上诉，在上诉期间，北京某重工公司与北京某公司签订协议书，协议书约定：①北京某重工公司承诺于 2016 年 10 月 14 日前向北京某公司支付人民币 300 万元，剩余的本金 2 284 648.68 元、利息 462 406.72 元及诉讼费 25 802 元（共计 2 772 857.4 元）于 2016 年 12 月 31 日前支付完毕，北京某重工公司未按照协议约定的时间支付首期给付款 300 万元或未能在 2016 年 12 月 31 日前足额支付完毕全部款项的，应向北京某公司支付违约金 80 万元，如果北京某重工公司未能在 2016 年 12 月 31 日前足额支付完毕全部款项的，北京某公司可以自 2017 年 1 月 1 日起随时以［2016］京 0106 民初 6385 号民事判决为依据向法院申请强制执行，同时有权向北京某重工公司追索本协议确定的违约金 80 万元。②北京某公司申请解除在他案中对北京某重工公司名下财产的保全措施。双方达成协议后北京某重工公司向二审法院申请撤回上诉并按约定于 2016 年 10 月 14 日给付北京某公司首期款项 300 万元，北京某公司按协议约定申请解除了对北京某重工公司财产的保全。后北京某重工公司未按照协议书的约定支付剩余款项，2017 年 1 月北京某公司申请执行［2016］京 0106 民初 6385 号民事判决所确定的债权，并于 2017 年 6 月起诉北京某重工公司支付违约金 800 000 元。

一审中，北京某重工公司答辩称：北京某公司要求给付违约金的请求不合理，违约金数额过高。根据生效判决，北京某重工公司应给付北京某公司的款项为 5 284 648.68 元及利息。北京某公司诉求北京某重工公司因未完全履行和解协议承担违约金的数额为 800 000 元，此违约金数额过高，有关请求不合理。一审宣判后，北京某重工公司不服一审判决，上诉称：一审判决在错误认定北京某重工公司恶意违约的基础上，适用惩罚性违约金，不考虑北京某公司的损失情况等综合因素而全部支持其诉讼请求，显失公平，请求适当减少违约金。

三、争议问题与判决

（一）争议问题

北京某重工公司和北京某公司在和解协议中约定的 800 000 元违约金是否

过高？

（二）法院判决

一审法院和二审法院均支持北京某公司的违约金请求权，未予酌减。

法院认为，北京某公司与北京某重工公司在诉讼期间签订了协议书，该协议书系双方的真实意思表示，不违反法律法规强制性规定，合法有效，双方应诚信履行。本案中，北京某公司与北京某重工公司签订协议书约定北京某重工公司如未能于 2016 年 10 月 14 日前向北京某公司支付人民币 3000 000 元，或未能于 2016 年 12 月 31 日前支付剩余的本金 2 284 648.68 元、利息 462 406.72 元及诉讼费 25 802 元（共计 2 772 857.4 元），则北京某公司有权申请执行原一审判决并要求北京某重工公司承担 800 000 元违约金。现北京某重工公司于 2016 年 12 月 31 日前未依约向北京某公司支付剩余的 2 772 857.4 元，北京某公司的损失主要为尚未得到清偿的 2 772 857.4 元。北京某重工公司在诉讼期间与北京某公司达成和解协议并撤回上诉，北京某公司按协议约定申请解除了对北京某重工公司账户的冻结。而北京某重工公司作为商事主体自愿给北京某公司出具和解协议并承诺支付高额违约金，但在账户解除冻结后北京某重工公司并未依约履行后续给付义务，具有主观恶意，有悖诚实信用。北京某重工公司减少违约金的请求不予支持。

四、关联法条

《民法典》第 7 条

民事主体从事民事活动，应当遵循诚信原则，秉持诚实，恪守承诺。

《民法典》第 585 条第 2 款

约定的违约金低于造成的损失的，人民法院或者仲裁机构可以根据当事人的请求予以增加；约定的违约金过分高于造成的损失的，人民法院或者仲裁机构可以根据当事人的请求予以适当减少。

《最高人民法院关于适用〈中华人民共和国民法典〉合同编通则若干问题的解释》第 65 条

当事人主张约定的违约金过分高于违约造成的损失，请求予以适当减少的，人民法院应当以民法典第五百八十四条规定的损失为基础，兼顾合同主体、交易类型、合同的履行情况、当事人的过错程度、履约背景等因素，遵循公平原则和诚信原则进行衡量，并作出裁判。

约定的违约金超过造成损失的百分之三十的，人民法院一般可以认定为过分高于造成的损失。

恶意违约的当事人一方请求减少违约金的，人民法院一般不予支持。

五、学理分析

1. 违约金过高的判断标准

无论《合同法》第 114 条第 2 款还是《民法典》第 585 条第 2 款第二分句仅以"因违约造成的损失"为比较标准，但无论《最高人民法院关于适用〈中华人民共和国合同法〉若干问题的解释（二）》第 29 条第 1 款还是《最高人民法院关于适用〈中华人民共和国民法典〉合同编通则若干问题的解释》第 65 条第 1 款都采纳了综合衡量的立场，后者规定"以民法典第五百八十四条规定的损失为基础，兼顾合同主体、交易类型、合同的履行情况、当事人的过错程度、履约背景等因素，遵循公平原则和诚信原则进行衡量"。比较而言，综合衡量的立场更为科学。违约金兼具压力功能和赔偿功能，如果仅以"因违约造成的损失"为比较标准，则不能充分实现违约金的压力功能，因为违约金数额超过"因违约造成的损失"越多，违约金对债务人的压力越大。违约金数额超过"因违约造成的损失"多少才越过意思自治的边界，异化为一方剥削另一方的工具，不应僵硬把握，而应在个案中综合考量各种因素确定。就《最高人民法院关于适用〈中华人民共和国民法典〉合同编通则若干问题的解释》第 65 条第 1 款的规定而言，所谓公平原则和诚信原则是法官在综合衡量时应当遵循的原则，是综合衡量活动的根本指针，不属于衡量的因素。

《最高人民法院关于适用〈中华人民共和国民法典〉合同编通则若干问题的解释》第 65 条第 2 款规定，"约定的违约金超过造成损失的百分之三十的，人民法院一般可以认定为过分高于造成的损失"。该条第 1 款和第 2 款确立的两个判断标准如何适用？违约金本属自治范畴，司法权即使依法介入，也须留有应对多样利益情境的空间，不宜拘泥于"数字型"的判断标准。任何对违约金是否过高的判断，均应依照第 1 款的规定进行，第 2 款只是一个具有参考性的具体指引。可行的思路是：未超过造成损失的30%的违约金原则上不予酌减，除非依综合衡量应予酌减，高于造成损失的30%的违约金原则上应予酌减，除非依综合衡量不应酌减。

本案中，一审判决未明确采纳综合衡量的判断标准，仅考虑了北京某重工公司的过错程度，未考虑其他因素。在二审判决中，北京某重工公司的恶意违约也是其支持不予酌减违约金的重要理由。当然，就衡量个案中所有因素型法条的适用方法而言，法官不必将《最高人民法院关于适用〈中华人民共和国民法典〉合同编通则若干问题的解释》第 65 条第 1 款列举的所有因素均予以考虑并纳入说理过程，但是一审法院的说理并未体现法官采纳了综合衡量的立场，属于适用法律错误，这构成了北京某重工公司上诉的理由。

2. 商事主体允诺违约金的酌减

本案二审判决的说理核心，不在于基于综合衡量立场得出违约金不构成过高的结论，而在于因北京某重工公司属于商事主体而不予酌减违约金。这涉及的问题是，违约金酌减规则能否适用于商事主体允诺的违约金。《德国商法典》第 348 条规定，一个商人在自己的商事营利事业的经营权中所允诺的违约金，不得依《民法典》第 343 条的规定减少。据此，在德国法中，违约金酌减规则不适用于商事主体允诺的违约金，核心理由是商事主体具有评估其违约金负担的能力。我国法律并无类似规定，因此本案具有指导性意义。遗憾的是，该指导性案例发布后，最高人民法院发布的《最高人民法院关于适用〈中华人民共和国民法典〉合同编通则若干问题的解释》第 65 条并未将商事主体允诺的违约金排除于违约金酌减规则的适用范围之外，而是将合同主体明确列举为综合衡量的因素之一。之所以如此，可能的理由是，在立法未将商事主体允诺的违约金排除于违约金酌减规则的适用范围之外的前提下，司法解释无权创设排除规则。即便如此，在法律适用中，如果违约金为商事主体所允诺，法院或仲裁机构应作出不予酌减的判决。

六、思考问题

1. 《最高人民法院关于适用〈中华人民共和国民法典〉合同编通则若干问题的解释》第 65 条第 2 款是否为一种动态体系论式条文？

2. 违约金司法调整的实质理由是什么？

北京某住房股份有限公司与
连某商品房预售合同纠纷案[1]

一、知识点介绍

在民法理论上，不可抗力具有三个不同的面向，分别是不可抗力事件、不可抗力规则和不可抗力条款。不可抗力事件是指，《民法典》第180条第2款规定的不能预见、不能避免并不能克服的客观情况。对于不可抗力事件的理解，存在主观说、客观说和折中说三种观点。主观说认为，以当事人的预见力和预防能力为标准，凡属当事人尽最大注意仍不能防止其发生的事态为不可抗力。客观说认为，不可抗力为由外部袭来的，异乎寻常之力发生之不可避免之事件，由质的要件和量的要件两种要素构成，前者必须是不属于当事人的原因而发生的事故，后者必须是在交易上通常不发生的事故，是超常发生的事故，是以巨大的势力发生的事故。折中说认为，应兼采主客观标准，凡属于基于外来因素而发生，当事人尽最大谨慎和最大努力仍不能防止的事件为不可抗力。折中说为我国民法理论的通说。

不可抗力规则，是指不可抗力事件在法律规定的条件下产生免责法律效果的规则。发生不可抗力事件后，能否发生免责效果，应结合不可抗力规则进行判断。关于不可抗力规则，《民法典》中共有六个条文，分别是第180条第1款、第590条、第832条、第835条、第1239条和第1240条。其中，第180条第1款属于一般规定，其他五个条文为该款规定在具体场合的进一步

---

[1] 案例来源：北京市第三中级人民法院民事判决书［2015］三中民终字第09082号。

细化。

不可抗力条款，是指当事人在合同中就不可抗力作出的约定。不可抗力约款有广义和狭义两种。广义的不可抗力条款，是指当事人对不可抗力事件进行约定并旨在产生免责法律效果的合同条款，包括构成和法效果两个层面，前者是指当事人通过约定对不可抗力事件进行范围上的扩张或者限缩，后者则是指当事人对扩张或者限缩的不可抗力事件在约定条件下产生免责法律效果的约定。狭义的不可抗力条款仅包括构成层面。

二、基本案情

2007 年 10 月 10 日，连某与北京某住房股份有限公司（以下简称"北京某住房公司"）签订《北京市商品房预售合同》（合同编号：Y545404），约定连某购买北京某住房公司开发的涉案房屋，总价款为 1 906 884 元，北京某住房公司应当在 2010 年 8 月 30 日前取得房屋所在楼栋的权属证明，如因北京某住房公司的责任未能在约定期限内取得该房屋所在楼栋的权属证明的，连某有权退房，连某不退房的，合同继续履行，自北京某住房公司应当取得该房屋所在楼栋的权属证明期限届满之次日起至实际取得权属证明之日止，北京某住房公司应当按日计算向连某支付全部已付款 1‰的违约金，并于北京某住房公司实际取得权属证明之日起 15 日内向连某支付；商品房交付后，连某同意委托北京某住房公司或北京某住房公司指定单位向权属登记机关申请办理房屋权属转移登记，委托费用不超过 1000 元；如因北京某住房公司责任，连某未能在商品房交付之日起 720 日内取得房屋所有权证书的，连某有权退房，连某不退房的，自连某应当取得房屋所有权证书的期限届满之次日起至实际取得房屋所有权证书之日止，北京某住房公司按日计算向连某支付全部已付款 1‰的违约金，并于连某实际取得房屋所有权证书之日起 15 日内由北京某住房公司支付。

合同签订后，连某于 2009 年 3 月 16 日前共计向北京某住房公司支付了购房款 1 906 884 元。2009 年 9 月 23 日，连某办理了涉案房屋的入住手续，并按房屋实测面积向北京某住房公司支付了结算尾款 1686 元。因涉案房屋所在小区的规划范围内有四户滞留户、以及敬老院等违章建筑，导致北京某住房公司在 2014 年 12 月 26 日才办理完毕涉案房屋所在楼栋的初始登记。2015 年 2 月 27 日，连某取得涉诉房屋所有权证书，登记的房屋坐落为北京市朝阳区×

301 号楼 10 层 3 单元 1101 室。经查，北京某住房公司在与连某 2007 年 10 月 10 日签订《北京市商品房预售合同》之前，四户滞留户以及敬老院等违章建筑即已存在。

三、争议问题与判决

（一）争议问题

1. 拆迁范围内的被腾退户因没有及时腾退导致办证迟延是否属于不可抗力？

2. 在房价上涨的情况下连某按照合同约定主张日 1‰的违约金是否属于违约金过高？

3. 连某同时主张逾期办理初始登记违约金和逾期办理房屋所有权证书违约金是否均应予以支持？

（二）法院判决

1. 关于拆迁范围内的被腾退户没有及时腾退导致办证迟延是否属于不可抗力的问题

首先需要正确理解"不可抗力"的概念。《民法通则》第 153 条及《合同法》第 117 条第 2 款中的"不可抗力"，是指不能预见、不能避免并不能克服的客观情况。某一客观情况是否属于不可抗力，应从以下几个方面综合加以认定：①不可预见性。法律要求构成不可抗力的事件必须是有关当事人在订立合同时，对这个事件是否会发生是不可能预见到的。在正常情况下，对于一般合同当事人来说，判断其能否预见到某一事件的发生有两个不同的标准：一是客观标准，就是在某种具体情况下，一般理智正常的人能够预见到的，合同当事人就应预见到，如果对该种事件的预见需要有一定专门知识，那么只要具有这种专业知识的一般正常水平的人所能预见到的，则该合同的当事人就应该预见到。另一个标准是主观标准，就是在某种具体情况下，根据行为人的主观条件如年龄、智力发育状况、知识水平，教育和技术能力等来判断合同的当事人是否应该预见到。这两种标准，可以单独运用，但在多种情况下应结合使用。②不可避免性。合同生效后，当事人对可能出现的意外情况尽管采取了及时合理的措施，但客观上并不能阻止这一意外情况的发生，这就是不可避免性。如果一个事件的发生完全可以通过当事人及时合理的作为而避免，则该事件就不能认为是不可抗力。③不可克服性。不可克服性是指合同的当事人对于意外发生的某一个事件所造成的损失不能克服。如果某一事件造成的后果可以通过当事人的努力而得到克服，那么这个事件就不是不可抗力事件。④履行期间性。对某一个具体合同而言，构成不可抗力的事件必须是在合同签订之后、终止之前，即合同的履行期间内发生的。如果一项事件发生在合同订立之前或履行之后，或在一方因履行迟延且经对方当事人同意时，则不能构成这个合同的不可抗力事件。构成一项合同的不可抗力事件，必须同时具备上述四个要件，缺一不可。此类事件一般主要包括地震、洪水、台风等自然灾害，征收、征用等政府行为以及战争、动乱、兵变等社会异常事件。

结合本案，北京某住房公司在与连某2007年10月10日签订《北京市商品房预售合同》之前早就知道其规划范围内有多户居民实际居住及大面积的建筑物需要腾退、拆除，并于2005年12月和案外人签订了《委托拆除工程协议书》。而实际上此后上述住户并没有全部如期搬离，地上建筑物也没有如期顺利拆除，北京某住房公司于2007年10月10日仍继续与连某签订《北京市商品房预售合同》，并明确约定将于2010年8月30日取得涉诉楼栋的初始登记，也承诺在商品房交付之日起720日内为连某办理完毕房屋所有权证书，并明确约定了违约责任。北京某住房公司作为专业的房地产开发公司，对于拆迁户具体腾退时间的不确定性应当能够预见，且若其补偿数额到位，各方沟通协商充分，也能够顺利完成拆迁腾退事宜。而实际上北京某住房公司并没有按照其与北京市朝阳区园林绿化局约定的期限及时完成代征绿地的腾退移交工作，北京市朝阳区规划委员会没有审批北京某住房公司报送的文件也是依法履行政府职责。另外，北京某住房公司在与被拆迁户没有协商一致并签订拆迁安置协议的情况下，应当依法及时申请政府行政裁决或积极与政府有关部门请示、沟通，而非简单地申请城管部门强制拆除。事实上，最终北京某住房公司的申报文件获得审批并取得了涉诉楼栋的初始登记，与北京某住房公司后期的积极主动作为有直接关系。

总之，拆迁范围内的被腾退户因没有及时腾退导致办证迟延不符合不可抗力的构成要件，不属于不可抗力。

2. 在房价上涨的情况下连某按照合同约定主张日1‰的违约金是否属于违约金过高的问题

在房价上涨的情况下，业主按照合同约定主张日1‰的违约金是否属于违约金过高。首先需要明确《合同法》中违约金的性质主要是补偿性的，同时有限度地承认违约金的惩罚性。在北京房地产价格普遍上涨的大背景下，业主购买的房屋价值也会远远高于最初的购买价，开发商没有为业主及时办理产权登记，从表面上看，似乎并没有造成业主的实际损失。对于该问题，法院认为在注意违约金补偿性的同时，还应当注意违约金的惩罚性以及当事人缔约合同的自由，尊重当事人之间的约定。况且，房价的上涨或业主的收益是业主资金的投入收益，是房屋的自然升值，与开发商的行为无关。另外，若开发商能够按照约定期限及时办理房屋的产权登记，业主还存在转卖房产另行投资的其他更大收益，业主的损失不能仅依据房价上涨而被掩盖。因此，本案中，在连某主张的其他实际损失无法确定的情况下，按照合同约定的日万分之一向北京某住房公司主张逾期办证违约金并不属于违约金过高。

3. 连某同时主张逾期办理初始登记违约金和逾期办理房屋所有权证书违约金是否均应予以支持的问题

开发商办理初始登记是办理产权转移登记的前提条件，而初始登记的延误在很大程度上也是逾期取得房屋所有权证书的重要原因，从而出现两项违约金的计算时存在重复期间。鉴于违约金的补偿性原则，开发商的一个违约行为不应产生两项违约后果，即在重复期间的违约金不应重复计算。因此，当业主同时主张的逾期办理初始登记违约金和房屋所有权证书违约金不存在重复期间时，均应予以支持，当业主同时主张的逾期办理初始登记违约金和房屋所有权证书违约金存在重复期间时，对于重复期间的违约金择一高标准予以支持。本案中，连某主张的上述两项违约金在 2011 年 9 月 14 日至 2014 年 12 月 26 日期间存在重复，应支持一项。

四、关联法条

《民法典》第 180 条

因不可抗力不能履行民事义务的，不承担民事责任。法律另有规定的，依照其规定。

不可抗力是不能预见、不能避免且不能克服的客观情况。

《民法典》第 585 条第 2 款

约定的违约金低于造成的损失的，人民法院或者仲裁机构可以根据当事人的请求予以增加；约定的违约金过分高于造成的损失的，人民法院或者仲裁机构可以根据当事人的请求予以适当减少。

《民法典》第590条

当事人一方因不可抗力不能履行合同的，根据不可抗力的影响，部分或者全部免除责任，但是法律另有规定的除外。因不可抗力不能履行合同的，应当及时通知对方，以减轻可能给对方造成的损失，并应当在合理期限内提供证明。

当事人迟延履行后发生不可抗力的，不免除其违约责任。

《最高人民法院关于适用〈中华人民共和国民法典〉合同编通则若干问题的解释》第65条

当事人主张约定的违约金过分高于违约造成的损失，请求予以适当减少的，人民法院应当以民法典第五百八十四条规定的损失为基础，兼顾合同主体、交易类型、合同的履行情况、当事人的过错程度、履约背景等因素，遵循公平原则和诚信原则进行衡量，并作出裁判。

约定的违约金超过造成损失的百分之三十的，人民法院一般可以认定为过分高于造成的损失。

恶意违约的当事人一方请求减少违约金的，人民法院一般不予支持。

五、学理分析

第一，本案判决中未严格区分不可抗力事件和不可抗力规则。不可预见性、不可避免性和不可克服性为不可抗力事件的构成问题，根据折中说，在"三性"的判断上均应采纳主客观相结合的标准。本案判决在不可避免性和不可克服性的判断上采纳了主观标准，即考虑当事人的避免能力和克服能力进行判断。在不可预见性的判断上，本案判决未明确采纳何种标准，而是认为主观标准和客观标准"可以单独运用，但在多数情况下应结合使用"，但在结合案件的分析部分，审理法院仅考虑了北京某住房公司的预见能力，采纳了主观标准。

根据《民法典》第180条第2款的规定，不可抗力事件的构成须同时具备不可预见、不可避免、不可克服和客观情况四项要件。审理法院仅结合案件对不可预见要件进行了分析，对其他要件未予以分析，甚至未提到客观情况要件。所谓客观情况要件，也称外部性要件，是指不可抗力事件应外在于责任人的控制领域。

　　适用于本案的不可抗力规则为《民法典》第 590 条第 1 款第一句主文。该规则中的"不能履行"并非"履行不能",而是指各种履行障碍,本案中北京某住房公司的履行迟延处于"不能履行"的射程之内。该规则适用的条件之一是,不可抗力事件与"不能履行"之间存在因果关系,如果不可抗力事件是"不能履行"的部分原因,则债务人应部分免责。本案判决中所讨论的履行期间性,实为讨论该规则中的因果关系要件。

　　第二,本案中,北京某住房公司逾期办理涉案房屋初始登记必然逾期向连某移转房屋所有权,换言之,北京某住房公司违反前一义务必然违反后一义务,在当事人就两项义务的违反均约定违约金的情况下,审理法院未支持连某同时主张两项违约金请求权。申言之,法院否定了其中一项违约金约定的效力,理由是避免重复赔偿。本书不赞同这一主张。首先,违约金的功能不仅在于赔偿,还具有压力功能,不能仅以避免重复赔偿的理由否定违约金约定的效力。其次,如果连某同时主张两项违约金请求权明显超过其遭受的损害,法院可依违约金司法酌减制度降低连某可主张的数额。

六、思考问题

　　1. 不可抗力事件和意外事件的关系是什么?

　　2. 如果当事人通过不可抗力条款限缩了法定不可抗力事件的范围,该条款的效力如何认定?

后 记

对于研习民法的学生而言，必备"装备"有三，分别是《民法典》及其司法解释、教科书和案例书。本书属于在案例书建设方面的探索。本书结合36个实务案例阐述合同法总论中的知识，针对每一个案例，介绍相关知识点，梳理基本案情、争议问题和法院判决，列举关联法条，对法院判决进行学理分析，最后给出需要进一步思考的问题。为使讨论的问题更为集中和便于学生学习，本书并未保留案例的原貌，而是结合知识点进行了剪裁。

本书由南昌大学法学院民商法教研室的黄娅琴教授、黄茉莉副教授和史志磊副教授共同完成，具体分工为：第一章、第二章和第三章由黄娅琴教授编著，第四章、第五章和第六章由黄茉莉副教授编著，第七章和第八章由史志磊副教授编著。南昌大学法学院的硕士研究生周宇星、裘圣美亚、简欣雨、付思文和王舒颖分别通读了全书，使本书在文字表达等方面避免了不少错误。尽管编著者尽心尽力，囿于能力，本书还可能存在不少错误，祈请读者批评指正！

最后，感谢南昌大学法学院资助本书出版！

编著者

2024 年 12 月 21 日